新世纪普通高校旅游管理系列教材编委会

总主编
  李　锋　谢清溪

编　委
  程遂营　刘坤太　申　思　李乐民　张金玲
  宋军令　陈玉英　司艳宇　王忠丽　程金龙
  陈　楠　段　冰　王伟红　靳　琦　李海燕
  余永霞　袁海霞　侯天琛　廖晓静　史灵歌
  朱青晓　潘　利　陶　宁　潘盛俊　刘　霞
  高伟洁　毛　峰　邓军华

新世纪普通高校旅游管理系列教材

酒店康乐经营与管理

JIUDIAN KANGLE JINGYING YU GUANLI

主　编　袁海霞
副主编　邓军华　毛　峰　张　洁

河南大学出版社
·郑州·

图书在版编目(CIP)数据

酒店康乐经营与管理/袁海霞主编.—郑州:河南大学出版社,2013.4(2020.8重印)
新世纪普通高校旅游管理系列教材
ISBN 978-7-5649-1165-2

Ⅰ.①酒… Ⅱ.①袁… Ⅲ.①饭店—文娱活动—商业管理—高等学校—教材
Ⅳ.①F719.2

中国版本图书馆 CIP 数据核字(2013)第 055250 号

责任编辑　苏　娜
责任校对　申从芳
封面设计　王四朋

出版发行	河南大学出版社		
	地址:郑州市郑东新区商务外环中华大厦2401号　邮编:450046		
	电话:0371-86059712(高等教育与职业教育出版分社)		
	0371-86059701(营销部)　　　　网址:hupress.henu.edu.cn		
排　版	郑州市今日文教印制有限公司		
印　刷	广东虎彩云印刷有限公司		
版　次	2013年9月第1版	印　次	2020年8月第2次印刷
开　本	787mm×1092mm　1/16	印　张	14.25
字　数	338 千字	定　价	29.00 元

(本书如有印装质量问题,请与河南大学出版社营销部联系调换)

总 序

蓬勃发展、生机无限的旅游业，给旅游高等教育带来了巨大的机遇和挑战。旅游产业的转型升级，以及旅游新业态的不断涌现，要求旅游高等教育根据旅游形势变化的新特点，不断调整人才教育指导思想，改进人才培养模式，革新教学实践方法，提高人才培养质量，以满足旅游业的发展需要。2012年教育部新颁发的本科专业目录把作为工商管理下属二级学科的旅游管理，调整上升为一级学科，这为我国旅游高等教育体系的构建和发展提供了新的平台和动力，进一步促进了众多旅游院校在课程设置和教材建设等方面的规范化和科学化。

然而，在旅游高等教育快速发展的过程中，依然存在一些比较突出的问题，如人才培养定位模糊、教材建设相对滞后、课程设置较为混乱、教学培养模式中理论和实践相脱节等。在这些问题中，教材建设无疑是最主要的问题。因为教材是体现教学内容和教学方法的知识载体；是进行教学的基本工具；也是实现教育教学改革，全面培养学生创新能力、实践能力和就业能力的重要保证。鉴于此，河南大学出版社组织部分高校专家编写了这套兼具理论性和实践性的旅游管理系列教材，期望能有所创新，为推动教学改革贡献出一份力量。

本套教材在编写过程中，吸收国际同类和国内现有教材的优点，根据当前旅游管理专业人才需求和旅游业的发展前景，以"创新型应用人才培养"为特色，调整课程内容及教学大纲，把知识学习和技能培养融入其中，加强其应用性、先进性和创造性，以期达到提高学生就业竞争能力的目的。其特色有以下几点：

第一，前沿性。整套教材在力求系统、完整和准确地介绍旅游管理专业基本理论和知识的前提下，突出资料全、观点新的特色，尽可能地将当前国内外旅游产业发展的前沿理论和热点、焦点问题吸纳进来，使内容既具有理论深度，又能反映行业最新动态。

第二，应用性。本套教材在各个环节有意识地体现出旅游管理专业应用性的特点。从学生就业所需的专业知识和实践能力着眼，在适度基础知识与理论体系的覆盖下，将理论知识模拟化、案例化和实践化，加强学生对其在实践中的操作应用。在内容设计上，既阐述理论，又联系实际；在体例设计上，增加了案例解析和延伸阅读等内容。

第三，可读性。本套教材摒弃传统教材知识点设置按部就班、理论讲解枯燥无味的弊端，改变其晦涩呆板的固有面貌，力求写作风格简洁凝练、新颖活泼，通过案例解析和实践引导的教学方式来增强教材的可读性，实现学生愿意读、乐意学的目的。

第四，完整性。整套教材的编写打破过去各门教材只对自身结构和内容进行孤立思考的常有局面,注重内容结构的整体性,在通盘调查研究和分析的基础上,明确各门课程间的衔接、交叉和分工,避免教材内容上的重复和逻辑上的矛盾。

本套教材不仅是高等院校旅游管理专业教育教学用书,也可作为旅游管理部门、旅游企业专业人员培训的参考工具。我们希望本套教材能为旅游创新人才的培养作出一定贡献,也欢迎各位专家和读者对本套丛书提出宝贵意见,以利于今后的不断修订和完善。

最后,借此机会感谢河南大学出版社为教材的出版所付出的辛勤劳动,感谢各位参与编写的专家和学者对其所作出的不懈努力!

编委会
2011 年 12 月 12 日

前　言

近年来，旅游业的迅猛发展使得旅游经济成为推动社会经济发展的重要增长点。人们在旅行游览的同时，对康乐休闲的需求也日益强烈，如何建立健康、专业、可持续的康乐发展观是当前旅游酒店管理教育面临的新课题。

酒店康乐经营与管理是旅游酒店管理的一门专业课程，是培养学生特定职业技能的重要模块之一。虽然目前国内同类教材较多，但其定位大多较为模糊，理论知识稍显滞后且实用性不强。本教材在摒弃以上弊端之余结合市场需求和学生发展需要，力求定位准确，紧扣时代脉搏，以达到提高学生职业技能和创新、创业能力的目的。

本教材的培养对象主要为高等学校酒店管理专业学生。教材在吸收国内外有关康乐经营管理的新知识、新技能的基础上，对内容进行了重新编排和规划，对康乐经营与管理理论进行了系统的梳理与总结。同时，在章节中增设案例分析和知识链接，坚持理论联系实际，突出教材系统性、实践性和应用性，强调对学生分析问题、解决问题等能力的培养。

本教材的编写严格遵循以学生为本的原则，力求文字简明扼要、通俗易懂，知识点表述准确、科学，知识链接和案例分析突出知识性、趣味性，在提高学生实际操作能力的同时，拓展知识视野空间，真正做到知识引领、兴趣带动、创新突出、理论与实践一体化。

本教材分为九章，主要包括以下内容：康乐概述、康乐部组织结构和人员配置、康体健身项目经营与管理、娱乐休闲项目经营与管理、保健项目经营与管理、康乐安全管理、康乐服务质量管理、康乐营销管理和康乐设备管理。其中，第一、二、九章由袁海霞编写，第三、六章由毛峰编写，第四、七章由张洁编写，第五、八章由邓军华编写。为方便读者学习和阅读，教材将各章节的主要知识框架规范为以下几个部分：教学要点、导入案例、主要知识内容、小结、思考与练习和案例分析。

本教材在编写过程中参考和引用了一些著作、论文资料，由于种种原因，未能一一指明出处，在此，谨向各位编、著者表示感谢！

鉴于编者时间有限，书中若存在错误与不足之处，恳请各位专家、同人和读者批评、指正。

编　者

2012 年 11 月

目　录

第一章　康乐概述 ·· （1）
　　第一节　康乐活动概述 ··· （2）
　　第二节　康乐业的现状和发展趋势 ·· （5）
　　第三节　康乐项目的设置 ··· （10）
　　第四节　康乐部的经营方式和工作特点 ·· （12）

第二章　康乐部组织结构和人员配置 ··· （23）
　　第一节　康乐部的组织结构 ·· （24）
　　第二节　康乐部的人员编制 ·· （28）
　　第二节　康乐部的人员构成和素质要求 ·· （30）

第三章　康体健身项目经营与管理 ·· （34）
　　第一节　康体健身项目概述 ·· （35）
　　第二节　健身房的经营与管理 ··· （36）
　　第三节　游泳项目的经营与管理 ·· （42）
　　第四节　台球项目的经营与管理 ·· （46）
　　第五节　高尔夫项目的经营与管理 ··· （54）
　　第六节　保龄球项目的经营与管理 ··· （62）
　　第七节　网球项目的经营与管理 ·· （69）

第四章　娱乐休闲项目经营与管理 ·· （76）
　　第一节　娱乐休闲项目概述 ·· （77）
　　第二节　歌舞类项目的经营与管理 ··· （79）
　　第三节　卡拉OK项目的经营与管理 ·· （85）

第四节　棋牌类项目的经营与管理……………………………………（91）
　　第五节　电子游戏类项目的经营与管理………………………………（96）
　　第六节　酒吧的经营与管理……………………………………………（102）

第五章　保健项目经营与管理……………………………………………（110）
　　第一节　保健项目概述…………………………………………………（111）
　　第二节　桑拿洗浴类项目的经营与管理………………………………（112）
　　第三节　按摩保健类项目的经营与管理………………………………（124）

第六章　康乐安全管理……………………………………………………（136）
　　第一节　康乐安全管理概述……………………………………………（137）
　　第二节　常见安全事故的防范和处理…………………………………（142）
　　第三节　应急事故的防范与处理………………………………………（147）

第七章　康乐服务质量管理………………………………………………（152）
　　第一节　康乐服务质量管理的内容……………………………………（153）
　　第二节　康乐优质服务…………………………………………………（156）
　　第三节　顾客投诉处理…………………………………………………（159）

第八章　康乐营销管理……………………………………………………（166）
　　第一节　康乐营销概述…………………………………………………（167）
　　第二节　康乐营销计划…………………………………………………（176）
　　第三节　康乐促销活动…………………………………………………（184）

第九章　康乐设备管理……………………………………………………（195）
　　第一节　康乐设备管理概述……………………………………………（196）
　　第二节　康乐设备管理的基本程序和内容……………………………（198）

附　　录……………………………………………………………………（205）

参考文献……………………………………………………………………（216）

第一章　康乐概述

【教学要点】

知识要点	掌握程度	相关知识
康乐活动的起源	了解	康乐活动的含义,不同时代康乐活动的表现形式
我国康乐活动的发展现状和趋势展望	掌握	我国康乐企业的概况,现有康乐项目的类型,康乐企业的经营管理理念及水平,发达国家康乐活动的发展情况
康乐项目的设置方法	重点掌握	康乐项目设置的原则和依据,不同类型和不同地域星级酒店康乐项目的特点,我国星级酒店的评定标准及要求
康乐部的经营	掌握	康乐部的经营方式和特点,康乐部门工作特点

【导入案例】

康乐部应该成为增加酒店营业收入的重要部门

北京密云水库周边的云湖度假村原是中央政府某部的培训中心,离城市繁华区较远,其康乐部的经营项目较少,以接待内部会议顾客为主。实行政企分开政策以后,该中心把企业名称改为云湖度假村,并将市场定位于接待旅游度假的旅客。

云湖度假村刚开始独立经营时,由于康乐项目较少,满足不了旅客的康乐需求,客房的入住率较低。后来,度假村投入较多资金增建了规模较大的游泳池,又增加了保龄球馆和电子游戏厅,加上原有的网球场、卡拉OK厅、健身房等,其康乐部无论在经营项目数量上还是在经营规模上都在当地首屈一指。

度假村的领导又加强了对康乐部员工的培训和管理,同时还加大了宣传力度,提高了度假村的知名度。采取这几项措施之后,客源便有了稳定的增加,而且几乎没有淡、旺季之分,度假村的经济效益比以前有了大幅度提高,康乐部的营业收入也比扩建之前提高了4倍。

与云湖度假村仅500米之隔的另一家度假村,其地理位置、规模和级别都与云湖度假村不相上下。只是当初建设时没有规划设置康乐部,后来又因种种原因而无法增设,其客房入住率一直处在比较低的水平,特别是在营业淡季时,其客房入住率只有旺季的20%,经济效益也比云湖度假村低很多。

康乐活动自古有之,并且在不同的历史时期有着不同的表现形式。随着社会经济的发展和人们思想观念的不断转变,特别是全球化、经济一体化和网络化时代的到来,人们的物质生活得到了极大的丰富,在享受物质文明带来生活上的方便的同时,人们也在不断追求精神生活的享受。加之现代生活节奏不断加快,生活压力日益增大,人们更加关心自己的身体和心理健康,关注生活中一切美的享受,追求健康、积极、美好的生活方式,通过富有乐趣、轻松的康乐活动,发展多种兴趣爱好,缓解紧张情绪,进而调节身心、恢复体力、振奋精神,增强自己的信心,提高健康水平。可以说,康乐活动已经成为现代人生活的一个不可分割的重要组成部分。

第一节 康乐活动概述

一、康乐的含义

什么是"康乐",至今没有一个统一、标准的定义。一般来讲,康乐即康体、娱乐,是指人们在休闲时间利用一定的设备设施、环境,为达到身心健康、愉悦的目的而进行的休闲性、消遣性的活动;或是指可以满足人们健康和娱乐需求的一系列活动。它包含以下两层意思:一是康乐活动是在闲暇时间进行的,它是一种非职业性的业余活动;二是康乐活动必须以一定的设施设备、场地为基础,如游泳需要游泳池及相关设备,健身需要健身房及健身器材,打高尔夫球需要高尔夫场地及相关设备等。

二、康乐活动的起源与发展

康乐活动是伴随着人类社会的产生进步而逐渐形成和发展的。无论中外,自从有了人类就有了康乐需求和康乐活动,只是各个历史阶段人类对康乐活动的需求不同,表现形式不一而已。这一点可以从许多历史遗迹和古籍中得以印证。就我国来说,广西花山地区和云南苍源地区的岩画中就有许多舞蹈形象(如图1-1所示);汉代的陶俑和画像砖、唐代的壁画中有许多关于康乐活动的画面(如图1-2所示);汉代司马迁在《史记》中就有早期关于足球的明确记载,当时叫做"蹴鞠";现今仍在我国一些地区流行的民间娱乐形式——傩戏(拼音:nuóxì,又称傩堂戏、端公戏,是在民间祭祀仪式基础上吸取民间戏曲而形成的一种戏曲形式,广泛流行于安徽、江西、湖北、湖南、四川、贵州、陕西、河北等省)就起源于春秋时期。而国外的康乐活动出现得也很早,据记载,古埃及人经常进行各种娱乐活动,包括皇室成员进行的皇室活动和普通埃及人民进行的民众康乐运动,主要有跑步、弓箭射击、驯马和驾车。而起源于欧洲的保龄球和地掷球的历史可以追溯到7000年前。尽管康乐活动起源很早,但是将其作为一个专门的系统进行研究,则是近些年才有的事情。

图1-1 云南苍源地区岩画　　　　图1-2 唐代宫女击鞠图

随着社会的进步,经济、科学、文化、交通、旅游等方面都有了长足的发展,康乐活动消费的大市场已经形成。在日本和欧美等经济发达国家,康乐行业已经发展得相当成熟,康乐场所也逐渐成为文化交流之地,并出现了"康乐文化"。在有些城市或地区,康乐行业已经成为当地经济发展的支柱产业,形成了康乐经济。

我国的康乐行业是随着20世纪80年代的改革开放而出现的,尽管出现的时间较短,但发展速度相当快。这主要表现在以下几个方面:康乐的基本设施不断增加,场所的数量不断增多;康乐活动项目的经营规模和范围不断扩大;康乐设备与项目的形式日益丰富;康乐活动的参与人数日益增多;康乐项目的管理和服务水平更趋专业。

虽然各个国家和地区的社会经济发展速度不太一样,康乐活动、康乐设施的发展水平不尽相同,但总的看来,它们大都经历了以下三个发展阶段。

(一)自发发展阶段

19世纪末,由于当时生产力落后,闲暇和娱乐都只能是少数贵族阶层的专利,广大劳动者只能在非常有限的时间里,借助非常简陋的娱乐设施从事简单而原始的康乐活动。

(二)普及发展阶段

20世纪以后,美国等西方资本主义国家开始实施8小时工作制,歌舞厅、酒吧、球馆、俱乐部、游乐园等不断出现,人民大众开始参与到康乐活动中来,康乐活动逐渐得到了普及和发展。

(三)高档发展阶段

第二次世界大战以后,许多国家(尤其是西方国家)致力于经济的发展和社会生产力的提高,人们的收入和闲暇时间也逐渐增多,这些因素促使人们产生更多的康乐需求。同时,人们对康乐活动的要求也逐渐提高,这一时期,康乐设施向多功能、配套化、自动化方向发展,活动环境更加高雅、舒适,服务更加专业、细致,康乐活动开始迈入高档发展阶段。

三、康乐活动在现代社会的作用

目前,参加康乐活动已逐渐成为现代人的一种生活方式和生活习惯,康乐正逐步成为人们日常生活和人际交往中不可或缺的内容,康乐活动在社会生活中的重要性日益凸显。

(一)康乐活动有助于放松身心、消除疲劳

康乐活动类型多样,不同性别、年龄、职业的人都能找到适合自己的活动形式。人们通过参与康乐活动(如打保龄球、唱卡拉 OK、跳舞等),能够暂时忘却生活烦恼和工作压力,使疲劳的精神和体力得以恢复,然后以更加饱满的热情投入到生活和工作中去。

(二)康乐活动有助于引领健康的休闲生活

丰富多样的康乐活动能够在一定程度上丰富人们的休闲生活,从而避免不健康的(如黄、赌、毒等)娱乐活动的盛行。例如,有些地区由于缺乏丰富的娱乐活动,人们只能通过那些不良的娱乐活动来打发时间。

(三)康乐活动能够为社会创造巨大的经济效益

首先,康乐活动需要专门的设施设备,这会带动大批相关产业的发展。以保龄球活动为例,该项目的发展能够带动保龄球设施设备、相关运动服装产业、与之相关的培训机构等的发展。其次,康乐活动也会带动食品、饮料等行业的发展,从而能够为社会创造巨大的经济效益。

四、康乐活动在酒店中的地位和作用

(一)康乐项目是酒店特色经营的体现

目前,酒店的竞争日趋激烈,要想在竞争中取胜,仅靠单一的食宿功能是远远不够的。酒店竞争的重要优势就是要具有自己的特色,通过差异化战略来赢得客源,而康乐项目正是酒店彰显个性、突出风格和体现特色的重要内容。如位于中国著名旅游城市——西安的唐乐宫大酒店,其仿唐乐舞夜总会以独特的仿唐宫廷乐舞表演和饮食文化吸引了众多旅游者(如图 1-3 所示);北京前门酒店的老舍茶馆展示了以京剧为特色的中国传统文化的形象(如图 1-4 所示);杭州国际大厦 Radisson 广场酒店成功地树立了一个现代化的歌剧院的独特品牌形象。实践证明,康乐项目在提高酒店知名度、突出特色等方面具有重要的作用。酒店可以通过增加康乐项目、改善康乐设施设备条件以及开设独具特色的康乐活动等增强自身的竞争优势。

图 1-3 西安唐乐宫仿唐宫廷乐舞表演

图 1-4 北京前门酒店老舍茶馆京味十足

(二)康乐服务是酒店营业收入的重要来源

目前,一些酒店的康乐部规模越来越大,与酒店客房部、餐饮部一起成为酒店创收的主要部门,有的酒店康乐部收入已超过其他部门成为酒店第一大部。在我国各大城市,尤其是东部沿海地区,酒店康乐部门的营业收入在整个酒店的总营业额中都占有相当大的比重。

(三)康乐项目是酒店等级的重要标志

酒店等级是招徕客源的重要条件,也是制定价格的重要依据。按照国际惯例,四星级和五星级酒店必须设立康乐部,三星级酒店也应该配备康乐设施。2010年,我国重新修订了《旅游酒店星级的划分及评定》,对康乐设施设备的使用和维护做出了明确规定(见附录一)。换句话说,没有符合条件的康乐设施,酒店就无法成为高星级酒店。

根据新的评定标准,三星级酒店应设有舞厅、按摩室、理发(美容)室、多功能厅;四星级酒店的康乐设施应该在三星级酒店的基础上增设健身房、桑拿浴室、游泳池;五星级酒店的康乐设施要在四星级酒店的基础上增设网球场,并且设计和装修更加豪华。由此可见,设置康乐项目是三星级以上的酒店评星级的必备条件。

五、康乐项目的类型

康乐项目的类型较多,通用的分类方法是将其分为三大类,即康体健身项目、娱乐休闲项目和保健项目。

康体健身项目是指顾客借助一定的运动设施设备、场所,通过主动参与活动,在愉快的气氛中促进身心健康的活动项目。它主要包括器械健身运动类项目、游泳运动项目、球类运动项目和户外运动项目等。器械健身运动类项目又包括心肺功能训练项目、力量训练项目,游泳运动项目分为室内游泳项目、室外游泳项目,球类运动项目主要指保龄球、台球、高尔夫球、壁球、网球、沙狐球、羽毛球、乒乓球等活动项目,户外运动项目则是指网球、骑马、划船、狩猎、登山等户外活动项目。

娱乐休闲项目是指康乐部门通过提供一定的设施设备和服务,使顾客在参与中得到精神满足的游戏活动。娱乐休闲项目需要顾客较强的主动参与性,其最大的特点是使参与者得到精神上和情趣上的满足。娱乐休闲项目主要包括歌舞项目、卡拉OK项目、棋牌类项目、电子游戏类项目和酒吧等。

保健项目是指康乐部门通过提供相应的设施设备或服务作用于人体,使顾客达到放松肌肉、促进血液循环、消除疲劳、恢复体力、养护皮肤、改善容颜等目的的被动的休闲方式。保健项目主要包括桑拿洗浴和按摩保健两大类。

第二节　康乐业的现状和发展趋势

康乐行业是随着社会经济的产生而发展起来的,特别是休闲体验时代的到来使康乐活动越来越受到人们的重视和青睐,康乐业呈现出一片欣欣向荣的景象。在欧美、日本等经济发达国家,康乐业的发展已经渐趋成熟,并且逐步形成了其特有的康乐经济和文化。相对而言,我国的康乐业起步较晚,但随着改革开放的深入和经济的腾飞,康乐业进入了高速发展阶段,主要表现在投资规模不断扩大、经营项目及种类不断增加、经营管理水平日渐完善。虽然目前我国康乐业的发展水平与发达国家还存在一定的差距,但这种差距正在逐渐缩小,康乐业必将迎来一个崭新的时代。

一、康乐业的现状特征

（一）康乐业快速发展，经营主体大幅增加

近几年来，随着经济的快速发展，居民可支配收入和时间增多，人们对康乐、休闲、健身等更高层次的精神消费需求也随之增加，康乐业的经营主体已从高星级酒店向度假村、康乐中心扩展，而与此相关的康乐器材生产、制造企业也迎来黄金发展期。

以深圳市游艺娱乐场所规划数据为例，截至2010年底，深圳全市游艺娱乐场所规划总量确定为1800家，其中包括现有173家，可新增1627家（各区规划新增1386家，市文体旅游局用于全市统筹调剂和审批设立中外合资、中外合作游艺娱乐场所新增241家）。各区规划新增1386家，其中福田区新增124家、罗湖区新增233家、南山区新增158家、盐田区新增36家、宝安区新增395家、龙岗区新增408家、光明新区新增16家、坪山新区新增16家。

另外，据不完全统计，北京有对外经营的台球俱乐部700多家，平均球台数量在10张左右；上海有对外经营的台球俱乐部500多家，平均球台数量在15张左右。中国台球制造业已经占到全球总量的30%左右。

（二）新颖项目不断涌现，经营规模不断扩大

随着社会的进步和经济的发展，人们对康乐活动的需求不断增加，为适应这种变化，酒店积极寻求创新突破，不断挖掘自身潜力，完善经营理念，这就促使新颖康乐项目不断涌现。当然，国内外的实践经验也告诉我们，酒店要想生存和发展，就必须不断地推陈出新，这是企业永葆生命力最根本的保障，是市场规律，更是生存法则。纵观康乐业的发展历史，各种新颖的康乐项目层出不穷，它们都由最初的创新性逐步走向大众化，即使是一些传统项目，经过革新和完善，其内容和形式都与原先有较大改变。如洗浴项目最初是单纯洗浴，经过开发，陆续出现瀑布浴、药浴、牛奶浴、光波浴、泥浴、沙浴、花浴、茶浴等各种洗浴新项目，几乎要形成洗浴文化了。近几年来，又出现了新的康乐项目，如瑜伽、蹦极、室内攀岩、模拟高尔夫（如图1-5所示）、滑草（如图1-6所示）和沙狐球等，新项目的不断涌现给康乐业带来了活力，促进了康乐业的发展。

图1-5 模拟高尔夫

图1-6 滑草

康乐项目不断求新求变，酒店的经营规模也不断扩大。以台球项目为例，台球项目发展初期，经营企业面积一般都在几十到几百平方米不等，活动项目也仅限于台球本身和简单的茶水、饮料供应；如今，越来越多的台球俱乐部和会所出现，其在占地面积增加的同

时,经营规模也不断扩大,服务功能也越来越强,如北京朋博嘉豪台球俱乐部,占地面积2200平方米,是集娱乐、休闲、餐饮为一体的高档会所,俱乐部设有各种符合国际标准的球台、比赛赛台、贵宾赛台、九球球台,500平方米休闲区配备电脑、无线网络、触摸游戏机、棋牌等休闲娱乐设备。

（三）参与人数越来越多,收费水平趋于合理

据报道,由于游客人数的增加和酒店入住率的提高,中国香港迪士尼主题公园(如图1-7所示)2011年全年营收36亿港元,共有590万人次参观香港迪士尼乐园,同比增长13%,酒店入住率同比增长9个百分点,达到91%。芜湖方特欢乐世界主题公园在2007～2010年间共接待游客量达1000万人次,已经成长为长三角和中部地区著名的旅游目的地;2011年接待游客超过233万人次,比2010年增加10%。开园试营业才满1年,芜湖方特已经接待游客145万人次,日接待量最高达到2.02万人次。曾经有游客"七下方特",喜爱之情溢于言表。

图 1-7　香港迪士尼公园

参与康乐休闲活动的人数越来越多,使得康乐从业服务和管理人员也逐年增多,为适应这一现状,许多高校都开设了康乐服务与管理方面的专业课程,为酒店输送专门人才。同时,人们对康乐活动需求的增加、康乐项目的普及以及市场竞争等诸多因素促使康乐项目的收费标准越来越为广大消费者所接受,一些原先属于贵族或高收入群体才能享受的康乐项目逐渐开始走向寻常百姓。

据报道,2011年全国参与台球运动人数千余万,每天进行台球运动的人次逾200万。由各地方协会、俱乐部和其他单位举办的地方性、群众性赛事活动越来越多,相关的教练员、裁判员等专业人员的数量也在相应增加。在台球专业媒体方面,目前全国已经有2本专业杂志和数十家网站,各地体育频道对台球节目的转播也不断增多,相应地,台球消费也越来越平民化。在传入我国的初始阶段,台球主要出现在高档酒店和贵族公寓,而今其经营场地遍布各大、中、小型娱乐场所,价格已由原来的每小时100元降至10元甚至更低,这个价位完全可以被工薪阶层所接受。

（四）主题经营理念突出,康乐文化氛围浓厚

在康乐行业快速发展的今天,个性化消费不断增长,康乐经营者已经充分认识到,原有康乐项目的设施设备、管理服务都无法完全满足消费者的需求,要想在激烈的竞争中拥

有一席之地,除了要开发新颖的设备、扩大经营规模外,还要在经营理念上突出主题性、创新性和时代性。这种经营理念在西方欧美国家和日本最为流行,其中最著名的就是主题公园的建设和发展。主题公园起源于荷兰,后来兴盛于美国。荷兰马都拉家族的一对夫妇为纪念在第二次世界大战中牺牲的独生子,兴建了一个微缩了荷兰120处风景名胜的公园,此公园开创了世界微缩景区的先河。它在1952年开业时便轰动欧洲,成为主题公园的鼻祖。华特·迪士尼在美国加利福尼亚州兴建了世界上第一个现代大型主题公园——迪士尼乐园,于1955年7月17日正式开业。迪士尼乐园将迪士尼电影场景和动画技巧与机械设备相结合,将主题贯穿各个游戏项目。由于能够让游客有前所未有的体验,迪士尼随即便风靡美国,再传到全世界各地。除此之外,许多酒店和夜总会等康乐项目活动场所也注重突出经营理念,彰显自己鲜明的主题特色,一大批主题酒店和特色夜总会涌现出来。我国第一家真正意义上的主题酒店是2002年5月在深圳开业的威尼斯酒店,它融合了文艺复兴和欧洲后现代主义的建筑风格,以威尼斯文化为主题。随后涌现出许多类似的主题酒店,如广州番禺的长隆酒店是一家以回归大自然为主题的主题酒店;景德镇青花主题酒店是世界上第一家以陶瓷文化为主题的主题酒店,宾客不仅可以通过酒店的走廊、挂画等了解陶瓷知识,还可以在青陶坊亲手制作陶艺作品,并免费参加酒店不定期举办的陶艺专题讲座;长沙2599爱情主题酒店是全国第一家以爱情作为主题的酒店。

康乐活动是一种高雅休闲的体验活动,更是一种精神层面的享受和追求,它可以帮助人们消除疲劳、缓解压力、恢复精力、舒畅心情、提高兴致、陶冶情操,因此,康乐项目的设置在体现经营主题理念的同时,还需要浓厚的文化内涵作支撑,二者是相辅相成的促进关系。以高尔夫项目为例,首先,高尔夫为人们提供了一种更健康、更有趣的休闲和交流的方式,打高尔夫球的时候,人们必须保持平稳、协调的身体和良好的心态,这也是人生哲理的体现。其次,在高尔夫运动中,一个最为重要的"规则"就是自律,高尔夫杜绝作弊,它追求的是公平、和谐和信任,这是为人处世的基本原则。在高尔夫运动中,人们追求更远的目标、更少的杆数,这是对未来、对自身潜能永不停歇的追求。再次,在高尔夫运动中,球员必须考虑场上策略的运用,必须选择最佳的落球点,有进有退,有时还必须以退促进。而社会无时无处不充满变数,也需要人们去考虑各种情况,然后选择合适的策略以获得通向成功的最佳路径。现代的高尔夫运动凸显了交际、交流的文化职能,成为政府、商务以及其他人士沟通交流的一个绝佳场所。高尔夫球具对科学技术的运用,体现了人们对精神文明和物质文明发展的追求。每一个高尔夫球场都是绿色的,这是人们对优美环境的追求。

二、康乐业的发展趋向和展望

(一)康乐经济在整个国民经济中的比重将会越来越大

随着社会经济的发展,人们的生活水平越来越高,在满足基本的日常生活需求之后,人们对工作之余的康乐需求不断加大。同时,生活节奏的加快、工作压力的加大都促使人们在紧张的生活节奏中适当地放松,这些都给康乐活动的发展提供了空间。在这样的背景下,康乐行业将会得到快速发展,越来越多的人将会参与到康乐活动中,康乐消费大众化的大量需求必然会产生大量的供给。如今,行走在各大、中、小城市,歌舞厅、量贩式KTV、游乐场、夜总会、美容美发休闲会所、洗浴中心等康乐场所比比皆是,康乐行业的长足发展将会使康乐经济在整个国民经济中所占的比重越来越大。

(二)康乐业的服务和管理水平将会越来越高

康乐业的迅速发展促使康乐经济规模不断扩大,越来越多的人将会参与到康乐行业中来,经营康乐行业的主体将会不断增加。它们一方面满足了人们日益增长的康乐需求,另一方面也促使康乐行业的竞争日趋激烈。为了在竞争中占有市场,经营者们会不断提高自己的服务和管理水平。同时,随着康乐业的发展日趋成熟,经营者们也会积累越来越多的服务和管理经验。当前,我国康乐事业已经有了长足的发展,康乐管理开始由经验管理型向科学管理型的方向转变,这主要表现在:出现专门的康乐服务和管理的培训机构,越来越多的高校开始开设康乐服务与管理的相关课程,关于康乐服务与管理的专著、教材及论文不断涌现,我国关于康乐服务与管理的法律法规也日趋成熟和完善。

总结我国康乐业的发展历程,我们可以看出,未来我国康乐业的服务和管理水平将会越来越成熟,与发达国家之间的差距将会越来越小。

(三)康乐设备的科技含量将日趋增高

随着科学技术的进步,人们对康乐的需求不断增加,康乐设备也在不断地更新和优化,新式康乐设备不断涌现,其外观更加精美,操作更加方便。如卡拉OK设备,它从第一代的LD影碟机到第二代点歌器点歌,再到第三代的打碟电脑点歌系统和第四代机顶盒全电脑KTV系统(VOD)及第五代全电脑KTV系统(VOD),现已达到了点歌和放歌速度快、自动化程度高甚至到了全自动化的程度,目前还出现了广域网点歌系统。科学技术的发展促使点歌系统实现了一次又一次的飞跃。再如高尔夫项目,它是一项具有魅力的运动,是人们在优雅、自然、绿色的环境中锻炼身体、陶冶情操、提高技巧的活动。高昂的价格、距离市区较远以及气候(南方夏季炎热,北方冬季寒冷)条件的限制给这项活动的普及带来了困难,而室内高尔夫球模拟系统的诞生,突破了以上条件的限制,使众多普通人加入高尔夫运动的行列中。室内高尔夫根据真实球场蓝图和实际拍摄,经过3D制作,通过投影机展现在球手面前,球手可使用真球杆和真球,任意选择一个练球场或一个高尔夫球场完成一场18洞的练习。此系统让高尔夫爱好者足不出户,就能在国际高尔夫球场上击打高尔夫,不受时间和天气的限制,特别是在秋、冬枯草季节,室内高尔夫是最佳的打球选择。室内高尔夫为高尔夫项目的普及创造了条件,这当然离不开科学技术的支持。由此可见,随着科学技术的发展和康乐市场需求的不断增加,新式康乐设备将会不断涌现,其科技含量也会越来越高。

(四)康乐消费将日趋大众化

根据中国统计局数据显示,2011年我国人均GDP超过3000美元。国家统计局预测,我国2020年人均GDP将超过5000美元。经济的不断发展、收入的不断提高、闲暇时间的不断增多使得人们对康乐休闲的需求越来越大。未来康乐消费将会成为人们日常生活中必不可少的内容,它不再是传统意义上的奢侈消费,而是日趋大众化的消费。

第三节 康乐项目的设置

科学合理地设置康乐项目对于酒店具有非常重要的意义。随着康乐业的快速发展，康乐项目的类型不断增多，康乐市场的竞争也日趋激烈。这就要求酒店行业除了包含传统的住宿、餐饮项目外，还要增设康乐项目，这一方面是为了满足人们对康乐活动的市场需求，另一方面可以在经营上形成特色，以便增强其市场竞争力。康乐项目的设置主要从以下几个方面进行考虑。

一、康乐项目设置的宏观原则

（一）经济效益和社会效益兼顾的原则

对于酒店来说，设置康乐项目是为了实现经济效益。只有实现了经济效益，才能实现企业的可持续发展，才能为国家的经济发展作出贡献。然而，酒店在实现经济效益的同时，也不能忽视社会效益。在设置康乐项目时，要考虑该项目能否给社会带来正面的、积极的影响，是否有利于人们的身心健康，不能一味地追求经济效益甚至为了获得高额利润而开设一些低俗的、违反国家政策规定的活动。

但西方国家和我国对于什么是正当的康乐活动的标准有所不同，并且在对康乐活动的限制尺度方面有所差别，有些项目在西方国家是正当的，而在我国却是禁止开设的，如博彩项目。

（二）突出经营特色的原则

任何酒店在设置康乐项目时，都要在如何突出经营特色方面下工夫，没有特色的酒店在市场中没有竞争力。尤其是酒店企业，要想在激烈的市场竞争中脱颖而出，在提供客房、餐饮等服务项目的同时，必须要考虑满足顾客的多元化需求。康乐项目正是其彰显个性、突出风格，实现差异化战略，形成自己经营特色的重要内容。

在项目的设置上，首先，可考虑将本地区的民族特色和传统的特色文化与现代康乐项目结合起来，形成全新、独特的娱乐方式，如西安唐乐宫酒店的仿唐宫廷乐舞、北京的老舍茶馆等；其次，可以高档次、高消费、高规格来突出其特色；最后，可以特殊的、有创造性的服务方式吸引客人，如客人娱乐时赠送水果拼盘、自制精美小食品、邀请演艺界名人来演出等。

酒店的特色体现在不同方面，有的体现在项目规模上，有的体现在项目种类上；有的体现在服务特色上，有的体现在经济环境或地理环境上；有的体现在质量档次上，有的体现在价格优势上。酒店的决策者在选择项目时，不应一味追随潮流，而应扬长避短，发挥自己的优势。

（三）因时、因地、因店制宜的原则

酒店由于其所处的地理位置、环境条件不同，面对的顾客消费群体也不同，所以其在康乐项目的设置上，不能照抄照搬，必须结合自身具体情况，因时、因地、因店科学合理地

设置康乐项目。如游泳项目有室内游泳和室外游泳两种,而我国北方由于冬季风沙大,清洁水质工作量大,池水结冰有可能损坏池壁等因素,不宜建室外游泳池。又如规模较小的酒店,就不适宜开设夜总会项目,而如果酒店处在都市中心,受场地条件的限制,就不可能开设占地面积很大的乡村高尔夫项目,为了满足高尔夫爱好者的需求,可以考虑开设室内高尔夫或城市高尔夫项目。

（四）合理配套的原则

任何酒店通过市场细分都会有适合自己的一个或几个顾客群体。因此,在康乐项目的设置上,既要有适合自己的主营项目,同时也要合理地选择配套项目,从而使酒店在项目的经营上发挥其综合性优势。

对于主营项目的选择,酒店要根据企业优势和市场前景,将具有一定规模和特色,并且市场潜力最大的项目确定为主营项目。例如,可根据实际情况将主营项目确定为室外游乐项目或室内康乐项目,其中室外游乐项目又分为冬季项目、夏季项目、水上项目、陆地项目等,室内康乐项目又分为康体健身项目、娱乐项目、保健项目等。

主营项目确定以后,酒店还要选择、设定相应的配套项目,配套项目是主营项目的补充和完善。

酒店通过合理地设置主营项目和配套项目,使其在突出主营项目的同时,发挥配套项目的补充、完善作用,从而体现其综合优势,满足顾客的多元化需求。

（五）满足顾客正当需求的原则

根据马斯洛的需求理论,人们在满足基本的物质产品需求的同时,对康乐休闲等精神层面的需求也在不断增加。随着康乐经济的不断发展以及国际文化交流与融合的不断加强,新颖的康乐项目层出不穷,这也是康乐行业时代性特征的集中体现。对于酒店来讲,只要是满足顾客正当需求的康乐项目,在国家政策允许的范围内都可以开设。

二、康乐项目设置的微观依据

康乐项目的设置原则主要是从宏观上来把握,而在具体操作层面上,酒店在设置康乐项目时可以从以下几个方面考虑。

（一）依据市场需求设置

不同的市场细分群体对康乐项目的需求是不一样的。从市场总体来看,消费者的需求不可能得到完全满足,总会有一些未被满足的需求。同时,随着市场的发展、环境的变化、时间的推移,消费者的康乐需求也在发生着变化。以往酒店的主要功能是餐饮和住宿,而随着市场的发展,人们在基本需求得到满足的前提下,还有健身、娱乐方面的需求。因此,为了满足顾客的这些需求,酒店开设了健身、游泳、保龄球、卡拉OK等项目。然而,不同类型的顾客对康乐项目的爱好是不一样的,如青少年喜欢有新奇感的电子游戏、上网、台球、旱冰、卡拉OK和蹦迪等项目;中青年人喜欢既休闲放松又具有一定交际功能的康乐项目,如泡吧、跳舞、保龄球、高尔夫等;女性朋友钟情于美容、护肤、健身等项目;老年朋友则喜欢节奏相对较舒缓的、环境比较安静的项目,如棋牌、垂钓等。作为酒店,要结合自身情况,选择适合自己的市场细分群体,有针对性地开设康乐项目。另外,市场上对康乐项目的需求是不断变化的,以前流行的康乐项目也许会随着市场的变化而不再受顾客的欢迎,因此会出现新的康乐项目,酒店要时刻关注市场的变化,紧跟市场潮流。

(二) 依据企业自身实际情况设置

酒店企业的自身情况包括资金能力、客源市场定位、酒店的星级以及客房接待能力等方面。

不同的康乐项目所需要的资金情况是有差别的,建设一个综合性娱乐项目(如夜总会)可能和建一座相当规模的酒店所投入的资金相当,但若建设如健身房、游泳池、棋牌室、网球场等适度规模的项目,则不用过分投入。因此,在康乐项目的选择上,酒店要结合自身资金的情况,量力而行。

在康乐项目类型的选择上,酒店需要结合当地的社会、文化环境做好市场调查,然后确定自己的客源层次和消费群体。只有市场定位准确,才能使康乐项目的设置做到有的放矢。商务型酒店的客人主要是商务客人,因此其康乐项目的设置主要围绕商务客人的康乐需求而定,如健身、游泳、酒吧等;度假型酒店的消费群体主要是旅游度假的客人,其康乐项目的设置可以考虑温泉、保健按摩、桑拿、SPA 等。

此外,酒店在设置康乐项目时除了考虑上述因素外,还要结合自身的酒店星级及客房接待能力等情况。酒店的星级决定了康乐项目设置的层次要与其等级相配套,而酒店的客房接待能力决定了康乐项目设置的规模。

(三) 依据康乐项目的发展趋势设置

康乐项目是不断发展变化的,有些酒店在项目的选择上没有经过认真研究,只是随波逐流,市场上流行什么就设置什么,结果使得康乐项目内容雷同,人为地加大经营的难度。酒店在选择一个项目时,不仅要考虑现阶段市场的盈利状况,更应考虑这个项目的生命周期、发展潜力以及其对未来市场的适应性,分析它是新兴的,还是将要兴起的,或者正在时兴的,然后再决定是否选择。如果是新兴的,经营效果会好,投资会很快收回;如果是将要兴起的,则需要一段时间开拓市场,但前景非常广阔,长期利润会很可观;如果是正在时兴的,若市场对此项目已经饱和,则对收回投资很不利。所以,酒店在设置康乐项目时,要充分考虑市场变化和该项目的发展趋势。

第四节　康乐部的经营方式和工作特点

一、康乐部的经营方式

酒店康乐部的经营方式,按照经营主体可分为传统自营模式、业务外包模式和独立实体模式;按照经营指标可分为无硬性指标经营方式和有硬性指标经营方式;按照顾客与企业的关系可分为会员制经营方式和非会员制经营方式。

(一) 按照经营主体划分

1. 传统自营式

传统自营式管理模式是指康乐部的人、财、物和所有业务由酒店统一经营和管理。这是酒店最常见的一种管理模式。由于所有业务由酒店统一经营和管理,因此,这种经营模式的优势是酒店能够根据自己的发展需要统一规划,协调发展;劣势是适应市场变化的能力较差,这也是大部分酒店康乐经营盈利性差的原因之一。

2. 业务外包式

外包是指企业动态地配置自身和其他企业的功能和服务,并利用企业外部的资源为企业内部的生产和经营服务。在讲究专业分工的21世纪,企业为维持组织核心竞争能力,解决人力不足的困境,可将非核心业务委托给外部的专业公司,以降低营运成本,集中人力资源,提高顾客满意度。现代酒店的一些附属或非主营业务,如美容美发厅、歌舞厅等常外包给外面的企业来经营。酒店业务外包在国外是比较流行的一种管理模式,在中国也逐渐成为一种发展趋势。但业务外包应选择专业特征明显,并具有一定知名度的服务企业或机构。

目前,酒店的市场竞争环境是其实行外包的根本原因。一方面,由于社会变革速度加快,市场所提供的产品层出不穷,酒店企业之间竞争加剧,创新成为其保持竞争优势的永恒主题;另一方面,竞争的领域逐渐由综合转向专业,这就需要酒店企业采取某种管理模式来整合内部的资源,外包就是其中的一种。

3. 独立实体式

随着康乐业的不断发展,酒店康乐部的规模逐渐扩大。当康乐部门独立对外的业务量、市场影响力较大时,为了便于开发业务,康乐部门应从酒店中独立出来,以新的合资、股份形式或以酒店子公司等独立实体形式而存在,如以独立的俱乐部模式来经营康乐业务。

(二)按照经营指标划分

1. 无硬性指标的经营方式

无硬性指标的经营方式使用于附属形式的康乐机构,酒店设置康乐项目主要是为住店客人服务,在经营过程中无硬性指标。其原因主要有两个:一是酒店的康乐项目刚开业,康乐部门处于试营业阶段,对前来进行消费的客流量规模不清楚,康乐项目的价格定位也在试运行当中。在这种情况下,康乐部门的经营指标难以确定。二是酒店采用价格渗透法定价,也就是将康乐项目的收费渗透到客房费用中,每个康乐项目不再另行收费,从表面上看康乐部没有收入,因此也无需定指标。

2. 有硬性指标的经营方式

有硬性指标的经营方式适用于康乐部门独立成部,企业总经理在充分调研的基础上为康乐部制定出经理管理目标(如最大限度减少客人投诉、在稳定客源的情况下开发新客源、完善管理制度、提高管理人员素质、明确员工培训情况、制定员工培养方案等)和经济指标(如全年实现经营盈余××万),这种硬性指标由康乐部经理承担,而且,酒店总经理和康乐部经理要签订经营管理目标责任书,酒店会在年终总结时结合完成情况对其进行奖惩。

(三)按照顾客与企业的关系划分

1. 会员制

会员制的经营方式是消费者通过向康乐项目经营者缴纳一定数额的会费或年费取得

会员资格后,享受一定的价格优惠或折扣。康乐部在经营初期,通过对本地顾客采取购买储值卡、折扣卡的方式发展会员,采用预付费、划卡消费、积分优惠等模式降低销售成本,快速回笼资金,同时增加其销售额和利润,并在一定时期内保有稳定的顾客群。当康乐部进入正常的经营轨道后,经营者就要对会员资源进行维护,通过分析客户的消费频率和消费金额,适时调整经营项目和策略,关注会员深层次的消费需求,其目的是培养会员的忠诚度,并吸引新会员的加入。会员制经营方式的作用主要是为了维系老顾客,因本地客人的消费具有重复性的特点,所以会员制更适用于本地客人。

2. 非会员制

非会员制经营方式主要面向住店客人,因为住店客人往往具有一次性消费的特点。非会员制经营方式强调住店客人消费利益的维护,主要根据其个人的消费情况来进行经营。经营者需要在康乐项目的设置和服务上下工夫,吸引住店客人,从而保证理想的客流量,实现良好的经济效益。

相关链接

酒店康乐中心会员制管理

如今,国内外一些高档次的康乐经营场所均采取严格的会员制。如高尔夫球场所采取的是一种较为封闭的贵族化经营,而现代高级酒店的康乐场所普遍采用半封闭式的会员制经营,即将会员制作为一种较为重要的促销经营手段,会员在康乐场所中享有优惠待遇。

一、会员制的目的与特点

会员制是指以组织和管理会员的方式实现购销行为的一种经营方式。

(一)会员制的目的

实行会员制经营管理的目的是利用会所的经营管理条件及附属设施,发展会员之间的友谊及和睦关系,并发展国际友好关系,为会员提供休闲、保健、健身与商务活动服务。

(二)会员制的特点

(1)能为会员提供特殊服务。会员不仅享有价格优惠,而且在优先服务项目及特殊服务上,均享受优先待遇。

(2)具有严密合理的制度,包括入会条件、手续,会员资格,会员义务及权利等。

(3)能为会员提供详尽的综合服务。

二、会员制的运作

酒店康乐中心实施会员制运作之初,应首先确立会员级别的划分、会员守则和会员章程的制定以及会员卡的制作等。

(一)设计会员卡时,一定要考虑其与酒店的档次相当

(1)会员卡的形状、材质可以参考银行金卡、储蓄卡或超市会员卡的设计式样。

(2)会员卡一定要设有专属编号和持卡人姓名。

(3)会员卡附有会员档案资料和消费记录卡。

(4) 会员卡要求设计精美,具有收藏价值。
(二) 实行积分制
会员在康乐中心的消费以积分的形式累积起来,达到不同的标准,享受不同的待遇和优惠,这就是积分制。积分制应事先制定,并让会员在入会之时充分了解。

1. 积分的计算

(1) 要设定积分的计算起点,一般是根据每次消费金额的大小来设定相应的积分。如以10元为起点设立分值,每10元为1分,若消费500元,则积50分,积分满500,送美容店免费服务项目一个或赠品一个。

(2) 会员消费积分与服务项目卡相结合。如会员购买服务项目卡可以享有九折或八折优惠,而积分不变。例如,一张1000元的服务项目卡,会员以八折价购入,即800元,但会员当次积分将仍为100分。会员在这种情况下将真正实现物超所值,得到最大优惠。

(3) 为会员设立一个会员账户。会员的每次消费积分均存在会员账户内,在积分达到一定量时,可以随时取出来进行消费。会员也可以累积积分,当账户内的积分达到康乐中心最高积分档次时,将享受由康乐中心提供的相应丰厚礼品大奖。

(4) 老会员介绍新会员加入。介绍来的新会员首次消费时,老会员可获得新会员消费金额的相应积分,新会员积分不变。如新会员当次消费1000元,介绍人可得100分,而新会员当次也积100分。介绍人的积分在新会员当天消费时将同时存入其本人的会员账户中。

(5) 会员卡分为正、副两本,正本由会员本人保管,副本由酒店康乐中心保管。会员每次消费积分均由康乐中心收银人员在正、副本上分别填写并盖章确认。

(6) 会员利用账户中的积分消费时,当次消费属于免费项目不计积分,而账户中的积分则根据当次消费的项目金额而相应减去。如当次消费的免费项目属于相应金额的100分,则从账户中减去100分。账户积分多少,消费多少,不允许超支、透支或借支。

2. 积分计算日期

积分计算日期一般都是从消费之日起,当会员的积分累计达到一定数额以领取相应奖品或获取某种优惠时,会籍部就电话通知会员。会员如果来领取奖品或享受本康乐中心提供的特殊优惠时,就减去相应的积分;如果没有,累计积分继续累积至更高一层的奖品或优惠。

3. 积分奖励计划

采取积分制,达到一定积分额就有相应的奖品,这就要求事先设计一个积分奖励计划。

4. 积分获得及奖励办法

对积分获得的方式及奖励办法,也要事先确定,并在会员入会之前对其进行解释。

5. 奖品申领办法

会员达到一定积分额就可申领奖品,为了实现对奖品及积分制的有效管理,也需事先确定奖品申领办法和程序。

(三) 制定会员守则

会员守则相当于会员与酒店康乐中心之间的一份合约,一旦客人申请成为会员,就需遵守该守则。

（四）制定会员章程

会员章程一般应介绍康乐中心的经营宗旨、会籍规章、会员权益、服务须知及其他事项。

三、会员管理

（一）会员入会管理

1. 填写入会申请

会员入会时一般要填写入会申请书。入会申请书一般事先被制定成标准格式，申请人将需要填写的栏目填写好即可。

2. 会员资格审核

并不是填写了申请书的所有人都可入会，康乐中心一定要按照规定的标准审核申请人是否符合条件，符合条件的予以批准，发给入会通知书。

3. 发会员证或会员卡

申请人接到入会申请书后，要按照规定缴纳会费和照片。待各项手续办好后，康乐中心发给申请人会员证或会员卡，申请人就正式成为康乐中心的会员，享受会员可以享受的各项服务与优惠。

（二）会员消费管理

会员须遵循康乐中心的规定，消费时须交验会员卡，并登记在相关登记簿上。

（三）会员档案管理

为对会员进行有效的管理与跟踪，康乐部一定要为会员建好档案，并将其保管好。

二、康乐项目经营的特点

康乐业作为一个专业化较强的行业，其经营管理应以企业管理理论为基本指导思想，但由于其在服务内容和客源结构等方面的特殊性，康乐业的经营有其自身的特点。

（一）经营项目的综合性

康乐即健康、娱乐，它以满足人们的休闲娱乐、运动健身需求为目的，涵盖范围广泛，内容丰富。客人健身和娱乐的需求是多方面的，形式也是多种多样的，如游泳、网球、台球、保龄球、高尔夫球、器械运动、跳舞、唱歌、桑拿、按摩、足疗等。根据客人的这些要求，康乐部应开设相应的项目，如建立游泳馆、健身房、保龄球馆、高尔夫球场、网球场、歌舞厅、桑拿室、台球室等，以满足不同客人的不同康乐需求。

（二）经营方式的灵活性

康乐项目形式多样，各项目之间在运行规律方面又存在很大的不同，因此，服务人员在服务过程中也必须灵活对待，而不可千篇一律，以确保客人在不同的娱乐中得到完美的体验。如台球和保龄球都是运动量适中且趣味性较强的项目，在经营中，可以组织服务人员与客人组队进行比赛，以提高活动的趣味性。同时，也可根据客人需要提供教练员对其进行技术指导和提供陪练服务等。游泳池的经营则可以根据不同季节的变化调整营业时间，在不同的时段也可以开展一些水上娱乐项目，如水上行走、水上骑自行车、水上溜索等，丰富客人的活动内容。

(三) 服务对象的复杂性

不同的客人,由于年龄、性别、职业、民族习惯、宗教信仰、教育程度不同,其兴趣爱好、消费需求也存在很大差异。如有的人喜欢室内项目,有的人喜欢室外项目;有的人喜欢充满挑战的刺激性项目,有的人则喜欢典雅、轻松的休闲项目。因此,康乐项目的设置及康乐服务的经营方向一定要因地制宜、因时制宜,为不同的客人提供个性化的服务,最大限度地满足客人的期望。

1. 不同年龄的人消费特点不同

青少年处于成长进步的阶段,追求时尚、新潮、刺激,对新鲜的事物、热闹的场面有好奇感,他们喜欢如溜冰、台球、电子游戏、蹦迪等活动。中青年正处于事业的奋斗阶段,工作压力大,孤独感强,希望通过轻松活泼的康乐活动来放松身心。同时,他们还把康乐活动作为公关的一种手段,在康乐休闲的同时与合作伙伴进行感情的沟通和交流,为以后业务的顺利开展打下基础,因此,一些具有交际功能的康乐活动,如桑拿、按摩、泡吧、歌舞、保龄球等比较受这类人群欢迎。老年人闲暇时间充足,经济压力小,比较注重身体保健,一般会选择一些运动量较小的休闲项目,如高尔夫球、台球等。

2. 不同性别的人消费特点不同

一般来说,男性消费者较为理性,而青年女性则是一个感性而又情感丰富的消费群体,她们非常容易接受新的消费观念,喜欢追求潮流,引导消费时尚,还非常乐于向周围的人进行传播,以影响她们的消费。同时,青年女性比较注重美容、保健,对一些高雅、时尚、新奇的康乐活动较感兴趣,喜欢参加诸如网球、桑拿、按摩、美容美发、瑜伽等康体活动。

3. 不同文化水平的人消费特点不同

文化层次越高的人,对康乐活动的文化品位要求也越高,他们强调娱乐环境的洁净高雅和活动的高品位性,如网球、保龄球、高尔夫球等活动比较受欢迎;文化层次较低的客人一般从众心理较强,往往是看到周围的人热衷于某种康乐活动时,便赶时髦,以显示自己的阔绰。

4. 不同职业的人消费特点不同

一般来说,工薪阶层,如职员、教师等比较注重康乐活动强身健体的实用功能,强调经济实惠;高薪阶层,如商务人士、高级白领等则强调显示个人的身份,讲究排场,对康乐活动的环境要求较高。

(四) 经营的高风险性

1. 康乐需求具有时尚性的特点

康乐活动容易受人们追新潮、赶时髦的消费心理的影响,通常是国外流行什么,国内也跟着流行什么。如现在流行的 SPA,自 20 世纪初开始在欧洲流行起来,逐渐波及中东、美洲、非洲南部到中国台湾,再到中国内地,现已成为我国流行的时尚休闲项目之一。另外,一些项目本身也在不断地自我更新,例如,最早的舞厅只能跳交谊舞,后来在交谊舞曲当中穿插演奏或播放迪斯科舞曲,使交谊舞厅成为综合舞厅,随后又出现了专门的迪斯科舞厅,再后来又出现了冰上迪斯科舞厅。又如过去只有酒吧,现在相继出现了氧吧、果吧、粥吧,吧台发生了变化,而消费客人对康乐需求的变化之快往往使许多经营者难以适应。

相关链接

"10年不变，没有创新"的北京康乐宫拆了

曾经是最高档的室内娱乐场所，如今却已经落伍。曾经代表了京城最时尚、最高档的室内娱乐场所——亚运村北京康乐宫已开始全面拆除。负责此项目的北辰集团的一位负责人透露，在康乐宫原址上，将矗立起一栋高达48层的北辰大厦写字楼，大厦内是否还会保留"北京康乐宫"的字样，目前还没有定论。这意味着曾经令无数人为之向往的康乐宫也许将成为人们的记忆。

北京康乐宫建于1990年，面积26812平方米，是当时北京乃至全国最大的现代化综合室内休闲娱乐场所，消费起点在1000元以上。但到20世纪90年代末，许多新型娱乐设施出现，康乐宫的客流量每况愈下，其控股集团北辰集团因此有了改造它的想法。去年，康乐宫宣布关门改造，并从9月起正式停业。之后1年，康乐宫还搞过服装服饰生活用品展览会等项目，但始终门庭冷落。

一位业内人士指出，康乐宫的衰落是由于它的"10年不变，没有创新"。在新的娱乐场所不断涌现，更多新的服务方式、服务内容竞相出现的情况下，康乐宫"故步自封"，关门也就成了自然的事。

不过，商业专家强调，与其说康乐宫失在没有创新，不如说北京的娱乐业发展实在太快。位于亦庄开发区的博达国际交流中心负责人王振川指出，光博达就有网球、羽毛球、保龄球、台球、健身、游泳、桑拿、棋牌等多种娱乐项目，囿于室内面积，康乐宫不可能再添置这些设施，从硬件上讲，康乐宫早就落伍了。离康乐宫不远的奥体中心，光游泳池就有1.2米、1.5米、3米、5.5米深的4种，游泳场馆的设施可以举办国际比赛。比起康乐宫的嬉水池，自然是舒服多了。王振川指出，这10年间，北京的娱乐休闲场所增加了多少根本无法估算，如果加上郊区的，增长量已不能用百倍来计算。

而康乐宫衰落的另一重要原因是娱乐休闲已越来越平民化，它已逐渐成为普通大众的生活内容。在北京一流的室内游泳池游泳，每小时便宜的15元到20元，贵的30元到40元，一局保龄球10元到15元，一张300元的健身卡可以健身50次。如今到市内娱乐场所，揣个200元就能玩上半天。

因此，不管康乐宫以后还会不会回来，它曾经的辉煌和现在的衰落都是北京蓬勃发展的最好见证。

2. 康乐经营的合理规模难以把握

影响康乐市场消费需求的因素是多种多样的，如经济环境、社会环境、消费潮流、消费水平、风俗观念、季节变化等，这些因素的变化或多或少地对康乐市场产生影响。因此，康乐部如何确定一个适度的经营规模，包括场地规模、项目数量、服务人员规模等，是康乐经营中一个很难把握的问题。规模太大则会造成项目的闲置和资源的浪费，规模太小则无法满足客人的消费需求，影响服务的质量。目前，康乐业的投资和经营都缺乏长期的科学的规划，因而存在着盲目性和重复性，这导致许多企业或个人都往康乐业投资，结果造成

康乐市场供求失衡。例如，几年前我国出现了保龄球热，于是投资者们便一窝蜂地建保龄球馆，致使现在一些大城市保龄球馆过剩，经营困难，许多球馆不得不倒闭破产。

3. 康乐经营受政策性影响大

康乐需求是人们在满足基本生理需求基础上产生的一种需求，它是为了满足社交和发展的需要。这种需求弹性较大，对外界环境的各种因素较敏感，尤其是受政策的影响较大。目前，我国康乐行业的法律法规相对于快速发展的康乐行业而言有些滞后，不能成为其经营发展的指向标，这就造成了康乐业管理的盲目性，使得经营者无法可依，执法者随意处罚，许多业主也借机钻法律的空子，从事投机活动，这些现象给康乐业的正常发展带来了不良影响，也给经营者带来了风险。例如，前几年由于公款消费、"三陪"服务（陪坐、陪舞、陪饮）的盛行，歌厅成为引领时尚的娱乐休闲项目，而随着"反腐倡廉"和"扫黄打非"活动的开展，歌厅经营则日渐惨淡，最终走向衰落。可见政策的不断变化给康乐业带来了较大的经营风险。

相关链接

电子游戏厅

19世纪80年代初，中国第一台电子游戏机在桂林诞生。几年后，电子游戏机以其锐不可当之势，"踏"遍了中国大江南北，电子游戏厅也遍地开花。当时游戏机的内容主要有驾驶类、炮战类、火箭袭击类、趣怪类等。这些游戏都具有紧张激烈的对抗竞技特点，受到了少年儿童的青睐。后来游戏厅开始出现赌博、色情等不健康内容，老师和家长们惊呼：狼来了。鉴于此，国家明文规定，除节假日外，电子游戏厅（室）一律不得向未满18周岁的青少年开放。那些在游戏厅里天马行空的日子，已成为一代人的回忆。

2008年10月25日，文化部、国家经贸委、公安部、信息产业部、外经贸部、海关总署、国家工商管理局联合下发了《关于深入开展电子游戏专项治理工作的有关问题的通知》。文化部发言人指出，今后一律停止审批新的电子游戏经营场所。他分析说，根据这一规定和不再允许电子游戏机具的生产的规定，今后几年内，随着大力压减，电子游戏行业将逐渐萎缩而最终被取消。

三、康乐部的工作特点

康乐部是酒店满足客人康体、娱乐、保健等需要的综合性营业部门。康乐部的服务工作一方面具有酒店服务的许多共性，如热情、积极主动、耐心细致、礼貌周到等；另一方面又有区别与其他部门的许多鲜明特点，具体表现在以下几个方面。

（一）从业人员的专业性

康乐部门服务项目众多，不论是涵盖保龄球、高尔夫球、网球、台球等的康体项目，还是涉及歌舞厅、卡拉OK等的娱乐项目，以及包括桑拿、按摩、足疗等在内的保健项目，都有许多专业设备，它们都不同于普通的家用设备，其专业化程度高，使用频率更高，易于损坏，存在着诸多安全隐患。这就要求康乐部从业人员不但要具备丰富的相关设备的使用操作方面的知识,还要具备相关的礼仪规范知识以及基本的维护保养知识等。此外,有些需要提供陪练的服务项目,如保龄球、高尔夫球、台球、棋类、歌舞厅、卡拉OK等,还要求从业人员具有一定的专业水准和较强的服务技巧。同时,由于康乐项目专业技术性较强,对于初次体验的客人,还需要提供专业的咨询服务。这就需要康乐部服务人员能够掌握康乐项目有关设施设备的性能、作用和使用方法,并为客人作必要的示范。在客人进行康乐活动时,服务人员注意留心观察,及时、正确地予以指导。如游泳池的救生员要时刻注意游泳池的动态,防止发生溺水事件;桑拿房的服务员要对初次洗桑拿的客人耐心解释桑拿须知及注意事项,时刻留心桑拿房内的异常情况;健身房服务员要为初次来健身的客人介绍健身设备的功能、操作方法及注意事项等;酒吧服务员要能给客人介绍各种酒类等。以上种种,都体现了康乐项目服务的专业性特点。

相关链接

北京第一家室内康乐场所

在20世纪90年代初期,北京借举办亚运会的大好时机,创建了国内第一家、当时亚洲最大的室内康乐场所。

在试营业期间,很多项目是人们以前从未见过的,管理者和服务员都是在"摸着石头过河",谁也不知道应该怎样管理和服务,于是便全盘照搬了酒店的管理模式,并且模仿酒店制定了最初的规章制度。员工以前从未接触过这些新奇好玩的康乐项目,都希望亲身体验一下,并希望熟悉这些项目以便于服务,他们纷纷要求进行使用方法的业务培训。可是,当时由于企业刚刚开张,规章制度还很不完善,如何开展培训、由谁来培训、什么时间培训等问题都没有解决,于是企业领导便决定先集中主要精力对其进行规章制度方面的培训,关于项目的使用方法只进行较短时间的口头培训。出于好奇心,一些服务员,也包括少数管理者还是千方百计地找机会体验那些新项目,员工违规享用客用设施的现象屡禁不止。为了扭转这种难以管理的局面,企业领导决定在不长的一段时间内停止一切关于项目使用方法的培训,违者处以"重度过失"。结果,私自动用客用设施的现象被制止了,关于项目的使用方法也未能及时培训。

在正式营业期间,顾客如潮。但是真正会使用这些设备的却很少,很多顾客只是来"开洋荤"。有的顾客不会使用设备或者不懂运动规则,例如,在保龄球馆,有的顾客用两只手捧着球抛掷,有的顾客将球抛得很高,使球道受到损伤。这些在今天看来有些可笑的现象在当时却经常出现。由于当时还没有使用电脑记分设备,人工记分的规则又比较复杂,大部分顾客还需要服务员帮助记分。然而服务员未经过系统的运动技能和记分规则的培训,有一部分还不能满足顾客的需要,出现了尴尬的局面,顾客很有意见。

由此看来,管理者和服务员都应该重视各项目设备使用方法及规则的培训。技能培训和加强管理二者不可偏废。

（二）康乐服务的复杂性

康乐服务的对象既有本地客人，又有外来游客。服务人员要根据客人的不同需求做出相应的调整。此外，康乐部服务人员在日常服务过程中，经常会遇到一些突发事件，如在歌舞厅会遇见兴致较高而又有醉意的客人的过分要求，在健身房，有些客人会不按照规范操作；在棋牌室、麻将室，有些客人会违反酒店康乐部的有关规定，从事赌博行为等。针对这些情况，康乐部从业人员既不能迁就，也不可以用生硬的姿态强行制止。针对其服务的复杂性特点，康乐部门需要对相关人员做好相关的培训工作，包括对突发事件的应变能力、语言技巧等方面的培训。

（三）康乐服务的安全性

在众多的康乐项目中，有许多都存在一定的安全隐患，如游泳项目的溺水事件，健身项目的擦伤、扭伤事件，歌舞厅的火灾事件等。这就要求康乐部服务人员时刻注意对风险的掌控，对于不便让客人参加的项目，如有皮肤病或高血压客人不适合洗桑拿，儿童不适合去游泳池深水区游玩等，服务人员要加以适当的劝阻，同时要注意语言技巧，礼貌服务。

【小结】

近年来，随着社会经济的快速发展、收入水平的不断提高和闲暇时间的不断增多，人们对康乐活动的需求也逐渐增多。鉴于此，许多新颖的康乐项目不断涌现，康乐服务场所的数量和规模不断增大，康乐活动在现代生活中扮演着越来越重要的角色，这无形中也推动了康乐行业的不断发展，对康乐服务人员的服务水平和管理人员的管理能力提出了更高的要求。

通过本章的学习，学生首先了解了康乐活动的起源和康乐行业的发展现状，在此基础上把握其未来的发展趋势；其次掌握了康乐项目的设置方法，包括康乐项目设置的宏观原则和微观依据，并熟悉了酒店康乐部门常见的经营方式以及康乐部门的工作特点。

【思考与练习】

1. 康乐活动的含义是什么？
2. 纵观康乐活动的发展历史，可以把康乐活动的发展划分为几个阶段？每个阶段的特征是什么？
3. 康乐活动在现代社会中有什么样的重要作用？
4. 结合康乐业的发展现状，如何看待康乐行业的发展前景？
5. 康乐项目设置的原则和依据有哪些？
6. 康乐部的经营方式和特点有哪些？康乐部工作与其他部门相比有什么特点？

【案例分析】

三星级酒店的发展战略

上海市一家三星级酒店在第二、三层成功地开辟了餐饮市场后，计划在第四层开发娱乐经营。经市场调查,酒店决定新建娱乐宫,主要开辟能接待三百人的迪厅,并附设卡拉OK厅、激光小影院、溜冰厅、游戏室等娱乐场所,面向青少年,门票价格适中。为此,酒店为娱乐宫开辟了专用的面向街道的门面,并配有直达电梯。开业后吸引了众多的迪斯科爱好者,每到周末与节假日,人员爆满,生意十分火爆,名声越来越大。他们还邀请有一定名气的摇滚乐队表演节目并领舞,使娱乐宫成为上海市青年人晚上或周末的好去处。

但时间一长,酒店总经理发现光顾娱乐宫的住店客人很少,另外,酒店客房出租率呈下降趋势。他认真分析了这些问题,意识到酒店在娱乐经营项目的选择上与酒店客源的需求相脱节,使客房出租率下降。于是,他决定召开部门经理会议研究对策,采取措施扭转这种局面。

案例思考:
1. 酒店在娱乐项目的开发上存在什么问题?
2. 如果你是酒店总经理,你会如何处理?
3. 该案例给你的启示是什么?

第二章 康乐部组织结构和人员配置

【教学要点】

知识要点	掌握程度	相关知识
康乐部组织结构的设置	掌握	组织结构的概念,康乐部门常见的组织结构形式
康乐部人员的编制方法	掌握	影响人员编制的因素,制定人员编制的方法
康乐部各岗位人员的素质要求	了解	康乐部人员的分类,各岗位人员的工作职责和工作内容

【导入案例】

因费用而起的争执

某酒店的健身中心实行会员管理制度,但也接待会员带来的嘉宾和访客。某天,会员张先生带了两位外籍同事来酒店的健身中心打球,打完球后要淋浴,健身中心的接待员告诉张先生,他带来的嘉宾淋浴每人要加收 40 元,张先生当时没说什么就进去了,淋浴结束后他却不肯支付这笔费用。他认为健身完毕后肯定要淋浴,为什么要额外收费?就算要收费,为什么单独收?为什么不将淋浴的费用包含在健身的费用里面?

康乐中心的领班接到健身中心电话后,前去处理。听完张先生的一番理论,领班考虑以下几个因素:第一,张先生的建议确实有道理,而且其中的一位外籍客人已书面写出了他的意见,事后可将其交给总经理。第二,客人张先生的公司是一家大公司,无论是散客入住还是举行会议,均给酒店带来了很多生意。前台每个月的前 50 位大客户中,他的公司都是排在第 1 位。第三,张先生在酒店住了快 2 年了,大家经常打交道,而且这份长住房合同还会续签下去。第四,两人加起来费用一共 80 元,数目不大,不会给酒店造成很大的损失,所以,领班决定将此笔费用免去。

事后,直接上司对领班作出了批评,认为领班处理方法不妥。

第一节 康乐部的组织结构

组织结构又称为组织机构,是为了实现一定目的而设计和建立的组织内部各构成部分及各层之间相互关系的形式。它以组织的形式来明确酒店的指挥系统,并规定各部门、各岗位的职责范围及协调关系。科学、合理的组织机构对于发挥组织成员的积极性,保证组织的有效性,实现组织的目标具有非常重要的意义。

康乐部是负责整个酒店康乐设施运营管理的职能部门,它在总经理的统一领导下开展工作,利用康乐设施引导客人消费,为客人提供各项康乐服务,满足其食宿和购物以外的消费需求。其具体工作内容包括根据康乐设施的接待能力和工作任务,提出各设施项目的人员编制、人员安排,控制人事成本消耗;提出各设施项目的经营方式、营业时间、管理与服务质量的要求,监督其贯彻实施的情况;认真检查各康乐设施项目的工作情况、服务质量、工作进展,分析存在的问题,及时提出改进意见。同时,还要注意协调各设施项目的相互关系,处理出现的问题,收集客人的反馈意见,不断改进服务质量,定期分析经营状况和收入、费用指标等。

一、康乐部组织结构的类型

组织结构对酒店康乐部来讲,不仅影响运营效率,而且影响经济效益。为此,酒店康乐部门必须结合自身实际,确定合理的组织结构。康乐部常见的组织结构模式有以下三种。

（一）从属关系组织结构

对于有些康乐服务项目较少的星级酒店,由于其康乐规模较小,一般归属餐饮部或客房部管理。有的酒店康乐部被设为餐饮部下属的一个分部(如图 2-1 所示),这是由于康乐部门也有餐食、饮料等方面的服务,为满足方便管理的需要而设置;而有的酒店把康乐部归到客房部(如图 2-2 所示),原因也是如此。

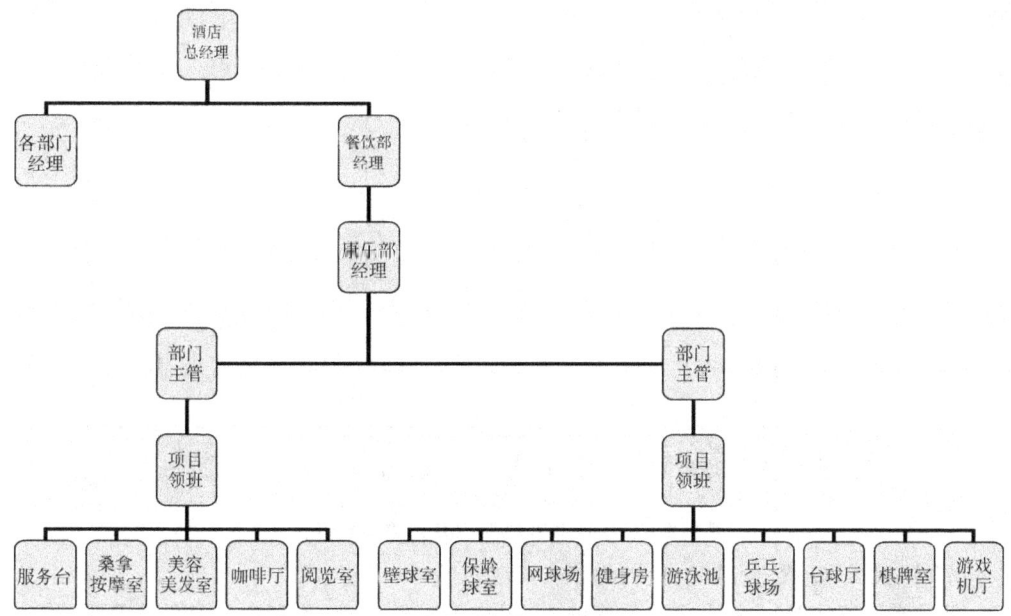

图 2-1　康乐部归属餐饮部的组织形式

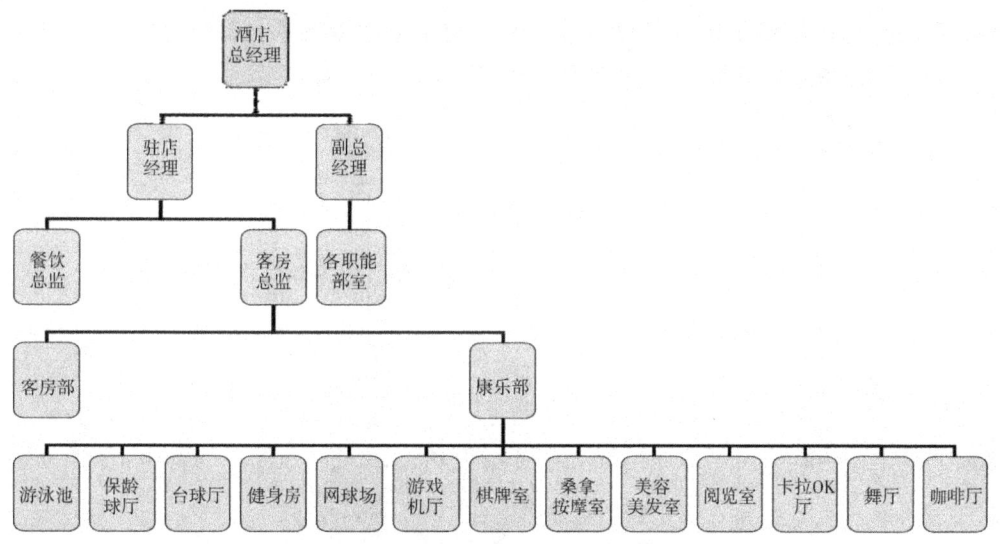

图 2-2　康乐部归属客房部的组织形式

（二）与其他部门并列的组织结构

对于设施服务项目较多的星级酒店，康乐部一般与餐饮部或客房部并列，仅为酒店的主要部门（如图 2-3 所示）。从现代酒店专业化管理的要求和康乐业的发展趋势来看，康乐部设施宜集中设置，统一管理。采用这种方式，可以节省成本，提高使用效率。

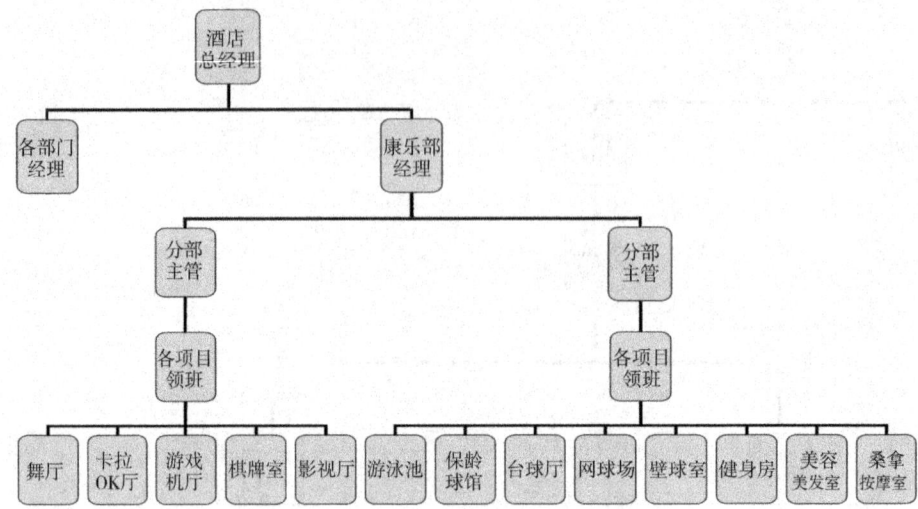

图 2-3　康乐部与其他部门并列的组织形式

（三）独立型康乐部的组织结构

康乐部门若作为一个独立服务单位,一般称为康乐中心,不存在复杂的人事和业务关系问题,在组织结构上只表现本康乐中心内部经营的管理层次。康乐中心从组织结构和管理层次上划分,主要为四个部分(层次)。一是高层管理者,包括总经理、副总经理;二是中层管理者,包括各部门主任;三是基层管理者,包括各类运动项目部门的指导员;四是一般工作人员,主要是服务员、工人及勤杂人员(如图 2-4 所示)。

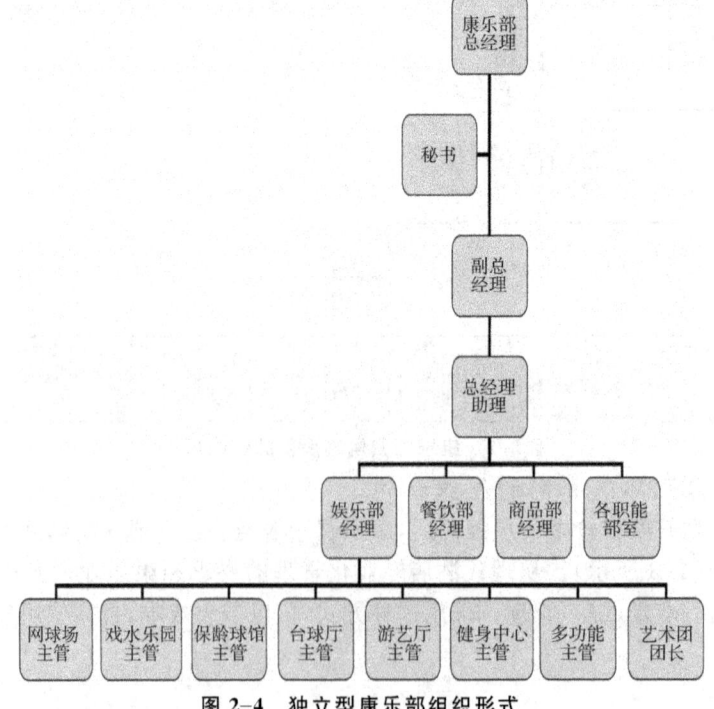

图 2-4　独立型康乐部组织形式

二、康乐部组织结构设置的原则

各康乐部门的类型、规模和组成不尽相同,这不但是由于它们的市场定位、接待规模、经营方式有所不同,而且还由于其经营管理者的经营理念和管理模式不同。但是,康乐部各项目组织机构的设置原则是一致的,主要体现在以下几个方面。

（一）组织形式必须适应经营需要的原则

康乐部的组织形式要为康乐部的经营服务,其机构要适合经营业务,根据需要来设置。例如,有的酒店把康乐部设为餐饮部下属的一个分部,这可能是由于其康乐部规模较小,而卡拉 OK 厅又与餐厅结合在一起；有的酒店把康乐部划归客房部,这可能是由于其康乐项目较少,如只有健身房；有些较大的酒店则设置与其他部室平行的康乐部,在这种形式下,其康乐部内部机构设置又有所不同,例如,有的康乐部设置桑拿分部,有的则把桑拿浴室与游泳池结合在一起管理,还有的是把桑拿浴室与美容美发厅结合在一起。对于上述几种形式,不能武断地说哪种机构形式好、哪种机构形式不好,因为这些形式都是根据当时当地的实际情况而确定,是按经营需要而设置。

（二）机构设置必须科学的原则

在设置康乐部内部机构时,必须明确其功能、作用、任务、内容和工作量是否合理和与其他项目的关系等。特别要注意发挥其正常运行的作用,即经营管理、控制、督导等作用。具体来讲,机构设置的科学性主要包括两个方面：一是机构设置要避免臃肿,要因事设职,不要因人设事,一般的职务都是一职一人,原则上不设副职。但国内往往设置副职,有的岗位甚至设多个副职。无论采用何种模式,管理人员都必须保证每个职务都有明确的职责、权限和实际工作内容。二是机构设置的科学性还表现在能够适应有效的管理幅度。管理幅度是指一名上级领导者直接领导的下级人数,如酒店康乐部经理直接领导多少主管或领班等。一般来讲,影响管理幅度的因素包括工作性质、员工素质、授权程度、组织建设程度以及领导者自身条件等方面。根据酒店管理理论,一般情况下,一个管理人员的管理跨度不应超过 8 项,以 3~6 项为宜。

（三）等级链和统一的原则

组织机构由最高层到最基层所形成的层次结构实际上是一条权力线,它是自上而下和自下而上确保信息传递的必经途径。等级链是一条权力线的链锁,在每个环节上都应有相应的权力和职责,一个下级只接受一个上级的领导,不能由多头领导。例如,游泳池服务员只接受游泳池领班的领导。一般情况下,游泳池主管也应该通过领班去领导员工,不宜越过领班而直接领导员工(特殊情况除外),否则领班就成了摆设,主管则变成了领班。统一原则是指康乐部必须是一个统一的有机体,各个分部门必须统一划分职权范围,统一制定主要的规章制度,统一领导各项下属项目的工作。

（四）因才用人的原则

康乐部机构的设置应有利于发挥各级人员的业务才能,发挥他们的主观能动性。古人云,用人之短,天下无可用之人；用人之长,天下无可弃之人。人各有短长,与其为人的短处而操心,不如以其长处而加以任用。康乐部各个项目都有很典型的特点,都需要有相应特长的人才来参与管理和服务。例如,应该选用懂得健身知识、身体健康、体形健美的人从事健身房的工作,选用了解台球知识、懂得台球管理的人从事台球厅的工作,选用懂得救生知识、有游泳救生技能的人从事游泳池的工作等。

第二节　康乐部的人员编制

一、影响人员编制的因素

(一) 营业时间的长短

不同的康乐项目,由于自身特点不同,其营业时间也不尽相同。一般情况下,康乐部的营业时间较为灵活,如舞厅、歌厅晚上营业,健身房、游泳池从早到晚全天营业,保龄球室从下午到第二天凌晨营业,而一些独立的桑拿浴项目则全天营业。根据不同康乐部门、不同康乐项目每天营业时间的长短,有的项目排一个班次,有的排两个班次,有的则需排三个班次,这是影响编制的因素之一。

(二) 顾客流量的大小

康乐部门可以由客流量的大小推算出某个项目或某个岗位劳动量的大小,从而进一步推算出该岗位服务人员的数量。例如,两个同样规模的游泳池,由于其客流量的差异,配备的救生员的数量也就不同。同一项目在不同的时段,由于顾客流量不同,所需要配置的员工数量也不同。如歌舞厅一般在节假日、双休日的晚时段客流量比较大,因此需要根据顾客流量合理配置服务人员,以确保服务质量的稳定。

(三) 营业季节的淡旺

很多康乐项目具有明显的淡旺季特点,例如,室外游泳池和室外游乐场在淡季和旺季的客流量差异特别大。因此,不同季节员工的数量也会不同,这个问题可以采用弹性编制予以解决。

(四) 管理模式的差异

不同的国家、不同的地区、不同的酒店,由于其经济体制、所有制形式、人们的道德观念以及管理人员的管理理念和管理模式等存在差异,康乐部机构的编制也不尽相同。

二、康乐部人员编制的依据

(一) 政策依据

制定编制属于劳动管理工作,首先要贯彻执行《中华人民共和国劳动法》的相关规定。员工的工作时间、薪资待遇、休假制度等都要严格按照国家相关法律的规定执行。除此之外,还要参照企业自身的相关规章。这些都是制定编制的政策依据。

(二) 项目依据

康乐部门与其他部门相比,项目众多。不同的项目,由于其自身特点以及涉及工作内容的繁杂程度不同,其需要的服务人员数量也不同。如歌舞厅项目的服务内容涉及预订服务、引领服务、酒水服务、点歌服务、餐饮服务、节目演出服务、伴舞服务等,与棋牌室、游戏厅、台球厅等项目相比，它需要的服务人员数量相对较多。即便是同一个项目，在不同区域所配备的服务员数量也不一样，例如，游艺机厅的一个服务员可能照看10~20台框体式电子游艺机，而对于有些赠送游戏币或其他小礼品的游艺机来说，每个服务员所能管理的机台数量就相对较少，有的每人只能照看一台。

（三）服务档次依据

同样的项目，由于其市场定位、服务档次、所提供的服务细节不同，所配备的服务员数量也会不同。如低档的桑拿浴室只需发给每位客人一把更衣柜钥匙，服务员再照看一下设备，以保证其正常运转，不需要太多的面对面服务；而高档的桑拿浴室，如五星级酒店的桑拿浴项目，其服务内容与前者相比要丰富得多，包括迎宾服务、浴室服务、休息室服务、顾客更衣服务、擦鞋服务等。前后两种所使用的员工数量会也有很大的差别。

三、制定康乐部人员编制的方法

（一）先定岗位再定编制（岗位定员法）

以桑拿浴室为例，它根据实际需要可以设置开单收款岗、换鞋引导岗、更衣室服务岗、浴室服务岗、搓澡岗、按摩岗、休息室服务岗等，然后再根据需要确定每个岗位的服务员数量，制定出该项目的人员编制。

还需要注意的是，按照每星期营业7天，每个员工每星期工作5天，每天工作8小时计算，每个固定岗位需要的人员数量是：

$$（8小时×7天）÷（8小时×5天）＝1.4（人）$$

再将每个岗位的固定员工数量乘以1.4，即为该岗所需的员工实际数量。

（二）公式法定编

下面是几个模糊公式，可用来较快地求出某项目的编制数量。用这些公式计算出的结果不一定都是准确的编制数，在实际应用时应根据康乐部的具体情况加以修正。

保龄球馆编制＝（球道数×0.6＋n）×班次数

台球厅编制＝（球台数×0.3＋n）×班次数

游泳池编制＝（水面积 m^2 ×0.08＋n）×班次数

卡拉OK厅编制＝（营业面积 m^2 ×0.026＋n）×班次数

歌厅包房编制＝（房间数×2＋n）×班次数

桑拿浴室编制＝（更衣柜数×0.28＋n）×班次数

按摩室编制＝按摩床数×1.4×班次数

电子游艺厅编制＝（机台数×0.14＋n）×班次数

棋牌室编制＝（牌桌数×0.37＋n）×班次数

健身房编制＝（设备台数×0.14＋n）×班次数

网球场编制＝（场地数×1.4＋n）×班次数

需要说明的是，上面列出的公式中除按摩室外都加上一个n，这里的n是个修正值，是指服务台岗位的服务员数量。如保龄球馆，无论是较大的或较小的，都必须设服务台，用以发放球鞋和控制球道开关，但这个岗位的编制受球道数量的制约较小，换句话说，无论球馆大小，都与这个岗位服务员的人数相关不大。因此，一般情况下，n取1~3之间。

按摩室的公式未加 n,这是因为在一般情况下,按摩室都是与桑拿浴室共用一个服务台,因此这个 n 可以不加。用公式计算出的数值虽是个近似值,但简便快捷,适合某项目立项时进行可行性分析,计算劳动力成本。

如某保龄球馆有球道 26 条,按照前面介绍的第一种方法先定岗位再定编制,其编制定为:领班岗 1 人,服务台 2 人,维修技术员 2 人,饮料服务台 1 人,球道服务员 7 人(每人负责约 4 条球道),每天 2 班运行,每周 7 天营业,每人每周工作 5 天,则该球馆每个班次的编制为:

$$(1+2+2+1+7) \times 7 \div 5 = 18.2 \approx 18(人)$$

按第 2 种方法,即公式法计算出每个班次的编制:

$$26 \times 0.6 + 2 = 17.6 \approx 18(人)$$

可以看出,两种方法确定的编制数量基本一致。

第三节 康乐部的人员构成和素质要求

一、康乐部的人员构成

在目前的康乐经营中,康乐部的人员组成大致包括四类:管理人员、服务人员、专业技术人员和设备维修保养人员。康乐部管理人员主要负责康乐部的经营和管理,包括对员工的管理、服务质量的管理、服务设备的管理以及服务营销的管理等。服务人员主要为前来进行康乐消费的客人提供直接的服务,如接待服务、咨询服务、引导服务、卫生打扫服务、酒水饮料服务、收银服务等,与客人直接接触的机会比较多。专业技术人员主要是利用自己所具备的项目专业知识及技能为客人提供专业服务的人员,他们的工作是一般服务人员所不能替代的,如美容师、美发师、救生员、保健按摩师、健身健美教练等。设备维修保养人员工作的对象是康乐部的各种设施设备,他们工作的目标是确保康乐部的各项设施设备始终处于良好的状态。

二、康乐部各岗位人员的素质要求

(一)康乐部管理人员的素质和能力要求

康乐部管理人员包括康乐部经理、主管、领班等,他们需要具备一般管理者的一般素质和管理康乐部这一特殊部门的特殊素质。一般管理人员的素质包括高尚的品质、良好的领导和沟通协调能力以及广阔的胸襟等,对于康乐部这一特殊部门,管理者除了具备一般素质外,还需要具备与康乐有关的专业知识,在管理康乐部时,能做到"外行看来是内行,内行看来不外行",为客人提供针对性服务,及时解决客人的困难,展现酒店康乐部的形象,努力寻找实现工作与效益紧密结合这一目的的途径。

(二)康乐部服务人员的素质和能力要求

首先,康乐部服务人员应具备一般服务人员所有的"软"素质方面的要求。服务人员是康乐部的基层人员,在工作中直接跟顾客接触,服务人员的素质和能力直接影响到顾客对康乐部服务质量的评价,因此,服务人员应具有"以客为尊"的服务意识、良好的服务态度、积极主动的服务精神,这些都需要酒店康乐部门对服务人员进行培训。另外,在对客服务过程中,由于服务产品的生产和消费具有同时进行的特性,每个顾客的需求也千差万别,因此,康乐部服务人员要有灵活的应变能力和良好的沟通能力。他们不但要为顾客提供行业内所要求的标准化服务,同时也要根据顾客需要提供灵活的康乐服务。而在灵活性和沟通能力方面,员工除了自身所具备的资质条件外,还需要在工作中积累。

其次,康乐部服务人员还需要具备与康乐有关的专业知识。这主要包括:(1) 与康乐项目有关的基础知识,如康乐项目的历史、康乐项目的作用等;(2) 客人进行康乐活动的一些注意事项,如客人进行游泳、健身运动前需要做一些准备活动,客人健身时要遵循循序渐进的原则,高血压患者不能进行桑拿项目等;(3) 与康乐项目有关的设施设备的基本维修保养知识。

最后,作为康乐部员工,应该具有良好的身体素质。其主要体现在体型健美、精神饱满,以健康的形象展现在客人面前,吸引客人前来消费。

(三) 康乐部专业技术人员的素质和能力要求

康乐部的专业技术人员主要包括戏水乐园的救生员,按摩中心的按摩师,康乐中心的DJ,健身房、游泳池的教练员等。他们一般拥有丰富的专业技术知识,通过自己所具备的专业知识来为客人提供专业的康乐服务,与服务员相比,他们在工作内容、专业知识上有着根本的区别。在康乐部实际经营过程中,专业技术人员的业务素质和动手操作能力往往成为吸引客人前来消费的因素之一,他们的专业水平直接影响着这些康乐项目的经营情况。如高级职业美容师凭借其丰富的专业知识,能准确诊断出客人脸部的皮肤状态,给予客人适宜的护理建议,然后通过自己的规范操作给客人面部提供针对性强的护理,使得客人在经过一定的护理疗程后,皮肤得以明显改善,继而对美容师产生信赖感,并成为酒店美容中心的常客。酒店康乐部众多专业技术人员的素质能力是根据各经营项目的具体情况来确定的,酒店在选择专业技术人员时,也要从思想政治、职业道德、服务态度、专业工作能力、沟通技巧等方面进行综合考虑,选择那些乐于在酒店工作、擅长与客人沟通的高水平的专业技术人员来酒店任职。

(四) 康乐部设备维修保养人员的素质和能力要求

康乐部门一个突出的特点就是设备众多,而且不同设备的维护保养要求和标准也不一样。如要为客人提供高质量的康乐服务,必须保证设施设备的正常运转。由于康乐部门项目种类繁多,相关设备品种、规格和型号多样,维护工作难度大,因此,康乐部的一些专用设备往往由厂家或经销商提供定期维护保养工作,而一些简单的维修工作由工程部人员完成。这就需要康乐部设备维修保养人员具有相关设施设备的操作方法、日常保养的有关知识,如保龄球的存放条件、保龄球场地的保养方法、台球杆的保养方法、高尔夫球场的保养方法等,确保各项设施设备正常运转。

相关链接

康乐部经理的主要岗位职责及任职要求

一、主要岗位职责

（1）接受总经理的督导，直接向总经理负责，贯彻酒店各项规章制度和总经理的工作指令，全面负责康乐部的经营和管理。

（2）根据酒店规章制度和各设施项目具体情况，提出部门管理制度和主管、领班的具体工作任务、管理职责、工作规范，并监督实施，保证部门各项康乐设施及各项管理工作的协调发展。

（3）分析各设施项目的客人需求、营业结构、消费状况及发展趋势，研究并提出部门收入成本与费用等预算指标，报总经理审批。纳入酒店预算后，分解落实到各设施项目，并组织各级主管和领班完成预算指标。

（4）研究审核各设施项目的服务项目、质量标准、操作规程，检查各设施项目各级人员的贯彻实施状况，随时分析存在的问题，及时提出改进措施，不断提高服务质量。

（5）根据市场和客人需求变化，研究并提出调整各设施项目的经营方式、营业时间、产品和收费标准等管理方案。配合酒店销售活动，适应客人消费需求变化，提高设施利用率和销售水平。

（6）审核签发各设施项目主管的物品采购、领用单据、费用开支单据，按部门预算控制成本开支，提高经济效益。

（7）做好各设施项目主管、领班工作考核，适时指导工作，调动各级人员积极性。随时搞好巡视检查，保证康乐部各设施项目管理和服务工作的协调发展。

（8）制定部门各设施项目人员编制，安排员工培训。根据业务需要，合理组织和调配人员，提高工作效率。

（9）随时收集、征求客人意见，处理客人投诉，并分析服务质量管理中带倾向性的问题，适时提出改进措施。

（10）搞好康乐部和酒店各部门的协调配合，完成总经理交办的其他工作任务。

二、主要任职要求

（1）大专及以上学历。

（2）掌握酒店管理基础知识，懂得成本管理与核算，熟悉康乐设施管理，了解市场营销学和公关知识。

（3）熟悉工商管理法规、治安消防条例及音像管理规定。

（4）具有组织、指挥、计划、控制和协调的能力。

（5）有拓展市场、发展业务的能力。

（6）有较好的文字组织和语言表达能力。

（7）外语会话流利。

（8）熟练使用常用办公自动化软件。

【小结】

康乐部的组织结构体现了本部门的整体指挥系统,通过组织结构的设置,可以明确各部门、各岗位的职责范围及相互协调关系。科学、合理的组织机构对于发挥组织成员的积极性、提高工作效率具有非常重要的意义。

通过本章的学习,学生首先要了解什么是组织结构,它有什么样的重要作用;其次,要掌握康乐部组织结构的常见类型,康乐部组织结构设置需要把握哪些原则;再次,要掌握康乐部人员的编制问题,包括影响人员编制的因素,康乐部人员编制的依据和方法;最后,了解康乐部人员构成及其各自的素质要求。

【思考与练习】

1. 什么是组织结构?组织结构对企业有什么重要意义?
2. 酒店康乐部组织结构的常见类型有哪些?
3. 康乐部组织结构的设置应遵循哪些原则?
4. 影响康乐部人员编制的因素有哪些?
5. 康乐部的人员类型有哪些?各岗位人员需具备哪些素质?

【案例分析】

某酒店因规模扩大出现管理人才紧缺,急需某部门经理马上上任,同时为下一步确立管理制度奠定基础。负责招聘的人力资源部经理在进行了一系列的对外招聘及筛选后,最后确定两名候选人:一位有多年的工作经验,业务水平高,但年级偏大,文化程度为高中;另一位工作经验较少,但工作热情高,大学本科毕业。

案例思考:
1. 如果你是这个企业的人力资源部经理,你将如何进行抉择?为什么?
2. 根据上面的选择,你如何进行后续跟进?

第三章 康体健身项目经营与管理

【教学要点】

知识要点	掌握程度	相关知识
星级酒店常见康体健身项目的类型	了解	球类、健身房、游泳等常见康体项目的发展历史
不同类型康体项目的环境设计及布局要求	掌握	不同类型康体项目涉及的设施设备内容及比赛规则，相关设施设备的使用及维修保养方法
康体健身项目的服务要点	重点掌握	不同类型康体项目的服务流程及服务内容
康体健身项目的经营管理重点	重点掌握	康体项目的特点，参与康体项目的顾客需求

【导入案例】

一张果岭赠券

某酒店为了庆祝其店庆暨迷你高尔夫球场的正式对外营业，特赠送店庆期间入住的每位客人一张果岭赠券，免一人果岭费。

住店客人张先生拿着果岭赠券来到酒店的迷你高尔夫球场，绿草茵茵，景色如画，十分吸引人。前台接待员小李十分热情地向张先生打招呼，为其介绍了有关高尔夫运动的一些规定和注意事项，并委婉地告知了张先生目前的这身着装（无领T恤和牛仔裤）不符合高尔夫运动的礼仪规定。另外，酒店所赠与的果岭券只包含果岭费，如果客人没有自己的球具，租用酒店的球具、球鞋需另外付费，球童、球车、更衣室等单项也需另外计费。张先生听到这么多名目，一时之间难以接受，遂决定再考虑一下是否要打球。小李十分诚恳地对张先生说："我很理解您的想法，没有关系的，相信等您真正接触这项运动后，一定会非常喜爱的。很多客人甚至将它称为'绿色鸦片'呢，可见大家对它的着迷程度。这样好吗？我们酒店有专为客人印制的高尔夫知识小册子，免费提供给住店客人，您带回房间看看后再做决定也不迟，希望您在我们酒店住得开心愉快！"张先生点头表示同意，带着小册子回到了房间。

第二天，又是小李当班的时间，张先生穿着有领T恤衫和休闲裤又来到了迷你高尔夫球场,显然这次是有备而来。在小李的精心服务下,张先生愉快地开始了自己的首次高尔夫体验。

生活质量是人们关心的热点话题。随着人们生活水平的不断提高,积极向上、健康愉悦的康体健身运动已成为他们日常生活的重要内容。掌握科学的康体健身方法、拥有良好的康体健身习惯,已经成为都市人群健康生活的重要标志。康体健身不仅能够塑造美好身体形态、提高身体机能、促进身体健康,而且是人们保持心理健康的重要基础。

第一节　康体健身项目概述

一、康体健身项目的含义

康体健身项目是指顾客借助一定的运动设施设备和环境,通过主动参与,在愉快的气氛中促进身心健康的运动项目,它不是广义的体育活动,而是一些有较强娱乐性、趣味性的运动项目。常见的酒店康体健身项目主要有健身、游泳、台球、保龄球、壁球、网球和高尔夫等。康体健身项目有别于专业体育项目,它不需要很强的专业性、技巧性,其主要目的是让人们锻炼身体、增强体质,并从中享受乐趣。

二、康体健身项目的特点

（一）对设施设备的依赖性

康体健身活动对设施设备的依赖性很强,通常需要借助一定的设备和环境,同时无论是室内运动,还是室外运动,都需要一定的装备。如健身、游泳以及台球、网球、高尔夫等各种球类运动都需要借助一定的器材用具和配套装备。

（二）普及性

康体健身项目一般以普通客人身体承受力为限,运动强度不大,以增强体质为主要目的,通常也不受年龄、性别以及体质的限制。它规则简单,易于入门,是人人都能参与的运动,而且许多项目集预防、保健、康复、医疗于一体,因此具有雄厚的群众基础和大众化趋势。

（三）竞技性

虽然康体健身项目不以竞技为目的,但是它们都有一定的运动技巧性。而且,在运动中还需要讲究科学方法,即运动有一定规律性,时间和运动量要适中。因此,推广和普及科学健身知识、健身方法和运动技巧也是康体健身项目经营的任务之一。

（四）健身性、娱乐性和趣味性

康体健身项目不仅可以增进健康、增强体质,还具有较强的娱乐性和趣味性,可使人放松心情,舒缓压力,自娱自乐。同时,康体健身项目还可以锻炼人的意志,提高人的心理素质,培养健康、积极、向上的生活态度。因此,顾客在进行康体健身活动时体验享受的是快乐,运动伸展的是肢体,吐故纳新的是心肺,强健壮实的是身躯,欢快愉悦的是精神。

三、康体健身项目经营的特征要求

(一)设施设备管理至关重要

康体健身活动对设施设备依赖性很强,与其相关的器材用具和配套装备的先进性和科技性直接影响着技术水平的发挥,康体健身服务质量和顾客满意度与设备器材有着十分密切的关系。优质的康乐服务很大程度上依赖于设施设备的技术水平和管理水平。所以,康体健身项目的经营需要重视设施设备和器材用具的管理工作,做好设备购置的可行性分析论证,尽量选用新型的现代化高科技产品,并做好设施设备的日常维护工作,从而保证机器的正常运转,延长使用寿命,降低经营成本。总之,设施设备是康体健身项目经营的物质基础,也是吸引客人前来消费的重要动力,在项目经营过程中,对其要制定科学的管理制度,进行综合管理。

(二)安全卫生管理不容忽视

安全和卫生是康体健身活动的前提和基础,也是康乐消费的基本需求,它贯穿于项目经营的全过程,直接影响项目的正常经营和企业的形象声誉、经济效益。因此,康体健身项目经营需要重视安全与卫生管理,加强安全意识,学习和掌握安全卫生管理知识,制定周密的安全卫生管理制度、安全防护措施和应急预案。

(三)教练和陪练服务是锦上添花

康体健身项目具有很强的技术性,满足顾客对技术、技巧的需求也是康体健身项目经营的重要任务。例如,客人在进行一些不熟悉的球类运动项目时,就需要运动规则指导服务和技术教练服务。同时,许多康体健身项目的设备器材具有较高的科技含量,使用时必须按照有关的使用规范去操作,否则就可能损坏设备或发生意外事故,为了避免发生事故,提高运动效果,项目经营者需要向顾客提供正确、规范的指导性服务。例如,健身房的各种健身器械使用就需要向顾客提供因人而异的教练指导服务。另外,陪练服务也是康体健身服务的重要内容,科学的陪练服务不仅能够提升客人的技术水平,而且可以满足客人的心理需求,获得愉悦的运动体验。

第二节 健身房的经营与管理

一、健身房基本情况介绍

健身房(如图3-1)是我国星级酒店常设的康体健身场所,是提高现代人物质生活和精神生活水平的必需品。健身房让人们在汗水的释放中舒展身心,消除工作疲劳和精神压力,是客人健身运动的理想场所。

图 3-1 健身房一景

健身房一般可分为器械健身房和有氧体操健身房两大类。器械健身房通常设有各种现代组合健身器械和单一健身器械,供客人进行肌肉训练和力量训练。器械健身房中常见的健身器械主要有心肺功能训练器械(如跑步机、健身车、划船器、台阶训练器等)、力量训练器械(如哑铃、杠铃、举重盘、单双杠等)和体能测试仪器(如体重秤、血压仪、身体柔软度量度器、电子心率显示仪、肺功能分析仪、人体成分分析仪等)。有氧体操健身房是客人进行徒手健美操的场地,它主要提供专业性的有氧健身咨询、指导和示范,并带领客人进行有氧体操锻炼。因此,有氧体操健身房不像器械健身房那样拥有许多现代健身器械,它通常只需哑铃、舞板、软垫、按摩器等简单的锻炼器材。有氧体操健身房的装修要求简洁明快,四壁装设落地镜,镜前安装体操扶杆,地面铺有弹性的木制地板或地毯,并配置大屏幕电视或投影以及良好的背景音响系统。

二、健身房的环境设计和布局

健身房的设计和布局需根据酒店规模、星级档次和实际需要,一般面积在 50～100 平方米左右。具体而言,在设计和布局时需要考虑以下四个方面的因素。

(一)场地规划

1. 伸展练习区

伸展练习区一般设在健身房入口处,供客人健身锻炼前进行体能舒展及热身。

2. 器械健身区

健身器材不仅能够训练身体肌肉,增进体能,还能训练人们的意志力和耐力。目前,根据健身器材的性质种类,一般将器械健身区分为心肺功能练习区和肌肉力量练习区。心肺功能练习区通常面对窗外景观,主要安置健身车、跑步机、划船器、骑马机、椭圆机及登山器等心肺功能锻炼器材;肌肉力量练习区要求安静独立,主要放置一系列标准杠铃、哑铃、举重床以及各种独立式或综合式、单功能或多功能的力量器材,以满足客人进行全身各部位肌肉训练的需要。

3. 休闲康复训练区

休闲康复训练区主要放置康复训练器、按摩机、扭腰器、按摩椅等器材,以满足客人进行锻炼后肌肉得到放松的需求。

4. 健身操(有氧操)和形体舞蹈练习区(室)

健身操(有氧操)和形体舞蹈练习区(室)要求宽敞明亮,周围墙上装有玻璃镜,铺设木地板或地毯,内置音响喇叭箱,使人在音乐的节奏中进行有氧运动,伸展身体,放松愉悦,塑造体形。

5. 体能测试区

体能测试区主要对人体的形态指标、机能指标和素质指标(如身高、体重、腰围、臀围、肺活量、握力、纵跳、柔韧性等)进行测试,以达到锻炼前后的对比和科学调整的目的。

(二)器材要求

(1)健身器材不少于5种,各种健身设备摆放整齐,位置适当,客人有足够的活动空间;(2)设备性能良好,用途明确,配有配套的体重秤和健身器材使用文字说明及录像带;(3)各种健身器材始终保持完好率达到100%,若有损坏或故障,应停止使用,及时维修。

(三)配套设施

(1)设休息区和饮水处,提供软饮料和中途休息服务。

(2)地面采用木地板或地毯,需抗静电,有防滑措施。

(3)要有与健身房接待能力相应档次和数量的男、女更衣室,淋浴室和卫生间。更衣室配置带锁更衣柜、挂衣钩、衣架、鞋架和长凳。淋浴室各间互相隔离,配冷热水喷头、浴帘。卫生间配隔离式抽水马桶、盥洗台、大镜及固定式吹风机等卫生设备。

(4)可选择设置棋牌室、台球室、美容美发室、水吧、宽带网吧等配套设施。

(5)门口应设立服务项目、顾客须知、营业时间等标志牌。标牌设计要求美观、大方,有中英文对照,文字清楚,摆放得当、整齐。

(6)健身房尽可能设玻璃窗,使用者能看到房外的景观,或者在四周墙面适当位置挂立镜和山水风光画,使运动者犹如置身于自然环境当中。

(7)各种配套设施材料的装修应与健身房设施设备相适应,配套设施设备完好率应不低于98%。

(四)环境和卫生要求

(1)空间净高不低于3米,器材间距离不小于1.2~1.5米。

(2)健身房内照明充足,自然采光照度不低于80Lx,灯光照度不低于60Lx。

(3)夏季室内温度应保持在20℃~24℃左右,冬季室内温度应保持在18℃~22℃左右。室内相对湿度应保持在50%~60%左右。

(4)室内有通风装置,换气量不低于$40m^2/人·h$。适当位置有足够数量的常绿植物调节室内小气候。

(5)健身房天花板光洁明亮,灯具清洁,无蜘蛛网和灰尘;墙面美观大方,无灰尘和污迹,无脱皮和开裂现象;地面无灰尘和垃圾。

(6)健身器材表面光洁明亮,无污迹、汗迹和手印;各种配套设备无灰尘、无油迹;饮用水透明、洁净,符合国家卫生标准。

(7)整体环境质量达到美观、整洁、舒适的标准,布局合理,空气新鲜。

三、健身房服务要点

（一）营业准备
(1) 检查仪容仪表，做到端庄、整洁，符合酒店要求。
(2) 搞好环境布置，开灯照明，开启空调、通风装置和音响设备，做好营业前的清洁工作。
(3) 检查各种健身器械是否完好，锁扣和传动装置是否安全可靠，发现问题及时报修。
(4) 准备各种单据、表格、文具、毛巾、纯净水、水杯等营业所需用品。
(5) 精神饱满地做好迎客准备。

（二）迎宾服务
(1) 面带微笑，主动迎候客人，并请客人在场地使用登记表上签字。
(2) 向客人发放钥匙和毛巾，将客人引领到更衣室。

（三）健身服务
(1) 客人更衣完毕，服务员主动迎候，征询客人要求，介绍各种健身项目，主动讲清要领并做示范。对不熟悉健身器械的客人，服务员要热诚服务、耐心指导。
(2) 细心观察场内情况，及时提醒客人健身注意事项，防止意外事故发生。
(3) 如客人需要，在其运动时可播放符合节奏的音乐。运动间隙时，服务员要主动递上毛巾，并为其提供饮料服务。
(4) 客人健身完毕后，应主动征询客人意见，并及时汇报领班。
(5) 如客人希望做长期的、系列的健身运动，服务员可按照客人的要求为其制订健身计划，并为客人做好每次健身记录。
(6) 当客人示意结账时，服务员要主动上前将账单递送给客人。如客人要求挂账，服务员要请客人出示房卡并与前台收银处联系，待确认后要请客人签字并认真核对客人笔迹，如未获前台收银处同意或认定笔迹不一致，则请客人以现金结付。

（四）送别客人
(1) 送客人至门口并礼貌向客人道别，主动提醒客人不要忘记随身物品。
(2) 及时清洁整理有关物品，做好再次迎客的准备。

小知识

酒店健身娱乐中心：从亏损走向盈利

如何看待酒店健身娱乐中心？如何将酒店健身娱乐中心经营得有声有色，实现顾客盈门、盈利可观？

在国际上，高星级酒店的健身娱乐中心往往交给专业公司经营管理，效果很好，能够达到双赢的目的。目前，我国少数高星级酒店在自身没有合格的专业人员的情况下，也采用了和国际专业健身俱乐部公司合作的方法，具体的做法是：所有设备设施由酒店提供，从专业健身俱乐部引进品牌和销售网络，并由他们派遣专业的健身教练。同时，酒店在当地招聘一定数量的员工接受专业教练的培训，但这些员工都属于酒店的员工。酒店只要根据合同条款，每月支付健身俱乐部公司相应的管理费用即可。通常，有品牌的专业健身俱乐部公司在经营上往往采用招募会员的做法。会员费用虽然不便宜，但由于有专业教练和完善的管理系统，会员的加盟极其踊跃。在一定数量会员的保证下，酒店健身娱乐中心的盈利就有了保证。而且由于不菲的收费，会员的选择性比较强，层次比较统一，这对酒店和顾客双方都十分有利。

案例一

预订的跑步机被占用了

A酒店702房的陈太太喜欢到健身房跑步锻炼身体。由于是旅游旺季，到健身房健身的人很多，所以她预订了下午4点的健身运动，让健身房给她留一台跑步机。可是当陈太太4点20分到健身房，跑步机全被占用了。于是陈太太质问服务员小李为什么没有给她留一台跑步机。小李难为情地说："对不起陈太太，今天客人太多，您预订的时间是4点，现在已经4点20分了，我们以为您不来了……""可是我已经预订过了，你们已经答应给我留一台跑步机的！"

正在这时，值班经理小王过来了，他问明情况后微笑着对陈太太说："陈太太，真对不起！刚才因为有位客人等了很久，我们见陈太太一直没来，估计您可能有事耽搁了，要晚点才能过来，所以就让她先进来了。帮助别人是体育运动的精神，我想陈太太肯定会谅解我们的，是吗？"陈太太的情绪逐渐平静了下来。值班经理接着说："陈太太，请您先到贵宾室休息一下，10分钟后，我们马上为您安排跑步机。"陈太太点点头，表示同意。

四、健身房的经营管理重点

（一）营造舒适、洁净的健身环境

健身房的环境布局设计十分重要，只有科学的设计功能分区和器械摆放位置才能为客人提供一个舒适、洁净、安全的健身场所，而良好的健身器材的空间分布、灯光照度、空气质量和清洁卫生是客人健身体验质量的前提和基础，具体细节要求详见本章健身房环境卫生要求。

（二）制定科学合理的服务流程

科学合理的服务流程和服务规范是健身服务质量的关键和重点。服务员和健身教练应该熟练掌握健身房的工作内容、工作程序，熟悉各种健身器械的性能、作用与使用方法，能够科学指导顾客使用健身器械，为其提供个性化服务。在为顾客提供服务时要精神饱满、态度热情、服务周到、礼貌用语，对顾客来有迎声、走有送语。

（三）做好示范服务和安全服务

健身房内器械众多，功能复杂，对初次进入健身房的客人，服务员要根据其要求，主动热情地对健身器械上标明的使用方法和注意事项进行详细的解释和说明，并进行必要的指导和演示。在客人进行健身活动时，要密切关注客人的操作方法是否正确，如果发现操作有误，要主动上前指导示范，确保每一位客人在健身活动过程中不发生任何意外事故。

（四）做好健身器材保养和维修工作

健身器材是健身房健身活动依赖的物质基础，也是决定健身体验质量的重要因素。对健身房内的健身器材必须做到定期保养、用前检查、发现故障或隐患及时维修，以免发生意外事故。另外，当发现健身器材有损坏现象时，要先查明事故原因，如属客人损坏，则需根据实际情况和有关制度，妥善处理赔偿问题。

（五）妥善、正确地处理意外事故

健身房应告知客人"健身运动注意事项"，提醒客人注意安全。而且健身房必须备有急救药箱、小型氧气瓶和急救药品，当客人在健身运动过程中出现不适现象或发生碰伤、扭伤、肌肉拉伤、肌肉酸痛、肌肉痉挛等意外事故时，服务员和教练应及时采取有效措施，对客人的意外事故进行正确的处理。

相关链接

健身房工作人员的岗位职责及任职要求

一、健身房主管（领班）的主要岗位职责及任职要求

（一）主要岗位职责

（1）负责定期调查会员对健身房所安排健身课程的满意程度，合理安排并协调所有的巡场教练和专职健身操教练的工作班次。

（2）根据会员意见与健身计划，协助私人教练做好课程安排。定期进行业务综合评估，制定相应课时佣金和奖惩制度。

（3）制定并改进合理的健身部工作项目，对所有新聘任的健身部员工进行初步专业培训。

（4）依据俱乐部和部门的相关规章制度，协助领导管理健身房的员工，定期召集本部员工开会，传达康乐部政策规定和领导的指导意见。

（5）整理健身房的文档、工作报表和课时佣金统计表，与财务部门协调费用制定和审核预算。

（6）确保所有授课设施的清洁卫生及设备的维修与保养，以保证集体课程的正常进行。

（二）主要任职要求

（1）持有国家颁发的相关职业证书。例如，体适能证书，专业营养师证书或中、高级私人教练证书。专业院校毕业者优先考虑。

（2）较好的语言沟通能力，良好的团队协作能力、沟通能力、服务意识及管理能力。

（3）掌握和讲解健身器材操作规程，善于引导客人参加健身运动。

二、健身房服务员的主要岗位职责及任职要求

（一）主要岗位职责

（1）严格执行酒店和部门的各项规章制度，坚守工作岗位，经常巡查，辅导客人正确使用各种设备或训练方法，确保客人安全运动。

（2）负责环境卫生，运动器材的检查、报修、保养及出租回收工作，做好交接班工作记

录,如需补充,应及时申领。

(3) 负责客人健身活动的预订、开单、接待服务工作,在客人运动休息期间为客人提供饮料和休闲食品以及其他服务。

(4) 负责健身会员的资料管理工作,每月月底上交会员情况报表。

(二) 主要任职要求

(1) 熟悉健身房的基本知识和服务技能。

(2) 熟悉健身服务和健身器材使用、保养知识,了解卫生保健常识,能按服务工作规范和质量标准独立进行工作。

第三节　游泳项目的经营与管理

一、游泳项目基本情况介绍

游泳(如图 3-2 所示)不仅是人们喜爱的一种水上运动,也是一门重要的求生技能。根据现有史料记载,居住在江、河、湖、海一带的古代人为了生存,要在水中捕捉水鸟和鱼类作为食物,他们通过观察和模仿鱼类、青蛙等动物在水中游动的动作,逐渐学会了游泳。

图 3-2　星级酒店游泳池一景

现代游泳始于英国。17 世纪 60 年代,英国不少地区的游泳活动就已经开展得相当活跃。18 世纪初传到法国,继而成为风靡欧洲的运动。1837 年,英国伦敦成立了第一个游泳组织,同时举办了英国最早的游泳比赛。1869 年,世界第一个国家游泳总会——英国业余游泳总会(前身为都会游泳总会)成立,它把游泳作为一个专门的运动项目正式固定下来,并随之传入各英殖民地,继而传遍全世界。

随着游泳运动的发展,游泳被分为实用游泳和竞技游泳两大类。实用游泳又分为侧泳、潜泳、反蛙泳、踩水、救护、武装泅渡;竞技游泳分为蛙泳、自由泳、仰泳和蝶泳。竞技游泳从 1896 年列入奥运会正式项目到现在,各种锦标赛、国际大赛不断推动其发展,使它的技术动作越来越完善。

游泳不仅能促进血液循环和新陈代谢,提高肌体适应外界环境变化的能力,改善心血管系统,而且能增强呼吸系统的功能,加大肺活量。根据有关专家统计,一般人在安静状态下每分钟心脏跳动约 66~72 次,脉搏输出量约为 60ml~80ml,而长期参加游泳锻炼的人,在同样情况下秩序收缩 50 次左右,脉搏输出量达到 90ml~120ml。一般健康男子的肺活量为 3000ml~4000ml,而经常从事游泳者可达到 5000ml~6000ml。同时,游泳能够促进皮肤的血液循环和身体的全面、匀称、协调发展,使皮肤变得光洁、柔软,肌肉变得发达、富有弹性。

二、游泳池的设计与布局

（一）游泳池的基本类型

1. 标准泳池与非标准泳池

标准泳池是指尺寸规格和设备符合国际标准,常用于比赛竞技的泳池,一般平面尺寸为长 50 米,宽 21 米(奥运会和世界锦标赛要求宽 25 米),水深 1.8 米以上,设 8 条泳道,每条泳道宽 2.5 米,分道线(水线)由直径 5~10 厘米的单个浮标连接而成。非标准泳池则没有尺寸规格要求,可以设计成长方形、圆环形等各种自由形状,它主要以休闲、娱乐为目的,多讲究休闲、美观和娱乐性,注重泳池与环境的完美结合、人水互动的人性化设计。

2. 室内泳池与室外泳池

室内泳池是酒店中最常见的泳池类型,它不受气候影响,一年四季都可以使用,而且容易保持水温和水质的清洁卫生。酒店室内泳池规格可以根据自身情况确定,一般不小于 40 平方米。室外泳池则是指在室外建立的泳池,它视野开阔,空气清新,但受季节和天气的影响,冬天很多地方都不能进行活动,且水质保洁和温度等都难于控制。因此,一些有条件的酒店设计了室内外综合性泳池,它是一种较高级的新型泳池,具有室内池和室外池的所有优点。这种游泳池既不受季节和天气的影响,又可以使人享受到大自然的阳光和空气,因为它的天棚是活动的,可以根据天气的变化和顾客的要求,通过控制系统开启和关闭。它的缺点是天棚的结构复杂,工程造价较高,保养和维修费用也比普通游泳池高。

（二）泳池设计要求

1. 整体设计要求

（1）游泳池设计美观,场地宽敞,空间开阔,采光良好。

（2）池底设低压防爆照明灯,底边满铺瓷砖,四周设防溢排水槽。

（3）分深水区和儿童嬉水区,深水区水深不少于 1.8 米,儿童嬉水区深度不超过 0.48 米。

（4）设有自动池水消毒循环系统和加热设施。

（5）池边满铺不浸水绿色地毯,设躺椅、坐椅、餐桌、大型盆栽和盆景点缀其间。室外泳池还需配备一定数量的遮阳伞。

（6）进出游泳池设有专用出入通道,入口处设浸脚消毒池。

2. 配套设施要求

（1）游泳池门口设营业时间、客人须知、价格表等标志标牌,标志标牌应设计美观、中英文对照、字迹清楚。

（2）游泳池旁边有与接待能力相应档次和数量的男女更衣室、淋浴室和卫生间。更衣室配带锁更衣柜、挂衣钩、衣架、鞋架与长凳。淋浴室各间互相隔离,配冷热双温水喷头和浴帘。卫生间配隔离式抽水马桶、挂斗式便池、盥洗台、大镜及吹风机等卫生设备。

(3) 游泳区内应设饮水处,提供软饮料服务。

(4) 各配套设施墙面、地面均应满铺瓷砖或大理石,设有防滑措施。

(5) 各种配套设施材料的选择和装修应与泳池设施设备相适应,美观舒适,完好无损,其完好率不低于98%。

3. 环境和卫生要求

(1) 游泳池、休息区、配套设施整体布局合理协调,空气新鲜,通风良好,光照充足。

(2) 室内换气量应不少于 $30m^2/人·h$,室内自然采光率应不低于30%,室内温度应保持在25℃~30℃之间,室内相对湿度应保持在50%~90%。

(3) 游泳池水质清澈透明,无污物、毛发,顶层与墙面干净、整洁,地面无积水。池水温度在23℃~30℃之间,PH值介于7.0~7.8之间,浊度不大于1NTU,尿素不得超过3.5mg/L,细菌总数不得超过200CFU/ml,总大肠菌群不得超过1个/100ml,游离余氯应保持在0.2mg/L~1.0mg/L之间,化合性余氯在0.4mg/L之内。

(4) 休息区地面、躺椅、餐桌、坐椅、用具无污迹,摆放整齐美观,大型盆栽盆景舒适干净,整体环境美观、舒适、大方、优雅。

三、游泳项目的服务要点

(一) 营业准备

(1) 检查仪容仪表,做到端庄、整洁,符合酒店要求。

(2) 对池水进行水温、水质检测,并根据检测结果调节水温,做好池水净化工作。

(3) 清洁泳池周边环境和设施,将各种用具准备齐全,保证各种设备完好有效,室内整洁干净。

(4) 清洁更衣室和淋浴室,并进行常规消毒,补齐洗浴所需的各种客用品。

(5) 精神饱满地做好迎客准备。

(二) 迎宾服务

(1) 主动向客人问好,做好登记。

(2) 为客人准确发放更衣柜钥匙,并引领客人至更衣室。

(三) 泳池服务

(1) 密切关注客人游泳情况,发现险情及时救助,礼貌劝阻客人违规行为。

(2) 为需要教练服务的客人提供指导示范服务。

(3) 随时为客人提供饮料和其他服务。

(4) 客人游泳完毕后,主动引导客人至淋浴室。

(5) 客人更衣完毕,主动征求客人消费体验和意见,并及时向上汇报。

(6) 做好水温和水质监测工作,及时清理污迹和杂物,保持泳池环境和清洁卫生。

(四) 送别客人

(1) 做好结账服务工作。

(2) 送客人至门口并礼貌向客人道别,主动提醒客人不要忘记随身物品。

(3) 及时清洁整理相关物品,做好再次迎客准备。

案例二

重要的便笺纸

小任是北京某四星级酒店的室外泳池服务员。一天,她在清理休息台时,看到台上有一张皱巴巴的便笺纸,以为是客人不要的废纸,便顺手把它丢进工作车的垃圾袋中。

没多久,一位客人匆忙找到小任说:"小姐,你有没有看到一个电话号码,记在一张便笺纸上的。那个电话号码对我很重要。"小任一听傻了眼,说:"您的电话号码是不是写在您休息台的便笺纸上?"客人说:"我记得好像是。"小任说:"对不起,我去帮您找。"

小任马上回到工作车上的垃圾袋里去找,翻了半天,终于在垃圾袋里找到了客人记有电话号码的那张便笺纸,立即送还给客人。客人不住地向小任道谢。

经过此事后,小任懂得了休息台上无论是什么东西,哪怕是张小纸片,只要是客人的东西,都要保存好,绝对不能随便扔进垃圾袋,否则可能会给客人带来大麻烦,甚至可能引起投诉。

四、游泳项目的经营管理重点

(一) 美化泳池环境,搞好清洁卫生

清洁卫生是客人消费的基本需求,因此泳池环境和卫生管理至关重要。工作人员要保证水质、水温符合标准,并及时向客人公布。水质净化员要定时检测水质、水温情况和循环设备运转情况,发现异常需及时解决和处理,确保池水清澈透明,无杂物和沉淀物,水质符合卫生标准。另外,更衣室、淋浴间、泳池周边和休息区要定期巡查、清洁整理,必要的客用品要及时补充。

(二) 加强安全管理,防止溺水事故

泳池安全管理是第一要务,责任重大。工作人员首先要严格执行泳池规定,维持正常秩序,谢绝饮酒过量或患有皮肤病的客人入内,并提醒患有心脏病、高血压、中耳炎等疾病或过饥过饱、剧烈运动后等的客人不宜下水;其次,要准备充足的救生圈等救生器材,提醒带小孩的客人注意保护小孩的安全;再次,要配备受过专业训练的救生员,要密切注意泳池弯角部位和深水区是否存在不安全因素,尤其要关注初学游泳的客人和小孩的安全,如发现异常情况立即采取有效措施。

(三) 关照休息客人,提高服务效率

泳池休息区是泳池的必备功能区,做好休息区服务既能体现人文关怀,提升服务质量,又能创造营业利润。客人在休息区休息时,服务员要关心问候客人,及时为客人提供饮料服务,如果客人需要甜点食品和送餐服务,要立即通知有关部门在5分钟之内为客人提供。另外,当客人离开休息区时,要及时检查休息区的环境卫生,清洗烟灰缸和垃圾,将物品摆放整齐,并检查客人有无遗留物品,如发现要及时送还客人。

相关链接

游泳池工作人员的岗位职责及任职要求

一、游泳池主管(领班)的主要岗位职责及任职要求

(一)主要岗位职责

(1)负责制订游泳池的营业计划、游泳池员工岗位技能培训计划,协助培训部实施考核。

(2)负责工作岗位调配,布置工作任务,巡视检查和考核考勤。

(3)负责处理工作中的争议,受理客人对游泳池工作人员的投诉,维持游泳池的正常营业秩序。

(4)掌握设备运作的状况,统计每日的营业额以及成本费用。

(5)按照工作项目做好与相关部门的横向联系。

(二)主要任职要求

(1)有游泳馆管理经验,具备一定的游泳指导和救生能力。

(2)熟悉游泳池各种设备和各岗位工作。

二、游泳池服务员的主要岗位职责及任职要求

(一)主要岗位职责

(1)负责客人消费的接待服务工作,为客人提供细致、周到、规范的游泳池接待服务,并填写服务记录,做好交接班工作记录。

(2)负责营业前的各项准备工作和游泳池场地的环境卫生清洁工作。

(3)负责维护保养游泳池的各项服务设备设施,指导客人做好入池前的各项准备工作,提醒客人注意安全。

(4)监视游泳池内的动向,及时处理游泳池内发生的意外事故。

(二)主要任职要求

(1)能指导客人正确使用游泳池内各项设备设施。

(2)有较好的人际关系处理能力,善于处理与客人之间的关系。

第四节 台球项目的经营与管理

一、台球项目基本情况介绍

台球又称桌球,起源于14世纪的欧洲,是当时皇室贵族专属的娱乐活动。台球运动是一种趣味性较强的,动静结合的,高雅、文明、健康的运动,选手着西装参加比赛,举止优雅,气质高贵,因此被称为"绅士的运动"。台球运动既能强身健体,又能益智、陶冶情操,且占用场地较小,不受天气和时间因素影响,深受大众喜欢,现已成为大众化的休闲运动。

台球运动流行于世界各国,从不同的角度有不同的分类方法。按照国度,可分为英式台球、法式台球和美式台球;按照有无袋口,可分为落袋台球和开伦台球;按照球的数量,可分为3球台球、4球台球、9球台球、16彩球台球、22彩球台球。目前,世界上最为流行的是斯诺克台球、16彩球台球、9球台球和4球开伦台球。

斯诺克台球不仅自己可以击球入袋得分,也可以有意识地打出让对方无法施展技术的障碍球,从而使对方受阻挨罚。因此,斯诺克台球竞争激烈,趣味无穷,是世界上最为流行的主流台球项目。斯诺克台球使用的球桌长约3.57米、宽约1.78米,台面四角以及两长边中心位置各有一个球袋,使用的球包括1颗白色母球,15颗红球和6颗彩球(黄、绿、棕、蓝、粉红、黑),共22颗球。游戏的基本规则是将目标球击入袋中就算得分,其中每颗红球代表1分,6颗彩球则分别代表不同的分数:黄色球2分、绿色球3分、棕色球4分、蓝色球5分、粉红色球6分、黑色球7分。击球顺序必须是先将一个红球击入袋中再击打彩球(红球入袋后不需取出,彩球入袋需从袋中取出放回开球时的定点位置),当15颗红球都入袋后,台面只剩下彩球和母球时,再按彩球分值高低依次将彩球击入袋中,最后以得分高者为胜。斯诺克盛行于英国、爱尔兰、加拿大、澳大利亚、印度等国家以及中国香港。近十几年来,斯诺克运动也在东亚得到推广和普及,目前泰国、中国大陆等都有优秀选手涌现。

16彩球台球易学有趣,竞赛方法简单,使用的球台较小,球的直径较大,增加了进袋概率,打球者容易产生成就感,是国内台球运动的主流。16彩球台球使用的球桌长约2.54米、宽约1.27米,台面四角以及两长边中心位置各有一个球袋,使用的球包括1颗白色母球和15颗彩球(其中1~7号为全色球,8号为黑色球,9~15号为花色球),共16颗球。游戏的基本规则是比赛双方按规则确定一种球(全色或是花色)为自己的合法目标球,在将本方目标球全部按规则击入袋中后,再将8号球击入袋的一方获胜。若一方在比赛中途将8号球误击入袋或将8号球击离台面,则判定对方获胜。

9球台球被认为是"运气和技巧兼备,劲力与柔和并顾"的竞赛,使用的球桌长约2.54米、宽约1.27米,台面四角以及两长边中心位置各有一个球袋,使用的球包括1颗白色母球和9颗彩球。9球比赛以1~9号彩球为目标球,开球时出杆力度较大,以便母球把9颗彩球击散,并且当任意一颗彩球入袋,开球选手就可以继续击球,否则就要换对手击球。比赛过程中,选手需按彩球号码大小为先后顺序击球,先打1号彩球,再依次打2~9号彩球(入袋彩球不取出,按台面彩球号码从小到大顺序击球)。比赛胜负的判定是看谁将9号彩球击入袋中,也就是说无论你击入几个彩球,只要最后将9号彩球击入袋中就算获胜。因此,常会发生选手顺利地将1~8号彩球击入袋中,却在击打9号彩球时出现失误,将最后的胜利让给了对手。

4球开伦台球是开伦式台球的一种打法。开伦台球起源于法国,所以又被称为法式台球,后来在日本却非常盛行,有"日本撞击式台球"之称,也是国际大赛项目之一。开伦式台球所用的球台没有球袋,它是以球杆击球得分的一种台球打法,具体又分为颗星开伦、3星开伦、4球开伦、直线开伦、台线开伦等,其中最流行的是4球开伦打法。4球开伦有4个球,即2个红球和2个白球,2个白球为比赛双方各自的主球。旧规则计分方法是:主球撞到2个或2个以上的球后,可以拥有击球权。主球击中1个红球、1个白球得2分,主球击中"双红"得3分,主球击中"双红"加1个白球得5分。这种2分制、3分制、5分制过去较为常用。但是,新规则全部采用1分制,只要碰到3个目标球中的2个,就可以得1分,消除了因球的配置所产生的得分差距,计算也比较简单。比赛的胜负是以谁先获得约定的分值为准。所以,当本方获得击球权时,应尽量争取多得分。在4球开伦打法中,台边的作用非常大。如果不能采用直线命中法,就要尽量利用一次、两次、三次甚至多次台边反弹以达到触及双球的目的。

小知识

斯诺克

图3-3　中国斯诺克选手丁俊晖在比赛中

关于斯诺克的起源,一个比较可信的说法是:在19世纪晚期,台球运动风行于驻扎在印度的英国军队中,当时流行的玩法是黑球入袋。这种玩法用1个白球、15个红球和1个黑球。1875年的一天,驻扎在印度贾巴尔普尔的英国陆军上校内维尔·张伯伦(Neville Chamberlain)和他的战友们觉得这种玩法过于简单、乏味,便决定增加黄色、绿色和粉色3个彩球上去。不久,他们又嫌不够,再加上了棕色和蓝色球。这种新玩法很快流行开来,从而促使了斯诺克台球的诞生。而斯诺克一词则是当时英国军队对军校一年级新生的流行叫法。这使得斯诺克被这些军人们用来称呼这种新玩法的初学者,最终则成为了这项运动的名称。

1885年,当时的英国英式台球冠军约翰·罗伯特(John Roberts)在印度旅行时见到了张伯伦并从他那里知道了斯诺克这种新玩法。回国后,罗伯特就把斯诺克台球带回到英格兰。但是,当时正处于英式台球热时期,斯诺克台球并没有引起人们足够的重视。直到20世纪30年代,英式台球日渐衰落,许多名手才逐渐转向斯诺克台球。这其中包括斯诺克台球的传奇人物乔·戴维斯(Joe Davis)。戴维斯首先意识到了控制主球走位的重要性。在此之前,打斯诺克台球的普遍策略是将明显可以打进的球入袋之后做一杆斯诺克防守。而乔·戴维斯通过良好的意识和精湛的杆法控制主球的走位,连续得分能力明显增强,大大提高了斯诺克运动的水平。从此斯诺克台球才开始在英国兴盛起来,并流行到世界各地。

斯诺克的意思是"阻碍、障碍",所以斯诺克台球有时也被称为障碍台球。在实际比赛中,球手一击后,由于死球的阻碍使得对手不能够击打主球使其同时直线完全通过任意球的两边,即称为斯诺克。选手这样做被称为"做斯诺克",而另一方则需要"解斯诺克",当即使获得台面上的最高分数仍落后对手的时候,就需要通过做斯诺克来迫使对方失误犯规罚分。

现在流行的斯诺克台球一共有22只球。其中母球(白球)1只,目标球21只。在目标球中,红球15只各1分,黄球1只2分,绿球1只3分,咖啡球1只4分,蓝球1只5分,粉球1只6分,黑球1只7分。

斯诺克锦标赛肇始于1916年,当时举办了首届英格兰业余斯诺克锦标赛。1927年,在乔·戴维斯等人的努力下,第一届斯诺克台球世界职业锦标赛在伦敦成功举办,并由乔·戴维斯本人获得冠军,赢得6.10英镑(今约200英镑)的奖金。乔·戴维斯是目前为止世界上最出色的斯诺克选手,在其1946年淡出世锦赛之前,历届世界职业锦标赛的冠军都为其获得。

斯诺克台球在20世纪五六十年代遭遇了一个低潮,甚至于严重到1958年至1963年间没有任何锦标赛举行。直到1969年,情况才迎来了转机。当时英国广播公司(BBC)为了推广新的彩色电视广播,发起了新的斯诺克锦标赛Pot Black。彩色的斯诺克台球和选手们的精彩表现很快吸引了观众的兴趣,斯诺克台球和彩色电视节目一起得以迅速推广。

几年之后,世界职业锦标赛也开始电视转播。斯诺克台球开始成为一项主流的职业运动,并于1977年引入世界职业选手排名。大量的资金开始注入这项运动,以史蒂夫·戴维斯(Steve Davis)为代表的新一代斯诺克职业选手不断涌现。1982年,史蒂夫·戴维斯打出了历史上首个电视转播中的147分的满分杆。当时甚至有一首由Chas & Dave演唱的关于斯诺克的滑稽歌曲Snooker Loopy登上了音乐排行榜。

斯诺克黄金时期的高潮出现在1985年的世界锦标赛决赛上,尽管两位选手鏖战到凌晨,但仍有近1850万(相当于当时英国1/3的人口)观众通过电视转播看到了丹尼斯·泰勒(Dennis Taylor)以一记重击将最后一个球送入袋口之后举起奖杯庆祝的场景。斯诺克在英国持续广泛地流行,成为仅次于足球拥有第二多电视观众的一项运动。

二、台球室的设计与布局

(一)场地规划

台球运动对场地有一定的规范要求。首先,台球运动场地要有足够的空间,地面要求平坦、洁净、无灰尘,球台周围要有足够的空余空间。特别是一个场地内设有多个球台时,更应该注意互不干扰。其次,台球运动场地的照明和通风也很重要。台球的照明灯应装在较大的灯罩中,这样可以避免灯光散射,特别是可以避免灯光刺眼。有灯罩的灯光可以均匀地照射到球台上,衬在绿色的台面呢绒上面会显得很柔和,不会刺眼,也不会影响击球时瞄准。通常,一张球台需要300W的灯光,灯罩离球台上方约75厘米。

对于一般娱乐台球室,球台和球台之间应保持1.5米以上的中间通道距离,靠墙的球台与墙体应保持2米的空余空间距离。对于台球比赛和训练场地,四周空余的面积则需要更大些。

（二）主要设施设备

1. 球台

图 3-4　有孔球台

球台有两种，即有孔球台和无孔球台。有孔球台（如图 3-4 所示）主要适用于美式台球和英式台球，如美式 16 彩球、英式斯诺克等。无孔球台主要适用于开伦式台球，如 4 球台球。球台一般是由坚硬的木材制成，特别是球台的四边，一般需使用上好的木材，如柚木、橡木、樱木、楸木、菲律宾木等。球台的台面一般由 3～4 块石板铺成，石板经过磨制，表面光滑，接缝严密，无孔隙，上面再铺一层绿色的呢绒。球台的优劣主要看台面石板是否平坦，接缝是否严密，台面呢绒摩擦力是否均匀，台边反弹力是否正常。

2. 台球

图 3-5　台球

早期的台球（如图 3-5 所示）都是由上好的象牙制成，而现在使用的多是优质的塑料。塑料球光滑圆润，弹性和韧性都较好，而且质地均匀，重心位置准确，不受气候环境影响。通常美式 16 彩球的直径为 57.15 毫米，重量约为 170 克；英式斯诺克的台球直径为 52.5 毫米，重量约为 154.5 克；法式 4 球台球的直径为 65.5 毫米，重量约为 195 克（以上重量的计算都是以通行的塑料球为依据）。

3. 球杆

图 3-6　球杆

球杆(如图3-6所示)是用优质的木材制成,长短重量都没有统一的规定,但一般不应短于91厘米(通常长140厘米左右),杆头直径在10毫米左右。球杆包括杆头、皮头和尾垫,杆头一般由塑料或其他硬质材料制成,套在球杆前端,皮头粘在其上。皮头一般用皮革制成,是直接与球接触的部件,皮头的好坏直接影响击球质量。尾垫是指球杆粗端的橡胶垫,起保护球杆的作用。选择球杆是打好台球的第一步,首先要看球杆是否笔直,接头部是否密合,其次检查皮头的质量,但最重要的是使用时要合手。

4. 涩粉块

涩粉块用来涂在球杆皮头上以增加摩擦力,防止击球出现打滑现象,一般用特制粉末压制成六角方形。抹涩粉时要注意涂抹均匀,一般每击球三五次后涂抹一次。

5. 扑手粉

球员在打球过程中,当手上出汗时,手和球杆之间的摩擦力就会大大增加,容易出现运杆击球不顺畅的现象。为了防止这种情况发生,可在架杆的那只手上和球杆前部抹一点扑手粉(材料是滑石粉)以增加润滑。需要注意的是,在抹滑石粉前,最好将手和球杆都擦一下,除去上面的汗渍。

6. 球框

美式台球要把15个彩色球在置球点摆成三角形,斯诺克台球也要将15个红球按三角形摆到规定的位置,这就要用一个等边三角形的球框来完成。球框一般用塑料压制而成,也有用木条拼接而成,摆球时将台球置入球框,然后再推到置球点的位置即可。

(三)配套设施

(1)台球室门口设营业时间、客人须知、价格表等标志牌,标志牌应设计美观、字迹清楚,有中英文对照。

(2)球室旁边要有与接待能力相应档次与数量的男、女更衣室,淋浴室和卫生间。更衣室配带锁更衣柜、挂衣钩、衣架和长凳。淋浴室各间相互隔离,配冷热双温水喷头、浴帘。卫生间配隔离式坐式抽水马桶、挂斗式便池、盥洗台、大镜及吹风机等卫生设备。

(3)台球室内应设饮水处,能提供软饮料服务。

(4)各配套设施墙面、地面均应满铺瓷砖或大理石,设有防滑措施。

(5)各种配套设施材料的选择和装修应与球室设施设备相适应,美观舒适,完好无损,其完好率不低于98%。

(四)环境和卫生要求

(1)室内温度保持在22℃~24℃之间,相对湿度保持在50%~60%之间。

(2)自然采光良好,灯光照度不低于60Lx,照度均匀,换气量不低于30m^2/人·h。

(3)球台平整光滑,台面无印迹、污迹,一尘不染。

(4)球室墙面壁饰整洁美观,无蜘蛛网、灰尘、污迹,不掉皮、脱皮。地面整洁干净,无垃圾、废纸等杂物,所有设备用品摆放整齐规范。

(5)整体环境美观、舒适、大方、优雅。

三、台球项目的服务要点

（一）营业准备

（1）按规定着装、佩戴好工号牌，检查仪容仪表，做到端庄、整洁，符合酒店要求。

（2）检查设施设备及清洁卫生，确保球台台面、台球、球杆等设备完好，摆放整齐，灯罩干净整洁，灯泡照明正常。

（3）清洁整理服务台、沙发座椅、茶几和盆栽，做好环境布置。

（4）检查毛巾、烟灰缸、电水壶、托盘、茶壶、水杯等是否准备齐全，并按规定摆放整齐，及时补充饮料、食品、香烟等客用消耗品。

（5）精神饱满地做好迎客准备。

（二）迎宾服务

（1）面带微笑，主动迎候客人。

（2）将客人引领到服务台，办理相关手续后，再礼貌地将客人引领至合适的球台。

（三）接待服务

（1）主动向客人问好，帮助客人挑选球杆，并为球杆杆头上粉。

（2）将台球按规定摆好，询问客人是否需要手套，为客人打开球台照明灯，为客人提供开球服务。

（3）询问客人是否需要茶水饮料，为客人提供饮料服务和小毛巾（冬温夏凉）服务。

（4）配合客人做好计分工作，主动做好拾球和杆架服务。

（5）当客人参加比赛时，主动当好客人的裁判，为客人提供客观、公正的裁判服务。

（6）当客人需要指导示范时，耐心细致地向客人提供讲解和指导示范服务；当客人需要陪练服务时，根据客人心理热情陪练。

（7）每局前递上毛巾，及时添加饮料、茶水，迅速清理台面。

（8）及时填写服务记录，如台号、时间及其他消费等。

（四）送别客人

（1）做好结账服务工作。

（2）送客人至门口并礼貌向客人道别，主动提醒客人不要忘记随身物品。

（3）及时清洁整理相关设备和物品，做好再次迎客的准备。

案例三

输赢自有分寸

一天，服务员小李在台球室值班，一位初学的客人要求陪打和指导服务。小李在台球厅一向以球技精湛著称，不一会儿就稳操胜券了。

"左上角6号球的位置不错。"小李善意地提醒客人。

"我试试。"客人带着紧张的神色说。

"Yeah，进了。"客人兴奋得像个小孩子。

一来一往间,小李和客人的水平好像不分伯仲,两个人之间谈话越来越多,仿佛是两个久未谋面的老朋友。

四、台球项目的经营管理重点

(一)搞好清洁卫生,美化球室环境

台球运动是一项高雅文明的运动,它延续了贵族娱乐的气息,对球室环境和卫生的要求十分严格,服务人员要确保球室舒适、美观、优雅。因此,台球室整体环境设计要宽敞、明亮、高雅。尤其是球桌之间和四周通道要足够宽敞,视觉上整体美观、舒适。台球室要每日清洁,随时整理,从地面、墙面、球桌到各种用品器材都要做到一尘不染,摆放整齐规范。

(二)加强设备管理,提升娱乐体验

台球设备管理是球室日常管理的重要内容,做好台球设备管理对保证球室正常运营、提升娱乐体验质量、延长设备使用寿命、降低生产经营成本、提升球室经济效益都具有十分重要的意义和作用。球桌台面、台球和球杆的日常维护保养尤其重要,它不仅直接决定了客人能否正常发挥球技,能否玩得酣畅淋漓,而且客观体现了球室服务和管理水平,是吸引客人前来消费的直接动力。

(三)根据客人需求,做好球室服务

球室服务是台球经营管理的关键和重点,其主要包括迎送服务、引领服务、开球服务、记分服务、裁判服务、指导示范服务、酒水饮料服务和小毛巾服务等。在为客人提供服务时,服务人员必须明确自身角色定位,耐心细致,谦虚谨慎,准确把握客人消费心理,切不可喧宾夺主,言辞不恭,影响客人的雅兴,干扰客人击球和比赛。

(四)加强酒水推销,提高经营效益

酒水饮料消费直接关系到球室的经营效益。服务人员在运动前或运动中要主动询问客人是否需要酒水饮料,并根据客人要求提供相应的服务。需要注意的是,服务人员在为客人提供服务时,要根据客人的个性化需求为其推荐物美价廉的酒水饮料,以免引起客人的反感。

相关链接

台球室工作人员的主要岗位职责及任职要求

一、台球室主管(领班)的主要岗位职责及任职要求

(一)主要岗位职责

(1)负责制订台球室的营业计划、员工岗位技能培训计划。
(2)负责管理员、服务员的工作岗位调配和工作内容布置。
(3)巡视检查台球室的各项工作,积极进行考勤考核工作。
(4)负责受理客人对台球室工作人员的投诉,按照项目进行处理。
(5)整理消费账单,审批机房报修单,掌握设备运作的状况。

（二）主要任职要求

（1）熟悉康乐服务和成本管理，了解康乐服务规范和质量标准，懂得卫生消毒和安全救护知识。

（2）熟悉公共娱乐场所公安管理法规和卫生条例，取得电脑证书。

（3）有较好的文字和语言表达能力，外语会话流利。

二、台球室服务员的主要岗位职责及任职要求

（一）主要岗位职责

（1）负责台球厅的接待服务工作和营业场地的卫生清洁保养工作。

（2）负责台球厅营业前的器材和其他物品的准备工作。

（3）认真做好营业期间的消防、安全防范工作。

（4）及时处理台球厅发生的突发事件。

（二）主要任职要求

（1）能够熟练地为客人示范台球的比赛方法和技巧。

（2）能够熟练地为客人讲解台球的记分方法和游戏比赛规则。

第五节　高尔夫项目的经营与管理

一、高尔夫项目基本情况介绍

高尔夫运动（如图3-7所示）是一项历史悠久的高雅运动项目，由于其球场占地面积大，场地要求高，投资巨大，服务档次高，消费昂贵，因此被称为"贵族运动"。在英语中，"golf"一词由 green（绿色）、oxygen（氧气）、light（阳光）、foot（步履）四个单词的第一个字母组成，形象概况了高尔夫运动的特点。而且，高尔夫的运动量适中，能全面锻炼身体，在竞技中充满智慧，它兼具运动和交际的双重功能，深受人们喜爱。

关于高尔夫球的起源众说纷纭，流传最广的一种说法是起源于15世纪的苏格兰。之后，苏格兰成立了第一个高尔夫球俱乐部，制定了高尔夫球规则，现代风靡全球的标准18洞高尔夫球运动，也从苏格兰开始。苏格兰圣·安卓附近的天然滨海球场，从18世纪成为比赛场地开始，至今仍是职业高尔夫球选手的梦幻球场。

图 3-7 高尔夫运动

高尔夫比赛主要有两种,一种是比杆赛,一种是比洞赛,在职业赛或业余赛中均以比杆赛的形式较为常见。比杆赛就是将每一洞的杆数累计起来,待打完一场(18洞)后,把全部杆数加起来,以总杆数来评定胜负;比洞赛亦是以杆数为基础,然其不同处在于比洞赛是以每洞之杆数决定该洞之胜负,每场再以累积之胜负洞数来裁定成绩。因此,比杆赛规定必须待球被击入球洞后,才可移往下一洞的开球台去开球,而比洞赛是在每一洞就决定胜负,因此只要对方同意就不必坚持球皆需进洞的原则。另外,在比杆赛和比洞赛中,选手违反规则所受的处罚也有所不同。一般而言,比杆赛的罚则是罚两杆,而比洞赛的罚则为处罚其该洞输球。

小知识

高尔夫运动起源(一):牧羊人发明的贵族运动

传说很久很久以前,有一名苏格兰牧羊人从一次偶然用牧羊棍的把手将一颗圆石子击入兔子洞中得到启发,发明了高尔夫这项贵族运动。而据考证,高尔夫这个词最早出现在1457年苏格兰议会文件中,当时由于盛行,高尔夫球将许多年轻人从射箭运动中吸引了过来,因此政府下令将其禁止。1457年3月,苏格兰王室颁布了一项"完全停止并且取缔高尔夫球"的法令。原因是这项消遣性极强的运动,妨害了苏格兰青年演练"国术"——射箭。但实际上,连主持制定1491法规的苏格兰国王詹姆士四世自己最终也嗜高尔夫球成癖,成了高尔夫球场的狂热常客。而詹姆士五世国王及其王后,也效法詹姆士四世打起了高尔夫球。

和它在我们的印象中的"年轻"不同,在世界上种类繁多的体育运动中,高尔夫球可算是一项较为古老的运动,它于1457年在苏格兰的圣安德鲁斯市(St. Andrews city)兴起。当时苏格兰的一项重要军事运动——射箭术正处于衰落的境地,而高尔夫球却从此勃兴了。

苏格兰圣安德鲁斯城的地理条件得天独厚,它有自然形成的高尔夫球场所需的障碍物——海风吹成的沙洼,漫布着楠属植物的沙丘,蜿蜒曲折的溪流,阵阵不断的海风,苏格兰人就在这儿打高尔夫球。因此,对于苏格兰人来说,真正的高尔夫球场就应在这沙丘之间,大自然就是这种球场的"建筑师",而其他的球场相对来说则是"内陆球场"。

尽管当时没有文字记载可以证实日期,据说在1608年,"皇家黑石楠"高尔夫俱乐部就已成立。1754年,圣安德鲁斯市正式组建了"皇家古典高尔夫球俱乐部"。据说,该俱乐部由22个贵族和绅士建立。他们还制定了13条基本的高尔夫球规则。今天,世界成千上万的高尔夫球场还沿用着这些规则。

圣安德鲁斯市真可以说是"高尔夫之都",每年有数以万计的"朝圣者"来参观这里的高尔夫球场。"皇家古典高尔夫球俱乐部"部长的就职仪式也很特别。按照传统,新任的部长必须在9月第3周的星期三进行就职仪式。届时,他本人必须走马上任,要像高尔夫球一样"击入办公室"。表现方式是,他跨上第一个开球处,在他前面是球场,鱼贯而立着一批球童,然后,由他发出一球,球童们争着拾球,拾得者奖一英镑。其后,一尊古炮鸣响,在这隆隆炮声和滚滚烟雾中,部长宣布就职。

之后,在整个英国开始渐渐流行这种在草场上进行的球类游戏。其方法是用类似现代曲棍球球棒的木棍,以击球次数最少,将球击入规定数目的穴内,作为娱乐活动。当时,人们就把这种运动叫做高尔夫球运动。

高尔夫运动起源(二):中国的"捶丸"

据历史记载,中国早在唐朝就出现了一种叫做"捶丸"的体育活动。顾名思义,捶者击也,丸者球也,并且还是击球入窝。高尔夫球与此酷似相同。这就是说"捶丸"比高尔夫球起码早出现一个世纪。"捶丸"是由唐代的"步打球"演变而来的,北宋时又称"步击"。宋元之际,"捶丸"活动流行于我国北方民间。山西洪洞县广胜寺水神庙壁画中的宋代捶丸图,可为一佐证。图中4人,1人持棒,正待击球入穴,情境逼真,栩栩如生。另外,在元朝世祖忽必烈时期,有人著有"丸经"一书。书中对"捶丸"的运动方法、比赛规则、技术、战术、场地、用具等,均有详尽的规定和论述。如比赛前,各自选好地形,掘好球窝,并在60～100步的地方造好"球基",面积约为1平方尺,以便击球。3棒内击球入窝者得1分,得分多者为胜,犯规或违例者少记1分或扣去1分。另外,比赛分三种:一是团体赛,二是多人对抗赛,三是二人单打。团体赛根据人数多少分为"大会"、"中会"和"小会"等。从史料记载来看,中国"捶丸"作为一个完整的体育活动项目,无论在方法、规则方面,还是在群众中开展的广泛程度上皆具有相当的规模并已定型了。根据记载,以上说法,无疑皆为事实。从它的定型和发展来看,中国早于英国和荷兰,但是,作为一种现代、被国际多数国家和民族所承认的世界体育项目,高尔夫球的发源地和故乡是英国。1908年,英国成立了第一个高尔夫球俱乐部。1754年,它又制定了比赛规则。1911年,美国曾举行大西洋全美高尔夫球赛。在英国举行的一年一度的高尔夫球公开锦标赛,是最大规模的国际性比赛。现时,高尔夫球在一些发达国家比较盛行,而美国、英国和日本尤甚。世界业余高尔夫球协会就有六七十个会员国,2000多万会员。其中美国有1200万会员和10000多个球场;日本有300万会员,1400多个球场。1900年,第二届国际奥林匹克运动会曾把高尔夫球列为表演项目。1984年,国际奥委会批准高尔夫球为奥林匹克运动会的正式比赛项目。高尔夫球于20世纪初年开始传入我国,但活动范围很小,影响不大。目前,我国已修建了一批国际水平的高尔夫球场。高尔夫球已进入我国人民群众生活之中,它将成为我国人民喜闻乐见的文化、体育和娱乐活动。

资料来源:根据国家质检总局、国家标准化管理委员会网站资料进行整理 http://baike.baidu.com/view/5025.htm

二、高尔夫球场的设计与布局

(一) 球场规划

高尔夫球场一般依自然起伏的绿地或丘陵地势规划设计,其主要包括会馆、标准球场、练习场及一些附属设施。根据场地面积和规模大小,球场可以设计为 9 洞、18 洞、27 洞等。标准 18 洞高尔夫球场的总长为 5943~6400 米,宽度不定,划分为 18 个大小不一、形状各异的场地,每块场地均由发球区、球道、果岭和球洞组成。

1. 发球区

发球区是每个球道击球的开始,一个球道常包括 3 个远近不同的发球区,分别为职业比赛发球区(离果岭最远)、男发球区和女发球区(离果岭最近),有时也将 3 个发球区合并成一个大的发球区。发球区应高于四周地势,以利于雨天排水。

2. 球道

球道是球场中面积最大的部分,是从发球区到果岭所经过的区域。球道一般根据高尔夫球场的面积和地形地貌设计,既有平坦的地形,也有凹凸不平的地形及沙坑、水塘、小溪等障碍物。

3. 果岭

果岭是每个球道的核心,是球洞所在地,选手在打球时,第一个目标即是将球打上果岭,再进一步以推杆来进球。果岭是经过精心修剪的短草草坪,形状多为圆形或椭圆形,高度通常比四周地势略高。

4. 球洞

球洞是球道的终点,球被打入球洞后,也就是该球道的结束,进入下一个球道。球洞的直径约 10.8 厘米,深约 10.2 厘米,内有铁杯或塑料杯。每个球洞上插有标明该球洞顺序号码的标志旗,为远离目标的选手指明方位(当欲击球入洞时,先拔出旗杆)。

(二) 主要设施设备

1. 高尔夫球杆

高尔夫球杆用木材或塑料与金属组合制成,长度为 0.91~1.29 米不等。比赛时,每个运动员需配备 14 根不同用途的球杆,其中包括木头球杆 5 支,铁头球杆 9 支,除 1 个是推击杆外,其余的统统为挥击杆。球员可以根据击球距离和高度的不同选用不同的球杆,推击球杆的击球面是个与球杆平行的平面,用于近距离的推击,击远距离球时使用木杆。铁杆又分为用途不同的 3 种杆:劈起杆,杆头冲高角较大,专打高远球;沙杆,易在沙坑中击球;拨打杆,又称推击杆(为铁杆),其击球面是笔直的,用以推击。

2. 高尔夫球

高尔夫球的发展经历了手工缝制、古塔胶球、哈斯克尔橡胶核球等几个时代。最初的高尔夫球由手工缝制的外包皮革和填充内部的鹅毛组成,1848年,人们开始将生长在热带的古塔波树的汁液制成胶状液体,再将这种液体加热塑成球。不久后,人们开始在球面上制作各种凹凸状,或加上纹路,以提高球在空中的气体动力。1900年之后,哈斯克尔橡胶核球取代了古塔胶球,其内核为缠绕的橡胶核心,这使它能飞行更远的距离(平均在20码以上),并且更加结实耐用。之后出现了液体高尔夫球、巴拉塔树胶球等。目前所使用的高尔夫球多为双层球,国内和国际在比赛中对高尔夫球的要求有差别。

3. 高尔夫服装

因为一般的高尔夫球场都比较空旷,所以,球员需要选择一件具有防风功能的外套,而作为内衣的棉质高尔夫T恤也一定要注意其是否具有导汗功能。高尔夫球鞋的鞋底有12个左右的鞋底钉,可防止滑动,使选手挥杆时保持身体平衡。固定这些鞋钉的螺丝一定要牢靠,否则,螺丝一松,鞋也不稳固。

(三) 主要配套设施

1. 会馆

会馆也称高尔夫俱乐部,多设于球场的入口处,是为球员提供休息、更衣、餐饮的场所,常设接待大厅、更衣室、淋浴室、休息厅和高尔夫专业用品商店。接待大厅主要负责迎送和接待参加高尔夫运动的客人,为客人办理结账等相关手续。更衣室主要负责为客人运动前后提供更衣服务。淋浴室主要负责为客人运动后提供冲洗淋浴服务。休息厅主要供客人运动前后短暂休憩,通常需设置小酒吧,配备豪华沙发、休闲椅和咖啡桌,为客人提供酒水饮料服务。高尔夫专业用品商店则主要向客人出售高尔夫运动所需的球服、球帽、手套和球鞋等专业用品。会馆前通常设有停车场,有的还设置有可供球员登高远望的观景点。

2. 球场值班室

球场值班室一般设在高尔夫球场附近,供球童存放和维修高尔夫球杆、球和小车等器材。球场值班室常设球童若干名,负责对客服务,如为客人运送球具、及时维护球场、记录运动成绩、帮助客人熟悉场地、为客人找回失球等。职业球童需经过严格的培训和考核,内容主要包括高尔夫运动的技巧和规则,场地上每一个球洞的长度,通道上障碍区的特点,果岭的地形地势,甚至当地的天气和风速,以便做好客人的参谋和助手,为客人制定打法、战术和提出合理化意见。

3. 高尔夫练习场

高尔夫练习场是供初学人员学习打球的地方,一般设在高尔夫球场附近。高尔夫练习场通常要设置专业教练或职业球童,为客人提供规范化的指导、示范和练习服务。

三、高尔夫项目的服务要点

(一) 接待服务

(1) 按规定着装,检查仪容仪表,做到端庄、整洁,符合规范要求。

(2) 检查大厅设备用品及清洁卫生,做好环境布置,确保整洁整齐。

(3) 精神饱满地做好迎客准备,用规范的礼貌用语欢迎客人。

(4) 礼貌验收客人房卡或俱乐部会员证,快速为客人办理相关手续。

(5) 热情真诚、主动积极、举止大方、微笑服务。

(二) 选购设备

(1) 礼貌迎接每一位进店客人,微笑服务。

(2) 热情主动地向客人介绍高尔夫专业用品的质量和性能,根据客人个性化需求,推荐合适的高尔夫专业用品,并按规范操作程序快速为客人结账。

(3) 客人离店时,礼貌与客人道别。

(三) 更衣服务

(1) 按规定着装,检查仪容仪表,做到端庄、整洁,符合规范要求。

(2) 检查更衣室及周边清洁卫生,做好环境布置,确保整洁整齐。

(3) 微笑迎接,主动接过客人手中球具,引领客人进入更衣室。

(4) 根据客人需求,为客人提供更衣协助服务,提醒客人锁好更衣柜,保管好电子钥匙。

(四) 球场服务

(1) 按球场规定统一着装,检查仪容仪表,做到端庄、整洁,符合规范要求。

(2) 清点球杆和球数,准备铅笔、标记、记分卡、擦球布、沙袋等球具用品。

(3) 积极主动与客人沟通,了解顾客需求,为客人提供运送球具、介绍场地、练球指导、捡球、记录成绩等服务。

(4) 客人打球过程中保持安静,不要咳嗽、说话和走动。

(5) 时刻留意客人击球的落点,仔细帮客人在球道上找球。

(6) 客人打完最后一洞球后协助客人清点球杆,整理球包。

(7) 为客人提供教练服务时,要态度和蔼、积极热情,示范动作规范到位、符合标准,为客人提供陪练服务时,要耐心、认真,根据客人心理掌握输赢分寸。

(五) 沐浴服务

(1) 按规定着装,检查仪容仪表,做到端庄、整洁,符合规范要求。

(2) 检查沐浴设施设备及清洁卫生,备好沐浴用品,确保整洁整齐。

(3) 为客人发放拖鞋、毛巾、浴巾,根据客人需求提供搓背服务。

(六) 小酒吧服务

(1) 按规定着装,检查仪容仪表,做到端庄、整洁,符合规范要求。

(2) 清洁整理休息区和小酒吧的环境卫生,摆放好沙发、茶几、座椅和烟缸等设施设备,备好酒具、酒水饮料和点心食品。

(3) 热情迎客、微笑问好、引客入座。

(4) 礼貌递上酒水单,根据客人需求快速为客人送上酒水饮料和点心食品。

(5) 客人离开时做好结账服务,礼貌送客。

(6) 迅速整理沙发和茶几,清理杂物,清洗烟缸和杯具,准备迎接下一批客人。

案例四

衣领的礼仪

小吴是酒店迷你高尔夫球场的实习生。一天,他接待了一位韩国客人,可是这位韩国客人一直对他的服务挑三拣四,不管用什么样的方法,客人对他的态度一点都没有改变,整个服务过程显得十分沉闷。对此,小吴也很纳闷,他觉得自己的服务态度和服务质量都没什么问题,可是这位韩国客人为什么会对他如此挑剔呢?

正当他百思不得其解的时候,球场的老服务员小蔡给了他答案。原来小吴刚到球场工作,不是很明白高尔夫的有关礼仪,在为客人提供服务时,进入球场的任何人都必须穿有领的衣服。恰好那天天气比较热,小吴就把工作服给脱了下来,只穿了件圆领的T恤,所以引起了最注重礼仪的韩国客人的不快。

四、高尔夫项目的经营管理重点

(一)球场设计

球场设计是高尔夫经营的基础和关键,它决定球场的最终品质。设计师在设计高尔夫球场时,要拥有多角度思考问题的能力。广州亚运会高尔夫球场设计师戴珩臻(Dick Davidson)认为一个好的设计师应该是一个工程师、一个规划与景观设计师、一个雕塑家、一个球手、一个球迷……要尽可能多地从不同角度观察、思考,才能得出一个优秀的球场设计方案。同时,戴珩臻认为一个优秀的球场需要具备三个条件:首先,每个球洞的设计都是独一无二的;其次,球场必须具备可打性与公平性,适合每个级别的球手;最后,球场具有策略性的选择,让球手能钻研、琢磨各种技巧与方法,享受高尔夫的无穷乐趣。

(二)草坪管理

草坪就是高尔夫的生命,是球会的商品,草坪的优劣直接影响到消费者体验的好坏。有人说,球场的地形风貌如人的骨骼,坪床如人的筋肉,草坪就如人的皮肤毛发,给排水系统如人的血脉,泵房就是人的心脏,景观如人的衣饰。所以,球场草坪的养护十分重要。草坪管理涉及方方面面,需要根据草坪草在不同季节的生长特点和对养分的需求特征进行因时养护。在草坪的日常管理过程中,工作人员既要合理施肥、梳草、打孔、浇水,做好养分和水分管理,又要做好防治杂草和防治病虫害工作。

(三)球会运营

目前,中国的高尔夫球场经营模式非常模糊,可以说是会员制俱乐部与大众商业球场运作模式杂糅相伴。其实,高尔夫球场和高尔夫俱乐部有着本质的区别。高尔夫球场可以接待任何支付打球费的球员(Pay and Play),而高尔夫俱乐部是由一个具有相同阶层、同等社会地位,并拥有相同兴趣和嗜好的特殊群体组成,这一群体中的成员有着共同的目标,在思想和行为习惯方面彼此认同、彼此尊重,并自然形成一种群体游戏规则。一个高尔夫俱乐部可以没有真正属于自己的高尔夫球场,如苏格兰圣·安德鲁斯的Royal and Ancient Golf Club,但它有一个必不可少的特征,即排他性和私密性,简而言之,就是谢绝非俱乐部会员打球(会员所邀请的嘉宾除外)。因此,高尔夫球场的目标市场定位、会员证销售价格以及销售战略非常关键。实践证明,合理的市场定位、准确的产品价格和充满激情的员工服务是获取经营利润的基本保证。

(四)会所服务

会所通常被人称作球场的"第十九洞",其提供的功能是高尔夫运动体验的一种延伸,也是球会服务中不可或缺的一环。因为高尔夫是一项社交运动,没多少球手喜欢独自打球,人们喜欢和朋友打完球后在会所相聚放松、吃饭、喝酒、打台球、玩牌、谈天说地……这也是人们选择高尔夫的一大理由。会所通常会给客人留下深刻的第一印象。英国一名会所设计师说过:"一家球会是公开的还是私人的,是现代的还是古典的,是运转良好的还是乱七八糟的,顾客都可以在会所里感觉得到。成功的球会会所能够直接满足顾客的需求,从最基本的功能,如更衣换鞋、买球、餐饮,到比较复杂的社交、娱乐、学球、休息等。"

毫无疑问,建设和运营会所都需大笔资金。会所如果管理得当,将是球会最值钱的资产之一。反之,如果管理不善,会所也可能成为消耗资源的黑洞。很多人都觉得餐饮是会所盈利的重要来源,但事实上,依靠餐饮赚钱不是易事。比如,在英国,很多会所餐馆和酒吧开业不久就倒闭。因此,如何有效经营管理球会会所,让会所服务既能充分满足客人消费需求,又能为球会增收盈利,是经营管理者关心的热点问题。这就需要科学地设计运营模式,合理地精打细算,积极探求生财之道。

相关链接

高尔夫球场工作人员的主要岗位职责及任职要求

一、高尔夫球场主管(领班)的主要岗位职责及任职要求

(一)主要岗位职责

(1)负责制订高尔夫球场的营业计划和员工的岗位技能培训计划。

(2)负责高尔夫球场管理员、球童和服务员工作任务布置,巡视检查高尔夫球场的各项工作。

(3)负责进行营业前布置,处理工作中的争议,维持高尔夫球场的正常营业秩序。

(4)受理客人对高尔夫球场工作人员的投诉,整理出客人消费的账单,掌握设备运作的状况。

(二)主要任职要求

(1)熟练掌握高尔夫球场工作内容、工作秩序。

(2)熟悉高尔夫球场各种设备和高尔夫球活动规则。

二、高尔夫球场服务员的主要岗位职责及任职要求

(一)主要岗位职责

(1)负责为客人提供陪练、教练服务,回答和处理客人提出的有关问题。

(2)预先制定接待方案,组织球场比赛,维持良好的球场秩序。

(二)主要任职要求

(1) 熟练掌握高尔夫球场工作内容、工作秩序。
(2) 熟悉高尔夫球运动规则,有一定运动水平,能够熟练提供陪练服务。

第六节 保龄球项目的经营与管理

一、保龄球项目基本情况介绍

保龄球又称地滚球,是一种在木板球道上用球滚击木瓶的室内运动,它广泛流行于欧洲、美洲、大洋洲和亚洲的许多国家。如今保龄球已经成为现代社会中的一项集健身、娱乐、休闲为一体的高雅文明的时尚运动。它不仅具有很强的趣味性、技巧性和竞争刺激性,而且既不受年龄的限制,也不受时间、气候等外界条件的影响。

保龄球运动不仅可以消除精神压力,弥补平日运动的不足,增进人体健康,而且可以从中娱乐,陶冶情操。据运动医学研究证实,保龄球运动对增强人体的心肺、四肢功能功效显著,它能加强人体的血液循环,对神经衰弱、肩周炎、便秘、颈椎病以及腰肾病具有显著的疗效。

保龄球的历史最早可以上溯到距今 7200 年古埃及的一种用大理石制的球来打倒石柱的游艺。现代保龄球运动的前身是 13～14 世纪德国的"九柱戏"。17 世纪初,荷兰移民将保龄球带入美国。18 世纪,美国人对保龄球进行了改进,增加了一只球瓶,并形成了延续至今的 10 瓶制保龄球。1895 年,美国保龄球协会(ABC)成立,协会第一次正式订立了保龄球比赛规则,并制定了保龄球用具标准及其他有关规则。从此,保龄球运动发展成为一项正式的体育运动。1952 年,国际保龄球协会(FIQ)成立,它在全世界范围内极大地推进了保龄球运动的发展。1974 年,保龄球项目被列为亚运会正式比赛项目。1988 年,在第 24 届汉城奥运会上,保龄球被列为表演项目。1992 年,在第 25 届巴塞罗那奥运会上,保龄球首次被列为正式比赛项目。

20 世纪初,保龄球运动传入我国。当时,在北京、上海、天津等地均建有人工保龄球馆。改革开放后,保龄球项目在我国取得了较快的发展。1984 年,国家体委将 10 瓶制保龄球列为我国正式开展的体育项目。1985 年,中国保龄球协会成立,它为保龄球项目的普及和发展注入了生机和活力,并随后代表我国加入亚洲和国际保龄球组织。

二、保龄球球场的设计与布局

(一)场地规划

保龄球馆的标准球道长 19.15 米,宽 1.024～1.066 米。球道后方是置瓶区、升瓶机和回球机,这部分的长度约 2.2 米。此外,机器的后面还应留出 1.5 米宽的维修通道,球道的始端也要留出约 5 米长的助走区和 4 米长的休息区,在休息区外还应留出不少于 3 米的通道。因此,球馆使用面积的纵向尺寸不应小于 34.8 米。球馆的横向尺寸是根据每条球道的宽度加上回球通道的宽度再乘以球道的数量得出,一般每两条球道共用一条回球通道,它们的宽度约为3.47米。通常,在球道两侧还应各留出1.5米宽的维修通道。因此,若以24条球道为例,球馆的宽度约为44.6米。球馆天花板的高度一般在3.05～4.27米之间。

(二) 主要设施设备

1. 球道

目前所使用的保龄球道主要有两种:木制球道和合成球道。木制球道通常由宽约3厘米、厚约15厘米的39块板条拼制而成。由于球道各部分受力的情况不同,因此它通常是用两种硬度不同的木材制成。一般助走区、球道前6米和球道的置瓶区都是由非常坚硬的枫木制成,它能够承受16磅重的保龄球在其表面所产生的近每平方英寸1800磅的不间断的冲击,同时还能提供球员在助走时所应有的弹性。而球道的中部通常是松木制成,其纹理较好,还可使球在其表面产生较好的转动效果。合成球道主要是选用优质的高强度合成材料制成,具有耐磨、耐冲击的优点。另外,与木质球道相比,合成球道的维修保养比较方便。

2. 球瓶

球瓶的形状为梭形,高37.50厘米,底部直径5.02厘米,腹部最大直径12.10厘米,颈部最大直径4.60厘米,每一支球瓶的重量在1.261～1.641千克之间。10个球瓶凑成一套,其中最重的和最轻的相差不超过112克,球瓶排列成倒的等边三角形,间距为30.48厘米。

3. 保龄球

保龄球有通用球和专用球之分,适合一般人以及一般保龄球馆使用的都是通用球。为了使自己随时都能在同样条件下投球,或者为了提高练习效果,个人也可根据自身情况特别制作专用球。目前保龄球是用硬质塑胶或合成树脂塑料制成的实心球,由球核、重量堡垒、外壳三部分组成。保龄球的重量可以不同,但大小必须相同。按国际规定,保龄球的重量有11种规格:6磅、7磅、8磅、9磅、10磅、11磅、12磅、13磅、14磅、15磅、16磅。

选择保龄球时,需要考虑球的重量、指孔的大小和深度以及指孔间的距离。球的重量一般为自身体重的1/10为宜。但对初学者来说,还需要根据自己的体力、臂腕力和指力来选择重量合适的球。在确定好重量以后就要考虑指孔的问题,通常让拇指完全没入指孔,以拇指能够轻碰孔壁又能任意旋转的程度为佳。拇指插入指孔后,其他手指向球的表面伸张,中指和无名指的第2关节应在另两指孔中央的稍前方,并将两手指插入指孔,正好吻合而且在抽出时不会感到不顺畅,球面与手掌之间以间隔1支铅笔的空隙最为理想。这样,球的重量就集中在3个手指上。

4. 球鞋和球衣

为了使球员在持球助走时能充分发挥下肢的力量,同时又能增加滑行的能力,专用保龄球鞋的左右鞋底的结构和材料是不同的。以右手掷球的保龄球员为例,一般左脚鞋底由滑行性能较好的皮革制成,而右脚鞋底则由稳定性较好的橡胶制成。另外,专用保龄球鞋还可以避免因穿不适当的鞋所造成的脚踝扭伤等意外的发生。因此,保龄球馆一般都应配备大小尺码齐全的保龄球鞋,免费供客人使用或租用。一些专业球员除自备保龄球、专用护腕、保龄球袋之外,一般还自备专用的保龄球鞋。

即使正式的比赛,保龄球也没有专门的服装。但是为了便于打球动作轻快自如,球员一般不宜穿着过紧、过窄的服饰,而应穿着宽松、轻质的休闲服或运动服。这样,不仅能正常发挥球技,还能增添几份自然、轻松和潇洒。生活中一些男士穿着西服、打着领带,一些女士穿着下摆狭窄的裙子或过短的迷你裙打保龄球,不仅束缚限制了身体的动作,而且与保龄球馆的气氛也不相融。

（三）配套设施

(1) 球场旁边要有与接待能力相应档次与数量的男、女更衣室,淋浴室和卫生间。

(2) 更衣室配带锁更衣柜、挂衣钩、衣架、鞋架和长凳。

(3) 淋浴室各间互相隔离,配冷热双温水喷头、浴帘。

(4) 卫生间配隔离式坐式大便器、挂斗式便池、洗盥台、大镜及固定式吹风机等卫生设备。

(5) 各配套设施墙面、地面均满铺瓷砖或大理石,有防滑措施。

(6) 球场内设饮水处。

(7) 各种配套设施材料的选择和装修,应与球馆设施设备相适应。

(8) 配套设施设备完好率不低于98%。

（四）环境和卫生要求

(1) 球场门口设营业时间、客人须知、价格表等标志标牌,标志标牌设计美观、大方,设置位置合理,有中外文对照,字迹清楚。

(2) 球场内部通道、过道、球道、记分显示、球路显示等设施布局合理。球道表面光洁,无灰尘、污迹。各种器材摆放整齐,整体协调、美观。适当位置有大型盆树、盆景美化环境,调节气候。

(3) 室内温度保持在20℃～22℃左右。室内相对湿度保持在50%～60%。通风良好,换气量不低于30 m^2/人·h。

(4) 自然采光照度不低于100Lx,灯光照度不低于80Lx。

(5) 球场门口环境清洁卫生,室内场地平整光洁,墙面、地面无灰尘、污物、废纸、杂物。所有用品、用具清洁卫生,无汗渍、污迹。

(6) 更衣室、淋浴室、卫生间卫生要求与游泳池相同。

小知识

保龄球的计分规则

(1) 保龄球按顺序每轮允许投2个球,投完10轮为1局。

(2) 每击倒1个木瓶得1分。投完一轮将2个球的"所得分"相加,为该轮的"应得分",10轮依次累计为全局的总分。

(3) 保龄球运动有统一格式的记分表。第1球将全部木瓶击倒时,称为"全中"。该轮所得分为10分。第2球不得再投。但按规定,应奖励下轮2个球的所得分。它们所得分之和为该轮的应得分。

(4) 当第 1 球击倒部分木瓶时,应在左边小格内记上被击倒的木瓶数,作为第 1 球的所得分。如果第 2 球将剩余木瓶全部击倒,则称为"补中"。该轮所得分亦为 10 分。按规则规定,应奖励下轮第 1 球的所得分。它们所得分之和为该轮的应得分。

(5) 第 10 轮全中时,应在同一条球道上继续投守最后 2 个球结束全局。这 2 个球的所得分应累计在该局总分内。

(6) 第 10 轮为补中时,应在同一条球道上继续投守最后 1 个球结束全局。这个球的所得分应累计在该局总分内。一局总分为 300 分,局分为 10 格,每格里有 2 次投球机会,如在第一次投球时全中,就有需要投第 2 球。每格可能出现 3 种情况:

第一,失球(MISS)。无论何种情况,在每格的 2 次投球时,未能击倒 10 个瓶,此格的分数为击倒的瓶数,未击中用一个"—"表示。

第二,补中(SPARE)。当第 2 次投球击倒该格第 1 球余下的全部瓶子,称为补中,用一个"/"表示。补中的记分是 10 分加上下一次投球击倒的瓶数。

第三,全中(STRIKE)。当每格的第 1 次投球击倒全部竖立的 10 个瓶时,称为全中,用一个"×"表示。全中的记分是 10 分(击倒的瓶)加该球员下 2 次投球击倒的瓶数。

但在第 10 格中情况比较特殊:

一是如第 2 次投球未补中,则第 10 格得分为第 9 格得分加上第 10 格所击倒瓶数。

二是如第 2 次投球补中,则追加一次投球机会,第 10 格得分为第 9 格得分加上 10 加上追加一次投球击倒瓶数。

三是如第 1 球为全中,则追加 2 次投球机会,第 10 格得分为第 9 格得分加上 10 加追加二次投球击倒的瓶数。因此从第 1 格到第 10 格的两次追加投球,都为全中,则为 12 个全中,得分为满分 300 分。

表 3-1 保龄球计分表

轮序	一	二	三	四	五	六	七	八	九	十
	8 —	7 1	9 /	×	×	5 —	8 /	7 2	9 /	× × ×
直接得分	8	8	10	10	10	5	10	9	10	10
加分			10	15	15	—	9	—	10	20
该轮得分	8	8	20	25	25	5	19	9	20	30
积分	8	16	36	61	86	91	110	119	139	169

三、保龄球项目的服务要点

（一）准备工作

1. 检查仪容仪表，签到上岗

服务员工作前应按规定换好工作服，佩戴工号牌，检查自身仪表仪容，准时到岗，参加班前会议，查看交接班记录，从思想上、精神上做好接待服务准备。

2. 检查保龄球机械系统运转是否正常

检查各球道球瓶数和电动机、齿轮、链条、链轮等传动件运转是否正常，并按规定给各传动件加润滑油。检查置瓶盘、升瓶器架等是否有松动，并保持电脑计分系统准确无误，处于良好的工作状态。

3. 做好清洁卫生工作

用抹布依次清洁座椅、茶几、服务台、保龄球、鞋架等，保持清洁卫生。在规定的时间内按要求完成地面、球道、休息区的清洁卫生工作。

4. 做好物料准备

检查表格、铅笔等物品的准备，对公用鞋进行消毒，按号码排列，整齐地摆放在鞋架上，并备足一次性袜子套。吧台做好酒水饮料服务准备。

（二）接待服务

1. 礼貌待客，热情迎宾

保龄球馆服务人员应仪表整洁，精神饱满，客人到来时应热情友好，主动问候欢迎。当客人到柜台办理打球手续时，服务台工作人员要有礼貌地招呼客人，办理开道手续，同时向客人介绍保龄球馆设施、收费标准，主动询问客人个性需求。对未预订的客人，如果满道时，要有礼貌地请客人休息等候，同时建议客人在保龄球活动高峰时段提前预订，以免在时间上发生冲突。

2. 宾客至上，做好服务工作

在客人办完手续后，主动引领客人换鞋更衣，并提醒客人保存好更衣柜钥匙，然后引领客人到已安排好的球道上。对于初次打保龄球的客人，要主动讲解简单的保龄球知识和打球技术要领及保龄球机的使用常识，以防初学者因不规范的操作而使球道、扫瓶板或机器有所损坏。如客人需要陪打或教练服务，则应作出相应安排。在客人打球期间，应随时注意客人的活动情况，提供合理、规范的服务。适时询问休息区客人是否需要酒水饮料，并按客人要求准确及时地做好服务工作。当客人离开时，微笑道别，礼貌送客。

3. 及时做好清洁卫生工作

及时清洁球馆地面卫生，清理客人用过的毛巾、饮料罐及烟缸等物品，保持保龄球馆的清洁卫生。

（三）结束工作

（1）营业结束后，检查客人有无遗忘的物品，对保龄球馆整体环境进行清洁。将公用球按顺序放回球架，检查清理保龄球鞋，如有损坏及时修补或更换。

（2）核对当日所有球道营业和酒水饮料单据，填写报表。

（3）检查馆内是否有安全隐患，切断所有电器的电源，关闭照明，关好门窗。

案例五

来自专业球手的赞赏

一天晚上，C酒店的保龄球馆内灯火通明，一组来自国外的保龄球高手正在切磋技艺。突然，18号球道的防护板降下来后无法收回。服务员小谭想了很多办法却没能把防护板升回去，最后只好亲自走到球道的另一头手动排除障碍。

只见小谭冷静地拿出一双橡皮底鞋换上，用毛巾把鞋底擦干净，确保鞋底没有污垢，慢慢地绕过助走道，来到球道的左侧靠近7号瓶的一边，顺着球沟，缓慢而稳健地走到球道的另一端，很快便手动排除了障碍。然后又从球沟上慢慢走回来，绕过助走道回到服务区。

那群国外的高手看到了小谭的工作过程，来到服务区找到小谭，问他："为什么你要换鞋，还要绕过助走道呢？"

小谭笑着回答说："是这样，第一，穿着软底的鞋不会损伤球道；第二，球道上是需要有油的，但助走道上的正常的油量应该为零，为了不在助走道上留下油渍，只能绕过助走道，然后再走到球道上。"

"那你为什么选择走在左边，而不是右边呢？"客人紧接着又问了一句。

"那是因为在球道上行走时，鞋不可避免地会带走球道上的一部分下油。因为大部分保龄球手用右手投球，球总是在球道右边通过。为了尽可能少地弄乱球道上的下油，所以选择走在左边、球很少到的地方。"小谭不假思索地回答道。

流利的英语、专业的知识，让这群国外的保龄球手对小谭竖起了大拇指。

四、保龄球项目的经营管理重点

（一）球道养护

做好保龄球球道养护工作不仅能够有效保护球道，延长使用寿命，而且有利于球员正常发挥竞技水平。因此，球场管理人员在平时一定要做好日常除尘、定期清洗工作，保护好球道保护层，延长球道的使用寿命。比如，当球道保护层出现凹坑后，要清洁凹坑范围内所有的灰尘与球道油，一定时间后再打磨平所有的凹坑。当球道出现油渗透时，球道前部要重新打磨、油漆；当球道出现裂痕时，还需在裂痕处注胶。另外，定期检查保龄球设备的运行情况，发现问题要及时维修。

（二）教练服务

首先，对于初学保龄球的客人，教练要清楚明确地向客人讲解保龄球运动的基本知识、技法和动作要领，并按照规范的操作程序耐心地为客人提供示范服务，做到动作到位、语言到位、服务到位；其次，当客人需要陪练时，要热情积极地当好客人的陪练，注意迎合客人心理需求，多为客人提供赢局的机会，使客人有成就感；再次，当团队客人参加比赛时，要当好裁判，为客人记分，并提醒客人注意安全，并保持球场安静，不要大声喊叫欢呼；最后，及时巡视球场，密切关注球场设备是否正常运转以及客人是否有需求。

(三) 市场营销

保龄球运动虽然在20世纪末迎来了发展狂潮,但在其他项目的竞争下,目前群众基础还不够广泛,不少球馆经营业绩不佳。因此,保龄球馆经营仍需要大力做好市场营销工作。一方面要通过各种渠道进行市场宣传,刺激顾客消费动机;另一方面也要做好球场促销,给客人意外惊喜。比如,根据营业淡旺季和不同时间段进行价格促销或赠送球局,根据客人比赛成绩赠送小礼品,根据客人个性需求为客人定制设备和服务,等等。

相关链接

保龄球馆工作人员的主要岗位职责及任职要求

一、保龄球馆主管(领班)的主要岗位职责及任职要求

(一) 主要岗位职责

(1) 负责制订保龄球馆的营利计划和员工岗位技能培训计划,负责保龄球管理员、服务员的工作岗位调配和工作任务布置。

(2) 巡视检查保龄球的各项工作,积极进行服务员的考核考勤情况。

(3) 负责处理工作中出现的争议,受理客人对保龄球工作人员的投诉。

(4) 整理消费账单,统计出每日的营业额以及成本费用,掌握设备运作状况。

(二) 主要任职要求

(1) 熟悉国际、国内保龄球比赛的发展趋势及有关规则,具有较丰富的实际操作经验。

(2) 能够做好设施设备日常维护工作。

(3) 身体素质较好,能较长时间地进行体育运动。

二、保龄球馆服务员的主要岗位职责及任职要求

(一) 主要岗位职责

(1) 负责保龄球场地营业前的准备工作,为客人提供细致、周到、规范的保龄球接待服务。

(2) 负责保龄球场地和设备的清洁卫生工作,负责简单维护和保养保龄球设备设施,保障设备设施的正常运转。

(3) 认真做好营业期间的消防、安全防范工作,及时处理保龄球场地发生的突发事件。

(二) 主要任职要求

(1) 具有较高保龄球运动水平,出球动作标准、规范,能够清楚、明确地向客人讲解保龄球运动的基本知识和技法。

(2) 能够维护和保养保龄球器具及设施。

(3) 具有较好的人际关系处理能力,善于处理与客人之间的关系。

第七节 网球项目的经营与管理

一、网球项目基本情况介绍

网球(如图3-9所示)与高尔夫球、保龄球、桌球并称为世界四大绅士运动,已经成为现代人的主要休闲健身活动之一,它被誉为仅次于足球的"第二大球类运动"。网球运动的奔跑、挥拍、扭腰和跳跃能够使全身肌体得到有效活动,提高身体协调能力和判断反应能力,球员能在轻松中享受运动的乐趣。

图3-9 网球

网球运动最早起源于12~13世纪法国传教士在教堂回廊里用手掌击球的一种游戏。后来渐渐地传入法国宫廷,并很快成为当时贵族的一种消遣娱乐活动。后来,他们把这种游戏从室内移到了室外,在一块开阔的空地上,将一条绳子架在中间,两边各站一人,双方用手来回击打一种裹着头发的小布球。14世纪中叶,法国国王将这种游戏使用的球赠送英皇亨利五世,于是这种游戏便传入英国。这种球的表面是使用埃及坦尼斯镇所产的最为著名的绒布——斜纹法兰绒制作而成,英国人将这种球称为"Tennis",并流传下来。直到现在,我们使用的球还保留着一层柔软的绒面。15世纪,这种游戏由用手掌击球改为用木板拍击球,并很快出现了一种用羊皮制作拍面的椭圆形球拍。同时,场地中央的绳子也改为了球网。16~17世纪是这种活动的兴旺时期,并逐渐形成一种比赛。在这之前,由于这种活动只是在法国和英国的宫廷中流行,所以网球运动又称为"宫廷网球"和"皇家网球"。

现代网球运动的历史是从1873年开始的。那年,英国人沃尔特·克洛普顿·温菲尔德将早期的网球打法加以改进,使之成为夏天在草坪上进行的一种体育活动,并取名"草地网球"。此后网球便成为一项室内、户外都能进行的运动项目,同时英国各地开始建立了网球运动俱乐部。1875年,全英网球运动俱乐部成立。1876年,一些地区的著名网球运动俱乐部派出代表一起开会研究和讨论制定了一个统一的网球规则。1877年,英国举办了全英草地网球男子单打锦标赛,即后来闻名于世的温布尔登网球赛。

紧随英国之后开展网球运动的国家是美国。1874年,在百慕大度假的美国女士玛丽·奥特布里奇在观看了英国军官的网球比赛后，对这项体育活动颇感兴趣，于是将网球规则、网球拍和网球带到纽约。在美国，网球运动最初是在东部各学校中开展的，不久就传到中部、西部，进而在全美得到普及。此时，网球运动已经由在草地上演变到可以在沙土上、水泥地上、柏油地上举行比赛，于是"网球"的名称就慢慢替代了"草地网球"的名称。而且，网球运动在美国得到了空前的发展。在两次世界大战中，全世界的网球都停赛了，唯独美国没有停下来。相反，美国的网球运动还出现了令人惊异的高峰、极盛时期，竟有4000万人参加网球运动。直到今天，美国的网球运动还处于世界先进水平，优秀的网球明星层出不穷。

因此，网球运动的起源及演变可以用四句话来概括：孕育在法国，诞生在英国，开始普及和形成高潮在美国，现盛行于全世界。

二、网球球场的设计与布局

（一）场地规划

网球场可分为室外网球场和室内网球场两类，而且有各种不同的球场表面。草地球场是历史最悠久、最具传统意义的一种场地，其特点是球落地时与地面的摩擦小，球的反弹速度快，对球员的反应、奔跑的速度和技巧等要求非常高。但是其建立和保养费用太昂贵，所以现在被人造球场取代。红土场（软性球场）的特点是球落地时与地面有较大的摩擦，球速较慢，球员在跑动中，特别是在急停急回时会有很大的滑动余地，比赛时对球员的底线相持功夫是一个极大的考验，它要求球员必须具备比在其他场地上更出色的体能、奔跑和移动能力，以及更顽强的意志品质。硬地场是最普通、最常见的一种场地，也是现代大部分的比赛场地类型。硬地网球场一般由水泥和沥青铺垫而成，其上涂有红、绿色塑胶面层，表面平整、硬度高，球的弹跳非常有规律，但球的反弹速度很快，许多优秀的网球选手认为，硬地网球更具"爆发力"。但是硬地不如其他质地的场地弹性好，地表的反作用强而僵硬，所以容易对球员造成伤害，而且这种损害已使许多优秀的网球选手付出了很大代价。

根据国际网联颁布的《网球竞赛规则》的规定，双打场地的标准尺寸是 23.77 米（长）×10.97 米（宽），单打场地的标准尺寸是 23.77 米（长）×8.23 米（宽）。在端线、边线后应分别留有不小于 6.40 米、3.66 米的空余地。如果是两片或两片以上相连而建的并行网球场地，相邻场地边线之间的距离不小于 4 米。不同等级的比赛对于场地两侧和后面的空余地也有不同的要求。球场中间两个网柱间距离 12.80 米，网柱顶端距地平面 1.07 米，球网中心上沿距地平面 0.914 米。

网球场一般为南北走向，室外场地的散水坡为横向，坡度不大于 8‰，四周挡网的高度一般在 4～6 米之间，也可视球场周围环境与建筑物高度适量增减。如果是室内网球场，端线 6.40 米以外的上空净高不小于 6.40 米，室内屋顶在球网上空的净高不低于 11.50 米。需要安装照明灯光的网球场，灯具应设置在边线两侧围挡网距地面高 7.60 米以上，从而使灯光从球场两侧向场地均匀照射，一般的国际比赛要求每个场地的平均照明度要达到 500 Lx。

（一）器材用具

1. 网球

网球的外表由纺织材料统一制成，直径为 6.541～6.858 厘米，重量为 56.7～58.5 克，当球从 254 厘米高处落在水泥地上，应该能够反弹到 134.62～147.32 厘米。

根据球速的不同可将网球分为快速球(Fast)、中速球(Medium)和慢速球(Slow)。通常情况下，在慢速场地应使用快速球，在中速场地应使用中速球，在快速场地应使用慢速球。

根据地理位置的不同，在海拔 1219 米以上的高原地区应使用无压球（球内压力几乎与外界压力相同，并且已置于特殊比赛的气压下有 60 天或更长时间，此类球被称为无压球）。

2. 网球拍

随着技术的发展和新材料的应用，网球拍经历了不断的发展变化。40 多年前，木质网球拍是网坛的统治者，20 世纪 60 年代，金属网球拍拉开了挑战木质球拍的序幕，并在 20 世纪 80 年代彻底地将木球拍送进了历史博物馆。随着新材料在工业上的广泛应用，人们在金属球拍框中加入碳纤维，网球拍的强度加大而重量却变轻。这个变化使球拍有了更大的有效击球区域，却又不至于变形和折断，大大提高了球员的发球力量和准确性，碳素球拍开始逐渐替代金属球拍成为球星们的新宠。在碳素球拍风头正盛时，新材料技术再次有了重大突破。人们发现，将碳纤维与塑料混合得到的物质在可塑性和刚性强度上可以与铝合金媲美，但重量却可以大大减轻。这一材料最初被用来制造航天飞机和战斗机的外壳，以减轻它们的重量，很快它就被移植到制造顶级网球拍的流水线上。如今，网球拍制造商将这种混合物与比重很小的金属钛结合，制造出全新的材料，生产出重量仅有 200 克左右的网球拍。实践证明，这些重量只有木质球拍一半的新球拍，虽然很轻，但它们更强、更耐用，也能吸收更多的振动。这使球拍制造商们在球拍的硬度、球感、击球性能的设计上有了更大的发挥空间。

现代网球拍形状各异，也没有重量限定，但其总体不能长于 73.66 厘米、宽于 31.75 厘米，穿弦平面的总长度不能超过 39.37 厘米，总宽度不能超过 29.21 厘米。选择网球拍时一般可以从球拍的重量、握把尺寸、拍面大小、形状构造、平衡点和球线材质及粗细等角度考虑。

（三）配套设施

(1) 球场旁边要有与接待能力相应档次和数量的男、女更衣室，淋浴室和卫生间。

(2) 更衣室配带锁更衣柜、挂衣钩、衣架、鞋架和长凳。

(3) 淋浴室各间互相隔离，配冷热双喷头、浴帘。

(4) 卫生间配隔离式坐式大便器、挂斗式便池、洗盥台、大镜及固定式吹风机等卫生设备。

(5) 各配套设施墙面、地面均满铺瓷砖或大理石，有防滑措施。

(6) 配套设施设备完好率不低于 98%。

（四）环境和卫生要求

(1) 网球场显著位置设有醒目标志，标明营业时间、价格等有关内容。

(2) 室内网球场具有足够的高度,墙壁深色,无任何装饰物,适合网球运动需要。球场内温度湿度适宜,照明充足,光线柔和,娱乐训练时照度不低于 300Lx,比赛时不低于 500Lx。场边设休息区,有座椅,室外网球场有遮阳伞。

(3) 网球场整洁卫生,无尘土、无污迹,定期对球场进行保养,确保场地平整以及底线、边线等画线清晰。

(4) 球拍、球网等用品用具完好无损,无污渍、无汗渍。

(5) 球鞋等租借物品要保证卫生和质量,做到一客一消毒,如有损坏需及时更换。

三、网球项目的服务要点

(一) 准备工作

(1) 检查仪容仪表,准时签到上岗。

(2) 查阅交班记录,及时处理交班工作。

(3) 检查网球场设施设备与环境卫生状况,确保场地清洁,无废纸、杂物、垃圾。

(4) 清洁整理休息区、更衣室、淋浴间和卫生间,室外网球场还应撑好遮阳伞。

(5) 清洁整理服务台,准备好球鞋、球拍、毛巾等租借物品。

(二) 接待服务

(1) 热情友好,礼貌迎接,主动向客人介绍球场设施、服务项目等。

(2) 准确记录客人姓名、房号、运动时间及更衣柜号码。

(3) 及时为客人提供饮料、毛巾等相应服务,为客人捡球、计分迅速准确。

(4) 提供指导服务时,准确地向客人讲解网球运动的基本知识和技法,并提供相应的示范指导。

(5) 提供陪练服务时,要做到技术熟练,灵活应变,把握分寸。

(6) 客人打球期间,做好巡视服务,随时注意客人的需求和反应,如发现客人出现不适或意外时,及时提供急救服务。

(三) 结束工作

(1) 运动结束后,及时检查客用设施设备完好状况,做好结账服务。

(2) 待客人结账后,礼貌送别客人,做好送客服务。

(3) 做好营业记录,清洁整理场地卫生,将器材设备摆放整齐。

(四) 服务注意事项

(1) 提醒客人做好热身活动。

(2) 适时提供稀释饮料服务,提醒客人打球后不要喝过多的冰水饮料。

(3) 打球后提醒客人及时更换湿衣服,且不宜立即游泳。

(4) 做好常见伤病的预防与处理工作。

案例六

令客人不悦的敬语

一天中午，一位住在某酒店的外国客人到网球场打球。进入球场时，站在门口的一位女服务员很有礼貌地向客人点头，并且用英语说："您好，先生。"客人微笑地回道："你好，小姐。"当客人走进网球场后，引领员同样地问候客人："您好，先生。"那位客人微笑着点了一下头，没有开口。客人打完网球，顺便到网球场附近溜溜，当走出球场大门时，一位男服务员又是同样的一句："您好，先生。"这时客人下意识地只点了一下头。等到客人重新走进球场大门时，"您好，先生"，那个服务员的声音又传入客人耳中。此时这位客人已感到不耐烦。当打球结束后去更衣室换衣服时，他恰巧在门口又碰见了那位女服务员，自然是一成不变的套路："您好，先生。"客人实在不高兴了，装作没有听见似的，皱起眉头，而这位女服务员却不知道自己做错了什么。

四、网球项目的经营管理重点

（一）球场管理

球场管理是网球项目日常经营管理的重要内容，它需要制定规范科学的管理制度。

（1）网球场地只供客人网球训练和娱乐使用，其他项目一概不得入内。

（2）进入场地需穿运动鞋，凡穿带钉鞋等有损球场表面平整的人员不得进入场内，严禁携带宠物入内。

（3）场内禁止随地吐痰和口香糖，禁止乱扔饮料瓶和杂物。

（4）出入场地注意安全，从场地外侧走动，防止与他人产生碰撞而受伤。

（5）场地潮湿时，未经许可不得入内活动。

（6）保管好自己随身携带的物品，以防丢失。

（7）爱护场内设施设备，严禁擅自挪动场内附属设施，严禁攀爬挡网。

（8）遵守网球场内活动规则，如违反规定造成设施设备损坏需照价赔偿。

（二）陪练与指导服务

对于初次参加网球运动的客人，教练要耐心向客人讲解运动规则和技术要领，认真地为客人提供技术指导和示范服务。对于需要提供陪练服务的客人，教练要根据其心理需求，尽量让他少输球多赢球，不仅要让客人锻炼身体，更要让他心情愉悦。

（三）意外事故处理

球员在球场受伤是网球运动难免发生的事情，服务人员需要掌握科学的处理措施，并备好常见药品和急救箱，以便第一时间对其进行救护处理。例如，如果客人皮肤表层擦伤，要立即对患处进行清洁消毒和包扎；如果客人肌肉拉伤，要为客人进行冷敷或加压包扎；如果客人踝部韧带拉伤，要立即为客人进行冷敷，并包扎好绷带，送客人去正规医院拍片检查治疗。总之，网球运动是一项高强度的剧烈运动，存在不少安全隐患，在球场经营管理和服务过程中需事先制定预警机制，做好意外事故紧急处理。

相关链接

网球场工作人员的主要岗位职责及任职要求

一、网球场主管(领班)的主要岗位职责及任职要求

(一) 主要岗位职责

(1) 负责制订网球场的营业计划和员工岗位技能培训计划,负责网球场工作岗位调配,布置工作任务。

(2) 巡视检查网球场的各项工作,处理工作中出现的争议,受理客人对工作人员的投诉。

(3) 整理消费账单,审批机房报修单,掌握设备运作的状况。

(4) 熟悉网球场各种设备和网球活动规则。

(二) 主要任职要求

(1) 能够做好网球场地设施设备日常维护工作。

(2) 身体素质较好,能较长时间地进行体育运动。

二、网球场服务员的主要岗位职责及任职要求

(一) 主要岗位职责

(1) 负责网球运动项目的接待服务工作、网球场地的环境卫生清洁工作和营业前的各项准备工作。

(2) 负责维护保养网球场的设备设施,保证其运转正常。

(3) 负责指导客人做好运动前的各项准备工作,提醒客人注意运动安全。

(二) 主要任职要求

(1) 能够根据网球服务工作规范和服务项目,为客人提供优质的接待服务。

(2) 能够为客人做网球运动示范,了解网球的记分方法和游戏比赛规则以及裁判知识。

(3) 能够维护和保养网球运动器械及设备设施,并能够及时发现设备设施在运转中的非正常情况,并采取相应的措施。

(4) 能够及时有效地处理网球场地内发生的意外事故。

【小结】

康体健身项目是指借助一定的运动设施设备和环境,通过顾客主动参与,在愉快的气氛中促进身心健康的运动项目,它不是广义的体育运动项目,而是一些有较强娱乐性、趣味性的运动项目。康体健身项目不以竞技为目的,而以普通客人身体承受力为限,以增进健康、增强体质为主要目的。因此,康体健身项目体验享受的是快乐,运动伸展的是肢体,吐故纳新的是心肺,强健壮实的是身躯,欢快愉悦的是精神。

本章主要介绍目前一些具有代表性的康体项目的发展历史、活动规则、场地设计、器材用具以及日常对客服务要点和经营管理重点。这些对推广普及康体健身知识,做好康体健身项目的服务和管理有着重要意义。

【思考与练习】

1. 简述保龄球、台球、网球和高尔夫球的起源和发展。
2. 简述保龄球、台球、网球和高尔夫球的比赛规则和计分方法。
3. 简述保龄球、台球、网球、高尔夫球和游泳的锻炼价值和技术要点。
4. 简述健身房、游泳池、保龄球馆、台球室、网球场和高尔夫球场的场地规划与环境设计基本要求。
5. 简述健身房、游泳池、保龄球馆、台球室、网球场和高尔夫球场的服务要点和经营管理重点。

【案例分析】

裁判不好当

某天，A酒店常住客张先生和朋友在酒店的网球场打球，两人玩到高兴时提出要比赛，于是找来了服务员小红做裁判。

比赛打得十分激烈，你追我赶，后来有一个擦边球，小红没看清，就判了张先生的朋友得一分。张先生说这个是界内压线球应该判自己得分，但其朋友说不是，于是问小红："到底有没有出界？这个球算谁的？"小红没看清楚，于是说："我没看清楚，不太懂，要不这个球不算了吧？""没看清楚你就判？不懂你也判？有你这么糊弄人的吗？"张先生生气地说。小红觉得很委屈，自己又不是专业的裁判，哪会判得那么准啊？裁判真不好当！

案例思考：
1. 你觉得张先生生气的原因是什么？
2. 你认为小红对这件事情的处理得当吗？
3. 该案例给你的启示是什么？

第四章　娱乐休闲项目经营与管理

【教学要点】

知识要点	掌握程度	相关知识
星级酒店常见娱乐休闲项目的类型	了解	歌舞厅、棋牌室、卡拉OK、电子游戏、酒吧等娱乐休闲项目的发展历史
不同类型娱乐休闲项目的环境设计及布局要求	掌握	歌舞厅、棋牌室、卡拉OK、电子游戏、酒吧等娱乐休闲项目的娱乐方法
娱乐休闲项目的服务要点	重点掌握	不同类型娱乐休闲项目的服务流程及服务内容
娱乐休闲项目的经营管理重点	重点掌握	娱乐休闲项目的特点，参与娱乐休闲项目的顾客需求，国家对娱乐场所的管理规定

【导入案例】

精彩的夜总会表演

如今，各个酒店的竞争越演越烈，其在娱乐项目方面的竞争也是五花八门。但是，在众多的酒店中，某市一家五星级酒店却一枝独秀。它虽然价格并不便宜，却是该市最受欢迎的娱乐场所，客人们都喜欢去那里娱乐消遣，甚至以请客去那里消费为荣，酒店经常出现客人爆满的情形。

经过对客人的调查和了解发现，该酒店的夜总会主要是靠表演吸引客人。表演是该夜总会的灵魂和风格，体现了它的特色和所倡导的文化。该酒店的夜总会表演并非一成不变，它每月都会根据客人的反馈进行调整，并对客人的建议进行梳理，凡被采纳，客人都会得到一定的现金消费券作为奖励。即便是当月天天出演的节目，也不会墨守成规，节目中会穿插许多与客人互动的环节，借助主持人的热情和表演氛围的激励，很多客人的参与热情都空前高涨，他们都将自己的才艺、幽默在这个舞台上展示得淋漓尽致。这些活动不仅为表演增色，强化了客人观看的现场效果和趣味性，也为其提供了一个展示自己的舞台。这里每晚都会由现场所有客人共同评出一位表现最优秀的客人，并予以奖励，该客人自动成为夜总会演艺俱乐部的会员，在他有意愿、有兴趣时可以参与表演。

现代都市紧张的生活节奏及沉重的工作压力使人们需要通过高度的刺激来排除精神上的疲劳,缓解心理上的负担,因此,人们对娱乐休闲项目的需求越来越迫切。目前常见的娱乐休闲项目有歌舞厅、卡拉OK、棋牌室、电子游戏厅和酒吧等,它们通过提供优美的环境、优质的服务、完善的设施设备来满足客人的娱乐需求,从而增强对客人的吸引力,以达到促进其身心健康的目的。

第一节 娱乐休闲项目概述

一、娱乐休闲项目的含义

娱乐休闲项目是指酒店康乐部门通过提供一定的设施设备和服务,使顾客在参与中得到放松和满足的活动。与其他康乐项目相比,娱乐休闲项目强调以娱乐功能为中心,以顾客的主动参与为手段,以参与者获得精神上和情趣上的愉悦和放松为目的。

娱乐休闲项目历史悠久。早在奴隶社会时期,具有表演性质的歌舞、曲艺项目就已经十分普遍。我国古代已有宫廷宴舞、器乐演奏、民间戏曲、百戏(杂技)等传统娱乐项目。如今,随着科技的进步与经济的发展,人们的生活水平得到极大改善,生活质量不断提高,同时,伴随着竞争的激烈、人际关系的冷漠以及高频率工作节奏的压力,人们开始寻找释放工作压力、发泄消极情绪的方式。娱乐休闲活动因其在锻炼身体、放松心情、减轻压力、增强自信、拓展社交范围等方面的卓越表现而被社会大众所关注,并得到了蓬勃的发展。

二、娱乐休闲项目的特点

(一)需要顾客的主动参与

与其他康乐项目相比,娱乐休闲项目,无论是歌舞、棋牌,还是电子游戏等,都需要顾客较多的主动参与。如果仅仅被动地到歌舞厅、棋牌室等场所,而不参与到这些活动中,顾客很难获得身心的愉悦和满足。这一特点与保健类项目形成鲜明对比,按摩、洗浴等活动多数仅要求顾客的被动参与即可达到放松身心的目的。

(二)促进顾客的身心健康

娱乐休闲项目多种多样,它们都能在一定程度上达到促进顾客身体和心理健康的目的。首先,娱乐休闲项目可以使顾客身体健康。如跳舞可以锻炼身体各部位的协调能力,保持和增加关节的灵活度和骨质密度,提高心血管系统功能;唱歌可以锻炼人的心肺功能,并提高人体的免疫系统功能;各种电子游戏不仅可以使人获得紧张的竞技乐趣和生动的视听享受,而且能训练人的逻辑思维能力和动作的灵敏度。其次,娱乐休闲项目能使人心理健康。现代社会竞争激烈、工作压力大,容易引发焦虑、暴躁、缺乏自信等负面情绪,很多人都不同程度地有精神抑郁、神经紧张、失眠健忘等症状。娱乐休闲活动有助于释放负面情绪、缓解心理压力、增强自信。而良好的情绪和稳定的心情又有利于提高免疫力,保持和促进人体机能的稳定,形成人身体和心理的良性循环。

三、娱乐休闲项目经营的特征要求

（一）申办难度大，程序复杂

由于娱乐休闲场所具有流动人口多、安全隐患大、管理难度高、一旦发生事故影响恶劣等特点，国家在《娱乐场所管理条例》（见附录二）中对营业性娱乐休闲场所的审批有严格的规定。其中，娱乐场所是指"以营利为目的，向公众开放、消费者自娱自乐的歌舞、游艺场所"。由此可见，其范围包括歌舞厅、卡拉 OK 厅等各类歌舞娱乐场所和以操作游戏、游艺设备进行娱乐的各类游艺娱乐场所，但不包括只对本单位内部员工开放的福利性娱乐场所和非营利性舞会、卡拉 OK 等文化娱乐活动场所。在此管理条例的基础上，各省又根据实际发展情况增加一些要求。比如，有的省份几年内停止审批新的歌舞厅等娱乐场所，有的省份规定在接到审批申请之后要举行听证会并提交大量申报材料。因此，相对于康体保健项目，娱乐休闲项目的审批难度更大。

娱乐休闲场所的审批所经历的环节多、申请材料多、程序复杂。审批需要通过文化主管部门、公安部门、工商部门、消防部门、环保部门、卫生部门、社区各部门等，其程序主要依据《娱乐场所管理条例》及各地针对娱乐场所管理颁布的一些文件，整个审批过程一般应在 20 个工作日内完成。

申请人首先要向文化行政管理部门提出书面申请，一并提交工商行政管理部门核发的企业名称预先核准通知书，拟任的法定代表人或负责人身份、简历、学历证明，企业的名称、地址、组织机构、章程和规章制度，经营场所的产权证明或使用证明，设备的名称、数量，音像制品来源，娱乐场所灯光、音响检测合格证明，场所地址方位图和场所平面图，环保部门的审批意见等，文化主管部门审查通过后核发娱乐类文化经营许可证。然后，持文化经营许可证和公安部门要求的场所建筑安全使用证明和场所平面图、场所防火检验合格证明、场所内大型设施使用证明、设备安全使用证明、户籍所在地公安机关出具的拟任法定代表人或负责人的证明、场所安全保卫证明等有关申报文件，向所在地县（区）以上公安机关申领安全合格证。最后，持文化经营许可证、安全合格证向工商行政管理部门申领营业执照。

（二）监督管理部门众多

负责审批的各个部门对娱乐休闲场所的监督管理都负有直接责任，此外，娱乐场所在经营过程中还受一些其他部门的监督管理，主要有公安部门、工商部门、卫生部门、文化部门、环保部门、消防部门、劳动部门等，监管形式主要有检查、汇报、检测、走访等。例如，每年冬天，各地的扫黄打非办公室都要联合相关部门对娱乐休闲场所进行扫黄打非专项行动；消防部门要对娱乐休闲场所消防设施设备的安装和维护情况开展消防安全大检查，对消防隐患进行排查，防止出现重大消防事故；劳动部门要对娱乐休闲场所是否使用童工、服务人员是否持相关证件上岗等进行用工安全大检查；环保部门要对娱乐场所进行噪音监测，防止娱乐场所噪音干扰周围居民的正常生活；文化部门要对娱乐场所举行的文化活动和使用的音像制品进行监督和检查，防止非法音像制品流入娱乐场所，杜绝不健康思想在娱乐场所传播；公安部门要对娱乐场所的治安进行监控，并进行禁毒专项检查，防止治安事件和犯罪案件的发生；卫生部门要进行卫生监督专项检查，等等。

（三）经营项目要与时俱进

娱乐休闲项目的主要客源市场是比较时尚新潮的中青年，因此，任何一家娱乐休闲场所都要密切关注并引领流行趋势。这种关注体现在经营项目、装饰装修、服务内容等多方面，其中，最主要的还是经营项目的与时俱进。比如，卡拉 OK 曲库的歌曲应当保持与社会上最流行的歌曲同步，棋牌室要引进最先进的棋牌项目和设备，电子游戏厅要引进最先进最有人气的大型电子游戏机，只有这样才能稳定并扩大客源市场。

第二节　歌舞类项目的经营与管理

歌舞类项目曾于 20 世纪末风靡国内。随着生活水平的提高，人们对歌舞娱乐活动的要求差异也越来越大，因此，满足各种不同细分市场的歌舞娱乐场所纷纷出现，它们在经营管理和服务方面的也存在很大的差异。

一、歌舞类项目基本情况介绍

歌舞厅（如图 4-1 所示）主要是提供场所和服务使消费者以唱歌和跳舞的方式达到释放情感或压力这一目的的营业性娱乐场所，它是一个高层次的综合性文化产物。新中国成立前，我国就流行过舞厅和各种社交舞，它们于 1986 年后重新引进，并且迅速被普通大众接受，遍及大江南北。

图 4-1　星级酒店歌舞厅一景

歌舞厅的形式多种多样，没有固定的模式，目前常见的有普通歌舞厅和迪斯科舞厅。普通歌舞厅是以跳标准舞、社交舞为主，以小型演出为辅的舞厅。其舞池一般较大，设有小型舞台，而有些歌舞厅以表演为主，则舞台较大。它聘请专业乐团或歌手，用钢琴、小提琴、萨克斯管等演奏或演唱抒情乐曲。普通歌舞厅的消费者涵盖各年龄阶段和各消费档次，人们可以边欣赏音乐边随节奏跳舞，自由不拘；其娱乐性较强，充满生活气息。目前，歌舞厅常见的舞蹈种类有以下几种：

一是布鲁斯（慢四步），它于 20 世纪 20 年代首先在美国流行，随后传往世界各地。布鲁斯是一种比较缓慢、平滑的慢四步舞蹈。它的音乐起源于黑人的哀歌，舞步稳重简单，节奏缓慢抒情、自然大方，表现出庄重、稳健的风度。

二是维也纳华尔兹（快三步），它是起源于奥地利民间的一种农民舞蹈，由男女成对扶腰搭肩共同围成一个圆圈而舞，故也被称为"圆舞"。约翰·施特劳斯谱写了许多著名的圆舞曲。维也纳华尔兹舞曲旋律流畅华丽，节奏轻松明快，舞步平稳轻快、翩跹回旋、热烈奔放，舞姿高雅庄重。

三是慢式华尔兹（慢三步），它于19世纪中叶传到美国，当时美国崇尚舒缓、优美的舞蹈和音乐，于是将快节奏的维也纳华尔兹逐渐改变成悠扬而缓慢、有抒发性旋律的慢华尔兹舞曲，舞蹈也改变成连贯滑动的慢速步型。慢式华尔兹的特点是舞曲旋律优美抒情，节奏为3/4的中慢板，舞步起伏连绵，舞姿华丽典雅。

四是福克斯（快四步），它由滑稽舞蹈演员哈德·福克斯于1913年创作，20世纪起源于欧美，后流行于全球。福克斯因为舞步平滑流畅，好像狐狸跑步，所以也称"狐步舞"。此舞节奏活泼，情调轻柔，风格优雅洒脱；舞姿注重反身、肩引导和倾斜技术；舞步流畅平滑，步幅宽大；舞态优雅从容飘逸，似行云流水。

五是桑巴舞（Samba），它属"游走型"舞蹈，源于巴西，是巴西一年一度狂欢节的舞蹈。桑巴舞的特点是流动性大，律动感强，步法摇曳紧凑，风格热烈奔放。

六是探戈（Tango），它起源于阿根廷，最早是一种表演性的舞蹈，20世纪传入欧洲上层社会，后流行于世界各国。探戈舞曲节奏带有停顿并强调切分音；舞步顿挫有力，节奏感强，潇洒豪放；身体无起伏，无升降，无旋转；表情严肃，有左顾右盼的头部闪动动作。探戈因为观赏起来很具阳刚之美，故被称为"舞中之王"。

七是伦巴舞（Rumba），它起源于古巴，是一种情侣舞。伦巴舞的节奏缓慢，富于温情，风格浪漫；舞步舒缓温和，突出情意绵绵的气氛，以缓慢的女伴旋转和男女双方的胯部运动为主。

八是恰恰舞（Cha-Cha-Cha），它源于非洲，后传入拉丁美洲，在古巴得到发展。恰恰舞舞曲热情奔放，舞步花哨利落、步频较快、诙谐风趣。

九是迪斯科（Disco），它是Discotheque的简称。迪斯科舞厅于20世纪60年代初起源于法国，60年代中期传入美国，70年代初在全世界各地扩散开来。迪斯科舞厅原意为播放唱片供人跳舞的舞厅，现在指以蹦迪为主的舞厅。迪斯科舞厅一般舞池相对较小，顾客以年轻人为主，装饰装潢相对活跃、动感十足，造型设计、色彩、图案等时尚和奇特。随着社会的发展，迪斯科舞厅的消费者需求差异越来越大，迪斯科舞曲的曲风也在不断发展变化，迪斯科舞厅也随之逐渐产生慢摇吧、迪斯科演艺大厅等不同的类别。

迪斯科音乐的特点是强劲、节奏鲜明、速度较快、歌词和曲调简单。任何音乐经过加工以后都可以成为迪斯科舞曲。迪斯科舞蹈是一种广泛流行、兼具自如性与自我表现性的即兴舞蹈，是在美国民间舞蹈的基础上吸取了西班牙和印第安人的某些舞蹈动作而形成的伴随着强烈的音乐节奏而扭摆身体的舞蹈。其特点是胯部、膝部带动全身随音乐节奏扭动，自由、敏捷，活动量大。

二、歌舞厅的环境设计和布局

歌舞厅是顾客娱乐放松的场所,平面布局和空间组织应尽量活泼,一般根据其主题来进行环境设计。

(一)歌舞厅的设计要求

总体而言,歌舞厅设计要遵循合理划分功能分区、恰当组织空间层次、充分重视声学效果、切实重视防火要求、适时引入先进技术、不断增强创新意识的原则。

歌厅、舞厅、卡拉 OK、KTV 等歌舞类娱乐场所向来是消防安全重点单位,消防部门对其建筑、电气设备、安全疏散、通风和空调设备等都有严格的要求。

1. 建筑方面

凡新建、扩建和改建的舞厅、卡拉 OK 厅,其耐火等级一般不低于 2 级。对于地下建筑的舞厅、卡拉 OK 厅的耐火等级应为 1 级,其出入口的地面建筑的耐火等级应不低于 2 级。

2. 电气设备方面

歌舞类娱乐场所电气设备的安装和维修,必须严格按照国家现行的有关电气设计和施工安装验收标准的规定,由正式电工完成,严禁乱拉乱接。配光和照明用的灯具表面高温部位不得靠近可燃物,移动式的灯具应采用橡胶套电缆,插头和插座应保持接触良好。建筑物门前霓虹灯的灯箱应采用非燃材料或难燃材料制作,严禁采用可燃材料。

3. 安全疏散方面

舞厅、卡拉 OK 厅通往建筑物外的安全出口不得少于 2 个。通道、楼梯、安全出口应保持畅通。通道至出口应设置包含中英文和图案的灯光疏散标志,并保证完整好用。凡 2 层以上的舞厅或与其他功能合用的舞厅,其疏散楼梯应不少于 2 个,且严禁使用螺旋楼梯和扇形踏步,疏散门应向外开启,不准采用卷门、转门和帘门。地下建筑内的舞厅、卡拉 OK 厅是封闭空间,无自然采光和自然通风的,人流疏散方向和烟的流向、火灾的蔓延方向应相同。每个防火分区的安全出口不能少于 2 个,并且宜有 1 个直通地面的安全出口。当有数个防火分区时,则与相邻防火分区连通的防火门可作为第 2 个安全出口。此外,安全出口宜按不同方向分散均匀布置。

疏散通道的应急事故照明灯具应备有蓄电池电源,并保证在发生事故停电时连续供电时间不少于 20 分钟。疏散指示标志一般应设在疏散走道及其交叉口、拐弯处,主要在安全出口等地。

4. 通风和空调设备方面

通风和空调系统的管道纵横交错,穿越各楼层,是火灾情况下火势蔓延的主要途径之一。因此,通风和空调系统水平管道宜分楼层和按每个防火分区进行设置。这样,当建筑物着火时,可及时停业着火分区的通风和空气调节系统运行,使非着火区(上、下层)利用通风空调系统进行送风,保持正压,防止烟气向非着火区扩散。同时,由于通风管大多暗设在吊顶或夹墙内,平时检查不便,因此,通风管的保温材料和设备的消声材料一般应采用非燃烧材料,也可采用难燃材料。但通风管内电加热器前后各 80 厘米范围内的风管、穿过火源等部位的管道,都必须采用非燃烧保温材料。

（二）歌舞厅的布局

歌舞厅的功能区一般包括舞台、舞池、座位区、包房、声光控制室、吧台、卫生间等。

1. 舞台

舞台是表演或演出的区域，主要是供小乐队和独唱演员伴舞和演唱使用。舞台大小不等，位置可以在场地的一侧也可以在整个场地的中央，相对独立、完整，高度不能太低，有些大型歌舞厅甚至装有复杂的活动舞台、旋转舞台。舞台的设计既要能增强娱乐效果、制造气氛，又要能吸引客人。舞台的背景墙是装饰装修的重点，除充分考虑声学要求外，更要有特色。舞台台面大多用木材铺设，小一些的舞台可用地毯铺设。

2. 舞池

舞池是客人活动的中心，也是歌舞厅的核心。舞池面积应与歌舞厅接待能力相一致，与舞厅大小相协调。一般歌舞厅按照80％的客人同时跳舞计算，每人需要1.5～2.0平方米的舞池面积。舞池的形状可以是圆形、椭圆形、矩形、多边形或其他不规则形状。地面装修要注意平整光滑，通常使用磨光花岗岩、大理石、木地板铺地。舞池周围边线要明显，一般设置地下彩光带。以跳交谊舞为主的舞厅，舞池设计的一个重要内容是灯光设计，主要是运用灯光的明暗、色彩或光线的分布创造出种种组合光线，增强舞池的效果。

3. 座位区

座位区主要是用来接待客人，供客人观看表演或在跳舞间歇休息、饮茶的地方。根据整体空间的大小，座位可以设计为火车座式、圆桌座式或U型沙发式等不同方式，这些座位呈半圆扇状方式围绕舞池来布置。座位区地面最好铺地毯，灯光不宜过强，必要时可搭配使用烛光。

4. 包房

包房是为那些不愿被人打扰的团体或友人聚会提供的场所。根据接待人数的不同，包房可被分为小型、中型和大型。不论大小，包房内都要有隔音墙、沙发、茶几、环绕音箱、大屏幕电视机、电子点歌台，大包房内还要有舞池和专用洗手间。设计包房时要考虑较好的吸音效果和较强的隔声性能。

5. 声光控制室

歌舞厅是通过灯光、音响来营造大厅气氛的，而声光控制室是歌舞厅灯光音响的控制中心。声光控制室一般在舞池区附近较为隐蔽的地方，要求能够从控制室侧窗观察到舞池的情况，对舞池的灯光、音量的大小进行调节控制，以满足客人听觉、视觉上的需要。

6. 吧台

吧台是整个歌舞厅服务活动的中心，它负责提供酒水、小食品、果盘，并为客人提供其他需要的服务，如结账等。随着歌舞厅规模的扩大，吧台的功能有单一化倾向，它将部分功能向餐吧、冷饮吧转移。

7. 卫生间

卫生间是歌舞厅不可缺少的辅助设施。卫生间的洁净程度、通风状况必须符合歌舞厅的档次，至少要符合卫生防疫部门规定的标准。

除此之外，歌舞厅最大的特色是通过灯光、音响、装饰等的组合，给人以全新的视觉及听觉享受，让客人跳起舞来既兴奋又刺激。因此，歌舞厅的灯光和音响需要经特殊设计，达到既能渲染气氛,又能突出歌舞厅的特色和效果的目的,还要符合国家消防和环保部门的相关规定。歌舞厅选择的灯光品种有聚光灯、追光灯、天幕灯、地幕灯、光束灯、束射灯、旋转灯、转盘灯、激光灯等,还要考虑各种灯具的合理分配和布局,既可将其装饰在顶棚上,也可装饰在有机玻璃地板下。

三、歌舞厅的服务要点

歌舞厅大小不同,所需要服务人员的种类和数量也有差别,但基本都要有音响师、服务员、迎宾员和吧台服务员。各类服务人员的工作范围有较大差别,服务要点也不相同。

（一）音响师的服务要点

营业前,音响师要调试音响、监视器、灯光以及包房的电视机、点唱器、麦克风、功放机和音响设备,使其进入最佳状态。营业中,音响师要控制音质、音量,调节歌舞厅的气氛,保证较高的服务质量。营业结束后,音响师要及时关闭设备,将物品放回原位,清理工作区域的卫生,整理歌单。同时,音响师要密切注意各类流行歌曲的动向,并向领导提出更新节目及视盘的建议。

（二）服务员的服务要点

营业前,服务员要做好歌舞厅的清洁工作,补充和摆放负责区域的服务用品。营业中,服务员要为客人提供及时、准确的点歌服务;根据客人的需要及时提供酒水、食品及其他服务,并将客人消费单转交相关部门;灵活做好席间小服务,发现客人桌上食品、酒水快用完时,应主动询问是否需要添加;及时清理客人桌上的杂物,提供斟酒、更换烟盅等服务;帮助客人迅速办理结账手续;客人离开后,服务员要及时清理台面,补充客用品,为接待下一拨客人做准备。营业后,服务员要做好歌舞厅的清洁卫生工作,切断负责区域的电源。

（三）迎宾员的服务要点

营业前,迎宾员要做好卫生清理工作。营业中,迎宾员要主动热情地迎接客人,为客人提供寄存和引导服务,必要时要为客人介绍歌舞厅情况和节目单。

（四）吧台服务员的服务要点

营业前,吧台服务员要检查冰箱、电话机等设备的状态,将冰箱饮料分类摆放整齐并校对数目,打扫好吧台内外卫生,将物料用品分类摆放在工作台。营业中,吧台服务员要将客人所点的饮料、食品按数发出,并做好记录。营业后,吧台服务员要检查设备、收好酒水、锁好柜门、做好当日营业报表、切断电源、清理垃圾。

四、歌舞类项目的经营管理重点

歌舞厅等夜场的经营管理相对复杂,需要很高的管理艺术。其管理对象既包括歌舞厅内部工作人员也包括驻场演出人员,甚至包括客人;其管理内容既包括日常经营工作,也包括突发事件的应对。

（一）日常经营中做好细节工作

细节决定成败,歌舞厅的细节工作做得是否到位决定了歌舞厅档次和等级的高低。歌舞厅各个岗位的服务人员都要在细节服务上下足工夫。音响师在制定歌单时要考虑歌舞厅的经营需要,要定期检查音响设备设施的运行情况,发现损坏及时上报,并进行处理;

服务员在为客人提供服务时,要满足客人的个性化需求,提供的娱乐服务项目必须明码标价;歌舞厅的经营者要随时收集和征求客人对歌舞厅服务的意见和建议,接待处理歌舞厅客人的投诉,尽量满足客人提出的要求,提出改善方案。

(二)严格管理演出人员

参加歌舞厅演出活动的演出人员很多是临时演员,具有较强的流动性,他们是歌舞厅服务人员队伍中较难管理的一部分。国家相关法律法规规定,参加歌舞厅演出活动的演出人员必须有演出资格证书,演出期间必须与歌舞厅签订20天以上的合同,其节目必须符合营业性演出规定,严禁篡改歌词,严禁演唱、演奏有损国格、人格、内容反动、色情淫秽或格调低下的歌曲或乐曲。

(三)严禁提供以营利为目的的陪侍活动

歌舞厅经营者要时刻警醒,不能为了短期的高利润而纵容社会上一些卖淫嫖娼人员以歌舞厅为中介场所进行卖淫嫖娼活动,也不能为此类活动提供场所,更不能推出以营利为目的的陪侍项目。一旦被公安部门发现有此类违反法律法规的行为,歌舞厅将会受到严厉的处罚,甚至被吊销营业执照。

(四)要符合消防方面的相关规定

不论是新建、改建还是扩建,歌舞厅都要经过消防部门的批准,在建筑设计、安全通道、空调设备、通风设施、消防器材配备等方面要符合消防部门的相关规定。歌舞厅要设立严格的消防安全管理制度,消防器材的种类和数量要按需购置,并定期对其进行维护和保养。不论是管理者还是服务员都要定期接受消防知识的培训,了解基本的防火、灭火措施,进行消防演练,提高消防意识。

(五)要做细卫生管理

卫生管理体现在歌舞厅的各个角落,工作人员对环境不仅要做到手摸无灰尘,还要对物品进行定期消毒。比如,要定期对茶具和顾客用具进行物理或化学消毒,对座位和包厢的沙发进行物表消毒,对地面抛光打蜡,重视防"四害"工作。每天下班后要保证各区域整洁,保持卫生间墙面、地面清洁,无烟头、无积水,大小便池无污渍,水池清洁畅通、无污垢。

相关链接

歌舞厅主管(领班)的主要岗位职责及任职要求

一、主要岗位职责

(1)全权负责歌舞厅的经营和节目安排管理,负责歌舞厅设施设备的使用管理,保证歌舞厅的设施设备完好无损。

(2)合理安排各级人员的工作,做好下属员工的考核、考勤工作,保证歌舞厅的服务规范化、标准化、制度化。

(3)加强公关销售工作的监督管理,搞好节假日的促销活动,扩大和稳定客源,与社会各级部门保持良好的关系,保证歌舞厅经营符合国家法律、政策的规定。

二、主要任职要求

（1）具有歌舞厅工作经验，熟悉相关法律法规，具有较好的经营管理能力。

（2）具备良好的沟通协调能力，具有协调处理突发事件的能力和水平。

第三节　卡拉 OK 项目的经营与管理

卡拉 OK 厅（如图 4-2 所示）主要是进行歌唱活动的场所。它经过了几代的演变，目前在国内常见到的、也最受群众欢迎的是 KTV。

一、卡拉 OK 项目基本情况介绍

卡拉 OK 是"KARAOKE"的音译，是一种随着屏幕字幕，并以同步伴唱的音乐，通过自唱方式而出现的娱乐形式。20 世纪 60 年代，卡拉 OK 最早出现在日本，最初的形式是在用盒式录音机播放歌曲时，仅播放其伴奏音乐的通道，关掉其人声歌唱的通道，而通过话筒演唱这首歌曲。这一娱乐项目因具有较强的娱乐性并顺应了日本人释放压力的需求，而在日本迅速流行起来。随后，便很快流行于全世界。

图 4-2　星级酒店卡拉 OK 厅一景

随着科学技术的发展，各种高科技产品被不断应用到卡拉 OK 中。70 年代初期，录像机出现，卡拉 OK 开始用图像画面来解释歌曲的意境，形成了听觉、视觉并举的综合艺术系统，并伴有字幕的提示（利用歌词镶边、变色的方法），实现了卡拉 OK 与 MTV 的结合。激光影碟机问世以后，由于其音频信号和视频信号与录音机和录像机相比有很大的提高，频率响应宽，噪声低，失真度小，这使卡拉 OK 设备的音频和视频都达到了专业级的水准。

在中国，卡拉 OK 首先传入台湾地区，80 年代末期，大陆地区出现了歌舞厅，并很快引入卡拉 OK。卡拉 OK 在中国发展非常迅速，目前社会上比较流行的是 KTV。从视听娱乐发展序列看，KTV 是卡拉 OK 的新一代延伸，因此有了"卡拉 OK 包房"之称，并被誉为第五代视听娱乐活动项目。台湾 KTV 创始人刘英先生对 KTV 的定义是："KTV 是提供器材、设备、空间供客人练歌的场所。"为满足人们娱乐需求的不断变化，康乐经营者在 KTV 的基础上衍生出了 DTV（Dancer's KTV）、家庭式 KTV 和贵族式 KTV 等不同的视听娱乐项目。

目前常见到的卡拉OK厅有以下三种。

（一）综合式歌厅

多种功能综合是综合式歌厅的最大特点。这种歌厅有的是白天做餐厅，夜晚做歌厅；有的是将歌厅与酒吧或咖啡厅结合起来；有的是将歌厅和舞厅结合起来。由于功能综合，综合式歌厅能够满足消费者综合消费的需求，但是每项功能都难达到"精"的程度。

（二）量贩式歌厅

量贩式歌厅又称"自助式歌厅"。"量贩"一词源于日语，即大量批发的超市，由此引出的量贩式经营，实际体现的就是透明、平价和健康的消费方式。量贩式歌厅不主张暴利经营，而是依靠规模效益盈利。消费者在量贩式歌厅中自助购物、自点自唱。量贩式歌厅起源于日本，风行于台湾，盛行于大陆。与传统歌厅相比，它有以下特点：第一，经营形式上，它采用严格的计时计量收费方式；第二，经营品种上，量贩式歌厅增加了内部自选超市，饮料、食品由顾客自选，有的还设有自助餐厅，以方便顾客用餐；第三，经营规模上，其规模比传统歌厅大得多，包间数量少则几十个，多则上百个；第四，量贩式歌厅一般只提供卡拉OK歌唱，不播放High型的Disco音乐。应特别强调的是，量贩式歌厅不提供色情服务的经营理念受到管理机关及公安部门的赞赏和扶持。

（三）电影OK厅

电影OK是在国外兴起的一种娱乐形式，即将电影、电视剧的图像和道白文字投放到屏幕上，娱乐者根据故事情节和文字提示为电影配音，以满足娱乐需求。

小知识

卡拉OK的起源和发展

一、卡拉OK的起源

卡拉OK最早起源于日本。由于日本的风俗，男人如果回家过早的话，会让邻居们看不起，并被旁人笑话，所以许多日本男人就在下班后聚集在酒吧或茶馆，聊天到很晚才回家，后来慢慢的，他们觉得应该找点什么新的项目消磨时间，于是就在酒吧里面边喝酒边用电视机话筒等来唱歌，后来随着科技的发展演变成现在的卡拉OK，然后传入中国台湾，再传入大陆，即有了今天的卡拉OK的景象。

卡拉OK日文原意是"无人伴奏乐队"，20世纪60年代是年轻的井上大佑先生在日本兵库县西宫市担任沙龙乐队鼓手的时期，他发明了伴唱声轨和可携式麦克风。不到3年，卡拉OK开始大行其道，大公司纷纷剽窃井上的创意，推出自己的机型。等有人建议他申请专利时，已经为时太迟。井上承认："我从没想过申请专利。"

卡拉OK这一概念早在1971年井上发明8-juke（8声道点唱机）前就已存在，而8-juke是一个红、白颜色的木箱，装配了麦克风、放大器和8音轨的卡带播放机，仪表板则以英文标示，以便看起来"时髦"些。井上以这部原型卡拉OK作为无歌手乐队的鼓音伴奏，在沙龙中接受想唱歌的顾客点歌时播放。后来他又想到，可以借机器来达到伴奏的功能。

井上说："我是乐队里最差的一个，我完全没有音乐技术可言，所以他们让我担任乐队经理。我想,为什么不用机器来代替我们所做的?"

在他的鼓吹下,6位乐队成员组成一家叫做"新月"的公司,生产了11部8-juke伴唱机,并出租给当地的酒吧,让想唱歌的人花100日元(0.83美元)借助电视机大小的唱机点播一首伴奏。这个价钱在当时相当高,但自得其乐的消费者很乐意花这种钱。

井上说:"没有卡拉OK,人们几乎不可能像专业歌手那样在完整的背景乐队伴奏下唱歌。在以前,那是梦想。"而30年后,卡拉OK却已成为世界性的家庭用语。

新月公司与大企业奋战到1987年,不断推出更新、性能更好的卡拉OK伴唱机,然而激光唱片技术诞生后,它终于宣布放弃。

井上大佑曾被美国时代杂志选为亚洲最具影响力的人物,与甘地和毛泽东相提并论。他说,他不后悔损失专利权,而即使专利权让他在1980年大发利市,他也很可能过度扩张其他投资而使其在日本经济衰退后留下大笔债务。

井上说:"我从未买过土地、股票、高尔夫俱乐部会员证,什么都没有。除了参加葬礼外,我从不穿西装、打领带。"

二、卡拉OK的发展

在20世纪60年代的舞会上,有传统的乐队为人们伴舞。在这一时期已出现了歌手用歌声为人们伴舞的形式。这就是第一次伴奏音乐与歌声分离成为两个独立的部分。

20世纪60年代末期,盒式录音机问世以后,左(L)右(R)立体声磁带可录制两个音源,一是伴奏音乐,一是人声歌唱,人们可以用这种磁带学习流行歌曲的演唱。当人们学会唱这首歌以后,就会关掉人声这路通道,而通过话筒亲自演唱这首歌曲。这种娱乐活动首先在日本流行起来,日本人将此称为KARAOKE娱乐游戏,KARA是日本语"空"的意思,OKE是英文交响乐的缩写。所以说KARAOKE游戏是日本人发明的。

这种KARAOKE游戏在日本迅速流行起来,在社会上引起很大风波。在一些酒吧、咖啡厅、歌舞厅,老板辞掉原来的乐队,采用一套音响设备。这样就受到大批电声乐队的不满,他们向娱乐圈和KARAOKE生产厂家提出抗议。但是在按经济规律办事的日本,这些都无济于事。这些乐队只好转业到广告业和电视剧制作业中去。

20世纪70年代初期,录像机出现以后,图像画面被用来解释歌曲的意境,形成了听觉视觉并举的综合艺术系统,并且有字幕的提示(利用歌词镶边、变色的方法)。

20世纪70年代末期,激光影碟机问世,这种设备都是数字电路,所以它的音频信号和视频信号要比录音机和录像机有很大的提高。影碟机和影碟的特点是频率响应宽、噪声低、失真度小,这使音频和视频都达到了专业级的水准。

20世纪80年代末期,中国才出现了歌舞厅。KARAOKE闯入中国的时间较晚,但是发展却很迅速。1988年,北京出现了歌舞厅。当时,有些酒店、酒楼、餐厅,白天进行餐饮营业,晚上邀请专业艺术团体乐队、歌手为客人演唱。1989年,北京出现了第1家KARAOKE歌舞厅,1990年便发展为100家,1991年又发展为200家,1992年发展为400家,到1993年已发展为600家,直至1994年,歌厅、舞厅、KARAOKE厅、多功能厅,已达到800家。加上各单位、各系统对内开放的歌舞厅,北京共有1000余家。

KARAOKE包间起源于日本。在日本,有些中老年人怀念自己青春时的美好时光,通过演唱旧时的歌曲,抒发怀旧的情感,但又不便于在众人面前演唱,歌厅便特意为他们开辟了小型的 KARAOKE 包厢,使之如愿。这种形式很快在日本流行起来,并于 1991 年开始传入中国,但在中国多为包间的形式。

1992 年,有些歌舞厅加装了摄像系统。用编辑机可把自己演唱的镜头投放在屏幕上,更可将它投影在屏幕的各种不同位置上。目前,北京不少歌舞厅可把客人演唱的歌曲制成录音磁带和录像带,提供给演唱者。

2008 年,中国生产出了世界上最小的便携式卡拉 OK 机——恋歌派,比日本号称世界最小的儿童便携式卡拉 OK 机"Hi-Kara"还要小。恋歌派是一款集听歌、看电影、唱歌、练歌、学歌、拍照等多种功能于一体的随身唱数码产品。随着社会的发展进步,K 歌已经不再需要走进歌舞厅、KTV 包房了,恋歌派就达到了随时随地 K 歌的效果。可能很多人对这种全新的 K 歌产品(方式)还不了解,所以目前普及得不是很完整,暂时还只限于广东珠三角地区。

二、卡拉 OK 厅的设计与布局

卡拉 OK 厅与歌舞厅在设计和布局方面有较大的相似性。不同在于,卡拉 OK 厅侧重于歌唱功能,因此,大厅中没有舞池或舞池较小,而视听设备要更先进一些。

(一)卡拉 OK 厅的设计原则

卡拉 OK 厅在设计方面强调可视性、可听性、艺术性和设备的先进性。

1. 可视性

卡拉 OK 是一种视与听相结合的艺术,它要求演唱者和视听者不论坐在什么位置都能看到电视屏幕。设计卡拉 OK 厅时,舞台上应配置一台小型卡拉 OK 机,方便演唱者观看,其他人则应通过投影机或多台电视机观看。

2. 可听性

卡拉 OK 厅应配备优质的设备,以便获得良好的音响效果。同时,卡拉 OK 厅和包房都要做隔音处理,要有吸音装饰,以免噪音干扰到其他包房和周边社区。

3. 艺术性

卡拉 OK 厅的设计要具有艺术性,能够创造独特的风格。一般来说,卡拉 OK 厅应当色调高雅,使客人有亲切感。包房的设计要注意有各自独特的主题背景,使顾客可以按各自的情趣挑选所需要的房间进行娱乐,也可以使一些熟客保持新鲜感。

4. 设备的先进性

卡拉 OK 厅要注意设备的先进性,这主要体现在视听设备、点歌设备和管理设备几方面。视听设备的先进性指电视、卡拉 OK 机、功放、音箱等要先进优质并且匹配度高;点歌设备的先进性很大程度影响客人娱乐的便利性,进而影响客人的娱乐心情;管理设备主要指卡拉 OK 歌厅的信息管理系统,它主要包括前台收银、订房管理、视频点播、经理查询、会员管理等子系统,好的管理系统可以大大降低管理成本。

(二)卡拉 OK 厅的布局

在空间布局方面,卡拉 OK 厅通常被划分为大厅、包间、音控室、走廊等不同的功能区。较规范的卡拉 OK 歌厅一般都有一个较大的大厅,再加上若干中小型副厅——业内人士习惯称为包间或包房。大厅是歌厅的公共活动区域,其使用面积一般较大,不得少于

40平方米,大的大厅面积可在几百平方米,副厅面积从十几平方米到几十平方米不等。在设计时,要考虑大、中、小型包房的数量比例,一般而言,小包房的数量占到一半左右,大包房要占到1~2成。

1. 大厅

大厅是一些零散客人消费的场所,是歌厅氛围的主要制造者,同时也是歌厅重要的交通枢纽。大厅的装饰风格应与整个歌厅相一致,力求能够给消费者留下深刻印象。灯光是制造整体环境氛围的重要手段,在大厅中非常重要。在灯具的选配上,宜多选用一些定向灯具,组合成一定的造型。机械化灯具要选用动作慢、功率小的品种。如是具有摄像、录像功能的卡拉OK厅,则需考虑摄像机的特性。设计灯光时要对光做适当的安排,选用小的聚光灯或小造型灯对演唱区设计一个具有一定照度的人物造型光,这可以保证录像录出的节目带人物清晰、图像清楚。

2. 包间

在内部装修方面,包间地板宜选用松木等材质,颜色以深褐色为宜,若需要铺设地毯,则以浅灰褐色系为宜。墙壁涂装灰泥,包间装饰材料应注意使用吸音材料,包括吸音海绵、五合板、软料包装等,天花板应使用具有较好吸音效果的材质。此外,包间之间及包间与主厅之间的通风管道、供暖管道等也要进行隔音处理。我国的法律法规对包房有一些特殊的规定,如包间应设置可展现室内整体环境的透明门窗,透明门窗下沿距地面1.2米高,面积不得少于0.25平方米,门窗口后不得悬挂遮盖物,房内不得设置房中房,不得设置内锁等。

3. 音控室

音控室是整个卡拉OK厅灯光音响的控制中心,通过音响和灯光的调节达到制造大厅气氛的目的。音控室不仅为卡拉OK歌厅的大厅客人播放点播的曲目,控制大厅音乐音量,而且负责整个大厅的灯光控制。

4. 走廊

走廊的宽窄及装修是体现卡拉OK歌厅档次的一个重要方面。走廊太窄会让人有局促感,而宽敞的走廊给人安静而温馨的感觉。精心设计的走廊可以使过道的沉闷一扫而空,使其成为一道亮丽的风景线。

三、卡拉OK项目的服务要点

卡拉OK厅的服务人员较多,他们各司其职,为客人提供优质服务。根据服务员工作内容的不同,他们的服务要点也有差别。

(一)音响师的服务要点

卡拉OK厅音响师的工作同歌舞厅音响师的工作类似。营业前,要检查音响和灯光设施。营业中,要控制音质音量和灯光,使其保持在较好的状态。营业后,要对设施进行整理和保养。所不同的是,卡拉OK厅的音响师需要提供点歌服务。在提供点歌服务时,要注意快速、准确、周到,它要求在15秒之内调出顾客所点歌曲,每首歌曲播放前,要适当提醒歌曲名称,让客人做好歌唱准备。

（二）大厅服务员的服务要点

卡拉OK厅大厅服务员的工作同歌舞厅大厅服务员的工作也类似，所不同的是，卡拉OK厅服务员要给客人呈送歌单，为客人提供点歌服务。

（三）包房服务员的服务要点

包房服务员的工作与大厅服务员有所不同。营业前，包房服务员要做好包房卫生，补充包房服务用品与客用品，检查并调试包房视听设备，使其处于最佳的工作状态。营业中，包房服务员要欢迎客人，帮客人点酒水并提供酒水服务；同时，包房服务员要记录包房的开关机时间，在客人消费期间不断地巡查包房，询问客人的需要，及时清理桌面，为客人提供服务，但注意不能一直在包房内停留，对初次来消费的客人，包房服务员要主动为其讲解和示范电脑视频点歌系统的使用方法。营业后，包房服务员需要清理包房卫生，关闭音响，上交麦克风。

四、卡拉OK项目的经营管理重点

卡拉OK厅在经营管理方面的难度比较大。首先，经营项目要符合我国的相关法律法规；其次，娱乐内容要注意综合化、新颖化；最后，点歌系统和音响设备要好。

（一）经营项目要遵守我国相关法规政策

经营卡拉OK厅的单位和个人必须遵守党和政府的相关政策、法规，主动接受文化行政管理部门的监督、管理，按照工商行政管理部门的有关规定，守法经营、文明服务，努力为消费者提供高质量的精神产品。禁止经营者和音响师在卡拉OK厅内演唱、播放反动、淫秽、色情的歌曲和荧屏图像，不准使用未经文化行政管理部门审查批准的卡拉OK激光视盘和录像伴奏带。严禁卡拉OK厅以各种形式的陪酒、陪坐、伴舞服务招徕顾客，一旦发现此类情况应当立即向公安机关报告，否则服务人员和卡拉OK的经营者都要受到法律的制裁。

（二）娱乐内容综合化、新颖化

目前，卡拉OK厅娱乐活动的内容发生了较大的变化，呈现出综合化、新颖化的趋势。卡拉OK厅最初主要以点歌、唱歌为主，后来开始设置包房、后厨，在点歌、唱歌之外，客人还可以在卡拉OK厅里翩翩起舞，新型的卡拉OK厅又增加了摄影、录像等功能。因此，卡拉OK厅的娱乐活动越来越丰富、新颖。

（三）点歌系统和音响设备要好

卡拉OK厅一般都使用自动点歌系统，因此，要注意自动点歌系统曲库中的歌曲与时俱进、不断更新。曲库内的新歌要多，音质要一致；系统要稳定，不能死机；歌曲尽量符合原生态要求，演唱者原影原声。卡拉OK经营者在选择音响设备时要注意选择专业厂家的设备，特别是考虑歌唱人声音，注重中音表现；要注意对音响设备进行日查周检，随查随修，保证系统正常运作。

相关链接

卡拉 OK 厅主管(领班)的主要岗位职责及任职要求

一、主要岗位职责

(1) 全权负责卡拉 OK 厅的经营管理及卡拉 OK 厅设施设备的使用管理,保证歌舞厅的设施设备完好无损。

(2) 合理安排各级人员的工作,做好下属员工的考核、考勤工作,保证卡拉 OK 厅的服务规范化、标准化、制度化。

(3) 加强公关销售工作,搞好节假日的促销活动,扩大和稳定客源,与社会各级部门保持良好的关系,保证卡拉 OK 厅经营符合国家法律、政策的规定。

二、主要任职要求

(1) 具备卡拉 OK 厅工作经验,熟悉相关法律法规,具有较好的经营管理能力。

(2) 具备良好的沟通协调能力,具有协调处理突发事件的能力和水平。

第四节 棋牌类项目的经营与管理

棋牌类活动历史悠久,棋牌室(如图 4-3 所示)也是一种大众化的娱乐休闲场所。与其他娱乐活动不同,棋牌室的棋牌项目具有明显的地域性。

一、棋牌类项目基本情况介绍

棋牌类活动是参与者通过棋牌游戏,遵从游戏约定俗成的惯例或按照有关棋牌权威机构颁布的竞赛规则,通过布局或组合的方式进行的一种智力对抗性的娱乐活动。棋牌类活动在我国普及率很高,其优势在于,一是棋牌类活动种类繁多,方法多变,具有较强的趣味性、娱乐性和益智性;二是棋牌类活动对参与者的体能要求不高,无论任何年龄段的人都可以参加;三是棋牌类活动可培养参与者独立思考的能力和团结协作的精神,对提高参与者的修养、提升参与者的素质、陶冶参与者的性情等都起到积极作用。

图 4-3 星级酒店棋牌室一景

在各种娱乐休闲活动中,棋牌类活动是发展较早的。目前棋牌室常见的棋牌项目,如围棋、中国象棋、国际象棋、桥牌、麻将等,都有悠久的历史。中国的围棋在西汉时已广为流传,隋唐时传入日本、韩国,19 世纪传入欧洲和北美洲。中国象棋最早出现于战国时期,到唐宋时期得到进一步发展。国际象棋源于公元 5 世纪古印度的"恰图兰卡",约 7 世纪时传入阿拉伯,后来传入西欧,并逐渐演变成现代国际象棋,到 19 世纪中期其规则完全统一,成为国际通行棋种。纸牌游戏早在 9 世纪就在中国出现,现代桥牌的前身是 17 世纪起源于英格兰民间的惠斯特牌戏。经过惠斯特、桥牌惠斯特、竞叫式桥牌和定约式桥牌等发展阶段,桥牌现已流行于世界各地。

麻将是一种四人骨牌博戏,是中国历史上最吸引人的一种博戏形式。在古代,麻将大都是骨面竹背,可以说麻将牌实际上是一种纸牌与骨牌的结合体。麻将的玩法复杂有趣,基本打法简单,容易上手,但其中变化又极多,搭配组合因人而异。麻将的牌式主要有"饼(文钱)"、"条(索子)"、"万(万贯)"等。不同地区,麻将的游戏规则稍有不同。基本规则是参与四人分别为东、南、西、北,门风东者为庄家,其余均为旁家,每人手里抓 13 张牌,通过吃牌、碰牌、杠牌等方式,使手中的牌按照相关规定的牌型条件和牌。

象棋是中华民族的传统文化,在国内外有着数以亿计的爱好者。象棋的基本规则是两人对局,由执红的一方开局,双方轮流各走一着,直至分出胜、负、和。其中,将某个棋子从一个交叉点走到另一个交叉点,或者吃掉对方的棋子而占领其交叉点,都算走一"着"。双方各走一着,称为一个"回合"。"将死"或"困毙"对方将(帅)者为胜。

国际象棋又称欧洲象棋或西洋棋,是一种二人对弈的战略棋盘游戏。国际象棋的棋盘由 64 个黑白相间的格子组成,黑白棋子各 16 个。对局时,白方先行,每次走一步,双方轮流行棋,一方的王受到对方棋子攻击时,称为王被"照将",攻击方称为"将军",此时被攻击方必须立即"应将",如果无法避开"将军",王即被"将死",攻击方取胜。除"将死"外,还有"超时判负"与"和棋"两种判决方式。

围棋起源于中国古代,流行于亚太,覆盖世界范围,是一种非常流行的策略性二人棋类游戏。围棋使用的棋具是 19×19 的格状棋盘及黑白二色棋子。下棋的双方各执一色棋子,由执黑的一方先下,执白的一方后下,每次每方只能下一个子,双方交替下子,棋子下定后,不再向其他点移动,允许任何一方放弃下子权而使用虚着,直至分出胜、负、和,对局结束。

桥牌是一种竞技性很强的扑克类游戏。桥牌种类繁多，基本规则都是一致的。参与的4个人分成两队同伴，4个人按照东、南、西、北分别就座，牌是一副牌去掉大小王后剩余的52张。桥牌游戏分为发牌、叫牌、打牌、计分4个过程，其中发牌、叫牌、打牌都是按照顺时针的方向进行。

五子棋是一种两人对弈的纯策略性棋类游戏。五子棋起源于中国古代传统的黑白棋种，发展于日本，流行于欧美。传统五子棋的棋具与围棋相同，棋子分为黑白两色，棋盘为15×15的格状棋盘，棋子放置于棋盘线交义点上。游戏时，两人对局，各执一色，轮流下一子，先将横、竖或斜线的5个或5个以上的同色棋子连成不间断的一排者为胜。

棋牌室是为消费者进行各种棋牌类活动提供场所和服务的经营性娱乐场所，也是一种比较大众化的娱乐休闲场所。它多为盈利性质，只有少数公益性的或者企业集团自有的为非盈利性质。棋牌室的收费模式各不相同，通常有按局收费、按人收费等。

二、棋牌室的设计与布局

棋牌室的整体环境应当明亮、舒适，设计风格一般以中式为主。在空间布局、色调搭配等方面，棋牌室的设计装修原则与其他娱乐场所有较大差异。

（一）在空间方面，棋牌室布局应当充分考虑空间的相对广阔性

棋牌活动本身一般不需要太大的空间，但在布局时需要综合考虑客人多方面的需求。因此，棋牌室除具有本身所占用的空间外，还要综合考虑客人休息、存储、社交和餐饮等的空间。

（二）在色调方面，棋牌室的色调应当突出典雅、和谐

在进行棋牌活动时，棋牌室的客人需要冷静的思考和稳定的情绪，因此，棋牌室在整体色彩上要注意和谐、统一，应使客人感到舒适、典雅、和谐。既要杜绝强烈的色彩对比效果，又要注意色彩效果不能过于沉闷，避免客人产生心烦意乱的情绪。

（三）在家具设备方面，棋牌室的家具应当舒适、科学

棋牌活动大多是桌上游戏，客人主要是坐着进行棋牌活动，并且坐的时间相对较长，因此，颈椎、脊柱和腰椎容易产生不适，久之，就会在颈椎、脊柱和腰椎处生成一些慢性疾病。在选择家具设备时，棋牌室要充分考虑人体构造，选择与客人身高合适的桌子和软椅，椅背呈弧线形向人体弯曲，减轻客人因长时间游戏而产生的疲劳和不适。

（四）在隔音方面，棋牌室需要采取较多的吸音和隔音材料

棋牌项目均需要脑力劳动，参与者在游戏时需要全神贯注，所以，有条件的棋牌室最好分割出若干单独的空间，墙体间隔也要采用比较好的吸音和隔音材料，防止客人之间相互干扰。

此外，棋牌室要注意送、排风问题，最好有送风、排风系统，以保持棋牌室空气新鲜。在灯光照明方面，棋牌室室内照明效果应当明亮而不耀眼，特别是棋牌桌上方应有圆形灯罩的挂灯，方便客人游戏活动。

三、棋牌类项目的服务要点

营业前，棋牌室服务员需要做好清洁卫生工作，检查棋牌室设备，将需要用电的棋牌

设备通上电。

营业中,棋牌室服务员首先应当热情、主动地迎接客人,询问客人是否为会员,是否有预订,需要玩什么棋牌项目,引领客人至适当的棋牌活动室。客人入座后,服务员应当送上小毛巾,提供客人所需的棋牌服务和饮料,根据客人要求讲解各种棋牌活动规则及使用方法,必要时为客人提供示范。在客人玩棋牌期间要退出房间,在房间门口等候客人的吩咐,每隔15分钟巡视一遍,根据需要添加饮料和茶水,更换烟缸,清理台面。如果客人需要点餐服务则按要求为客人服务,并及时收拾整理餐桌,恢复房间原来状态。客人离开时,棋牌室服务员要帮助客人办理结账,提醒客人是否遗忘物品,并及时回到棋牌室收拾牌具、打扫卫生,迎接下一拨客人。

营业后,棋牌室服务员应当做好牌具、棋具等各类设施设备的消毒、维护与保养工作,并补充棋牌室的客用物品,发现问题及时上报领班。

四、棋牌类项目的经营管理重点

与其他娱乐休闲场所不同,棋牌室的市场半径较小,因此,为了获得更好的经济效益,棋牌室需要紧盯市场,密切关注市场需求的变化。此外,棋牌室还要防止赌博等治安案件的发生。

(一)做好市场定位

市场定位对棋牌室的发展非常重要,它要求确立棋牌室在棋牌爱好者心目中的地位。棋牌室的管理者应当根据本棋牌室的经济实力,经营棋牌活动的类型、等级、规模,周边区域中处于竞争地位的棋牌室的定位,棋牌种类和收费,棋牌爱好者的消费偏好、消费习惯、消费水平等来综合考虑自己的客源市场,做好市场定位。在此基础上,棋牌室经营者才能制定经营方针,确定经营项目、服务内容、收费标准等。

(二)保证客源市场的稳定与开发

棋牌室的客源市场相对稳定。麻将爱好者很难变为国际象棋爱好者,也很难戒掉麻将瘾,因此,棋牌室的客人大多是一些回头客,保留这些回头客对棋牌室的经营活动非常重要。要想留住这部分客源,最好的方法是通过牌友俱乐部、棋牌比赛、牌友经验交流会等使他们形成稳定的群体,从而成为忠诚顾客。此外,棋牌室客源市场的开发也非常重要,要关注目前社会上流行的棋牌活动,适时引进新的棋牌项目。

(三)禁止赌博等治安事件的发生

棋牌室人员流动性大、成分复杂,棋牌活动本身又很容易激发客人好赌好斗的心性,因此,客人的各种违规行为和不文明举动很容易出现,从而破坏棋牌室的正常营业秩序。要想维持棋牌室的正常营业秩序,首先,要明确棋牌室不得主持或组织任何赌博性质的棋牌活动;其次,要严格禁止牌友之间进行任何赌博或变相赌博性质的棋牌活动;最后,棋牌室管理者要妥善处理牌友之间发生的纠纷。这就要求经营者从引进棋牌的类型、对服务人员的培训和管理人员的监督等方面共同努力。

(四)做好设备的日常维护工作

棋牌室有各种棋牌设备,其日常维护和保养是工作的重点。其棋牌设备日常使用和维护保养主要由领班负责,要做到指定专人负责,定期清洁保养、检查达标,定点存放工具。在日常使用中,服务人员发现问题要及时报修,确保经营活动的正常开展。棋牌设备要定期进行消毒,如自动麻将桌要做到每天消毒,而麻将牌要做到每次使用重新消毒,客用方巾和茶具要做到每客消毒等。

（五）做好安全管理工作

在安全及卫生管理方面,棋牌室要遵循"预防为主,防治结合"的原则,贯彻"谁使用,谁负责"的管理制度,将安全工作列入日常检查范围。棋牌室应督导员工认真贯彻国家和地方安全主管部门和本企业的安全工作方针、政策、法规、条例等,认真做好防火、防盗、防破坏的工作。此外,棋牌室要加强企业保安部门和地方公安部门的联系,随时沟通信息,获得有关部门的支持和配合。

相关链接

棋牌室工作人员的主要岗位职责及任职要求

一、棋牌室主管（领班）的主要岗位职责及任职要求

（一）主要岗位职责

（1）负责制订棋牌室营业计划和员工岗位技能培训计划,负责棋牌室管理员、服务员的工作岗位调配及工作任务布置。

（2）负责巡视检查棋牌室的各项工作,考核考勤工作情况。

（3）维持棋牌室的正常营业秩序,受理客人对棋牌室工作人员的投诉。

（4）掌握设备运作的状况,统计每日营业额。

（二）主要任职要求

（1）熟悉棋牌室各种设备及活动规则,掌握棋牌室的管理技巧。

（2）具备较好的人际关系处理能力,善于处理与客人之间的关系。

二、棋牌室服务员的主要岗位职责及任职要求

（一）主要岗位职责

（1）负责棋牌室客人的接待服务工作。

（2）负责棋牌室环境卫生和设备卫生及设施正常运行工作。

（3）随时注意现场的活动情况,避免意外事故的出现。

（二）主要任职要求

（1）熟悉棋牌室的服务特点和服务项目。

（2）掌握并熟练使用棋牌室内的各种设备设施。

（3）具有较好的人际关系处理能力,善于处理与客人之间的关系。

第五节 电子游戏类项目的经营与管理

电子游戏类项目在我国发展时间不长,但更新换代的速度很快。目前,国内的大型电子游戏厅面积可达几千平方米,游戏机台的种类和数量都非常可观。

一、电子游戏类项目基本情况介绍

我国的电子游戏行业从 20 世纪 80 年代末开始出现并空前繁荣,由于缺乏监管、经营秩序混乱,发展期间曾一度受到政府各部门的严格限制。目前,我国各大城市的电子游戏厅(如图 4-4 所示)都在政府部门的监管下得以健康发展。

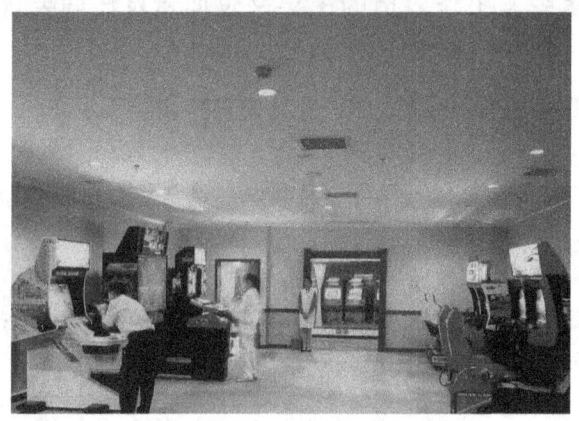

图 4-4 星级酒店电子游戏厅一景

(一)电子游戏机的概念及分类

广义来讲,人类用来进行游戏的机械及电子装置都可称作游戏机。随着电子技术、信息产业的发展以及电影漫画产业的带动,电子游戏机便成为了游戏机的实际代表。电子游戏机包括大型电子游戏机、家用电子游戏机和袖珍电子游戏机等。国外对电子游戏机的定义为,一种运用大规模集成电路的计算机技术来显示活动图像和产生声音效果、供人游戏的电子玩具,一般由信号发生器、逻辑储存器和显示部分组成。游戏者通过控制机上的各种按钮或其他信号发生器来操纵声像活动。

目前,我国政府部门的相关公文将"电子游戏机"视为一个更加宽泛的概念,它将游戏机和游艺机一并归到电子游戏机的类别当中。凡是运用电子技术制造,通过电子荧屏显示声音、图像,由游戏者操作摇杆、键盘或者按钮而进行娱乐活动的机器,称为游戏机;凡是运用机械原理或者机械原理结合电子技术制造,具有模拟形体动作功能,由游戏者操作形象物体而进行娱乐活动的机器,称为游艺机。电子游戏厅的分类是建立在电子游戏机分类的基础上的,因此也主要有两类,即利用游戏机设备从事经营活动的场所,称为电子游戏经营场所;利用游艺机设备从事经营活动的场所,称为游艺娱乐场所。

（二）电子游戏机的发展

电子游戏机起源于早期的机械游戏机。从19世纪末到20世纪五六十年代，一些简单的手动游艺机，如套圈游艺机持续流行。这些游戏机大都属于机械或简易电路结构。20世纪50年代，西方国家有些计算机工程师将电子计算机相关技术应用于游戏机，美国成为当时的电子游戏大国。20世纪70年代以后，日本表现出后发优势，首先将大规模集成电路应用于游戏机，把游戏内容编成逻辑程序储存机内，用液晶显示板、彩色电视机或计算机终端显示屏显示图像，产生了很多新机型。因此，电子游戏机虽然最初出现在欧美，但是其大发展及大扩充是在日本。日本是电子游戏大国，其电子游戏业的繁荣体现在其完善的管理体系、电子游戏厅的数量、服务员的繁忙程度以及整个行业的纳税数额上。

我国的电子游戏行业从20世纪80年代末开始出现，出现伊始便呈现出星火燎原之势，90年代初便开始盛行。但是，由于主管部门对电子游戏行业缺乏相关的规定，电子游戏厅的经营管理者也缺乏自律观念，一些违法违章经营现象，如允许未成年人在非节假日期间进出游戏厅、引进大量的赌博机、在游戏厅里设置暗房和包间、仿制和使用盗版电子游戏机软件等，频繁在电子游戏厅出现。电子游戏机一时间被称为"电子海洛因"，成为舆论界攻击的主要目标。20世纪90年代后期，我国连颁数道政策，全方位限制电子游戏厅的发展。2006年以后，我国文化部开始有选择地在一些城市进行电子游戏厅的试点经营，电子游戏行业重新焕发生机。

（三）电子游戏厅的设置

电子游戏机的趣味性、娱乐性很强，对各年龄段的顾客都具有很强的吸引力。目前，我国对电子游戏市场的限制相对严格，从总量控制、项目审批到机种引进等都建立了严格的审批制度。所有提交申请的电子游戏厅都必须严格按照国家《娱乐场所管理条例》和各省市的相关条例和通知执行。

在电子游戏厅的选址上，需要注意避开以下地方：中小学校周边200米范围内，博物馆、图书馆和被核定为文物保护单位的建筑物内，居民住宅区和医院、机关周围，车站、机场等人群密集的场所，建筑物地下一层以下以及和危险化学品仓库毗连的区域。

在游戏机种类的选择上，目前，我国电子游戏厅允许使用的游艺机有以下几种：第一，模拟机类型，就是运用机械原理或机械原理结合电子技术制造，具有模拟形体动作功能，由游戏者操作形象物体而进行娱乐活动的游艺机种，如模拟赛车、模拟枪击、模拟其他体育运动等；第二，音乐舞蹈机类型，也就是教授游戏者自身进行舞蹈的游艺机种；第三，触摸式娱乐机类型，是以触摸、敲打设定目标为主要内容的游艺机种；第四，礼品机类型，是常见的机器内直接摆放礼品的游艺机种；第五，推币机类型，就是运用机械原理，以推、射代币等方式进行游戏的游艺机种。此外，还有一些其他游艺类型的游艺机种。

目前，我国电子游戏厅不允许使用的游艺机种类有以下两类：

第一，《娱乐场所管理条例》第13条禁止内容的机型机种。

第二，赌博类机型机种，主要包含玩家自设赔率类、轮盘转盘类、押注上分类、色情类机型机种，侵权类机型机种，不符合国家安全生产及质量标准的机型机种，经政府相关主管部门鉴定认为不适宜进入市场的机型几种。

小知识

电子游戏的起源

电子游戏专用机产生在20世纪70年代初。1971年,一个还在MIT(麻省理工学院)学习的学生Nolan Bushnell设计了世界上第一个业务用游戏机,这个街机游戏的名字叫《电脑空间》。《电脑空间》的主题是两个玩家各自控制一艘围绕着具有强大引力的星球的太空战舰向对方发射导弹进行攻击。两艘战舰在战斗的同时还必须注意克服引力,无论是被对方的导弹击中还是没有成功摆脱引力,飞船都会坠毁。这台业务机用一台黑白电视机作为显示屏,用一个控制柄作为操纵器,摆在一家弹子房里。不过很可惜,这台祖母业务机遭到了惨痛失败,失败的原因是当时的玩家认为这个游戏和当时美国流行的弹子球相比,太过复杂。至此,历史上第一台业务用机以失败结束了它的命运。制作者Nolan Bushnell承认失败,但他仍然相信电子游戏具有远大的发展前景。

在《电脑空间》推出的次年,他和朋友Ted Dabney用500美金注册成立了自己的公司,这个公司就是电子游戏的始祖——Atari(雅达利)。成立之初,Atari的业务重点仍然放在了街机上。事实上,他们获得了成功,世界上第一台被接受的业务用机就是Atari推出的以乒乓球为题材的游戏Pong。据说当年Atari的工程师把这台机器放在加利福尼亚Sunnyvale市的一家弹子房内,两天之后,弹子房的老板就找上门来说机器出了故障,无论如何不能开始游戏了,Atari的人前去检修的时候,惊讶地发现了造成故障的原因——玩家投入的游戏币把这台机器塞满了。无论从何种意义上说,《电脑空间》都意味着电子游戏产业的开始,因为它是第一台专门的游戏机,是第一个让大众接触电子游戏的工具。而之后Pong的成功,标志着电子游戏开始作为一种娱乐手段,被大众认可并接受。

二、电子游戏厅的设计与布局

对于电子游戏厅来说,能否营造一个好的氛围直接影响到其能否有好的业绩,甚至决定其能否得以正常营业。在电子游戏厅的设计和装修中要充分考虑顾客需求、电子游戏厅的实际情况等多方面的内容,游戏厅必须坚持以顾客为中心的服务宗旨,满足顾客的多方面要求。今天的顾客已不再把"玩游戏"看做一种纯粹的娱乐活动,而是把它作为一种集休闲、娱乐和社交为一体的综合性活动。因此,游戏厅不仅要拥有新潮的游戏机器,还要创造出一种适宜的游戏环境,使顾客享受到最完美的服务。环境好,顾客心情舒畅,就会产生多消费和重复消费,从而为游戏厅带来丰厚的利润;反之,顾客就会减少在游戏厅停留的时间和消费的次数。总体而言,电子游戏厅在设计和布局中要遵循以下原则。

(一)功能齐全,划分有序

电子游戏厅是让顾客娱乐、休闲、放松的地方,也是商家盈利所在,因此,经营者在设计时应当充分考虑客人消费时可能产生的各种需求,同时也要考虑游戏厅的商业利益。在游戏厅功能布局方面,应当将各种功能区考虑齐全,除了将大量空间留给游戏区外,吧台、橱窗、休息区、储物区、卫生间、办公区、造型墙、标示、广告位等都应设置齐全,至少要给这些功能区预留足够的空间。特别是在游戏区的划分上,要综合考虑游戏机台数量的多少、占地空间的大小、顾客的多少和是否相互影响等因素对游戏区进行划分,一般大型游戏厅都可划分为模拟区、嘉年华区、音乐区、礼品区、格斗区、篮球舞台区等。

(二)主副通道合理畅通

主通道是顾客从店门进入店内的通道;副通道是辅助通道,是顾客进入游戏厅内各个角落的重要通道。游戏厅在设计和布局时应充分考虑主副通道的走向、宽度。畅通无阻的通道设计要求能引导顾客按设计自然地走向步入游戏厅的每一个角落,能接触尽可能多的游戏机台,消灭死角和盲点,使入店时间和游戏厅空间得到最高效的利用。而在通道宽度方面,宽通道可以刺激顾客的消费欲望但也会使游戏厅租金、游戏机成本上升;而窄通道会使客人觉得拥挤,丧失兴趣。所以,科学设计游玩主副通道,合理安排淡旺季游戏机台,可以起到不增加投资而留住顾客、扩大营业额的效果。

(三)色彩明亮,能见度高

游戏厅在设计时应选用合适的主、辅色调。一般而言,游戏厅的背景色,即主色调通常选用青色、绿色、紫色、银色等冷色调,以达到整体色彩明亮、大方的要求;而辅色调通常选用红色、黄色、橙色等暖色调作为点缀,以达到跳跃和突出的效果。

能见度主要针对游戏厅外观,是指步行或驱车时能清晰地看到游戏厅外观标志的程度。能见度差时,在较远的位置,甚至在近处都不易看清游戏厅标志,不仅给顾客带来不便,同时也影响游戏厅的收入。所以,在游戏厅设计的过程中,如何提高游戏厅能见度是一个重要问题。一般来说,能见度的提高主要靠构成要素的独特性和鲜明性,如独特的建筑外形、鲜明的招牌、光彩夺目的照明装置、宽敞的游戏厅入口、诱人的宣传海报等均能吸引路人的视线,形成深刻的印象。

(四)善用音乐,注重隔音

声音是游戏厅游乐气氛的重要组成部分。合适的声音种类和密度可以对游戏厅产生积极的作用,反之,则会给游戏厅带来消极的影响。例如,店内的各种声音音量一旦超过一定限度就会使顾客心情烦乱、注意力分散而产生反感。游戏厅要善于区分音乐和噪音,努力运用声音积极的一面克服消极的一面。例如,游戏机台应带有声音以突出游戏的特征并吸引玩家的注意,游戏厅入口处的悦耳音乐可以吸引消费者进入,游戏厅的背景音乐选择要突出本游戏厅的特点和店内正在举办的活动。而部分音乐机应单独隔断,避免产生噪音影响其他客人的游戏。

三、电子游戏类项目的服务要点

大型电子游戏厅服务人员较多,其所承担的服务内容也有较大差异。一般来说,大型电子游戏厅至少有换币员、导玩员和技术员,有些游戏厅还有吧台服务员等其他服务人员。

(一)换币员的服务要点

营业前,换币员需要登记并领取游戏币,做好游戏币的消毒工作,登记并领取奖品、礼品和纪念品,并做好这些物品的补充工作,此外,还要做好游戏厅的清洁工作。营业中,换币员需要按照要求为客人换游戏币,检查游戏币的使用状况,及时发现损坏及无法使用的游戏币,保证游戏币的流通数量充足,办理会员卡并对会员卡的问题进行处理,销售小商品,兑换游戏积分和奖品并发放纪念品,认真做好发放物品的记录工作。营业后,换币员要核对奖品、纪念品、礼品、游戏币数量,从游戏机中回收游戏币,清点假币、损坏的游戏币并立即提出更换申请。

(二)现场导玩员(游导)的服务要点

营业前,现场导玩员要做好室内全部游艺机的清洁和消毒工作、客用品的补充工作,并给游戏机通电。营业中,现场导玩员要欢迎客人、现场导玩并提供相关服务。首先,现场导玩员要根据客人要求引导、安排其入座,并向客人说明游戏及操作规范;其次,适当推销其他游戏项目以及酒水、饮料、食品等。在客人游戏时,导玩员要巡视游艺厅,帮助客人解决问题,维护娱乐场所秩序,判断与排除机台摇杆、按键、投币器等的简单故障。客人结束游戏后,导玩员要带客人到吧台结账、领奖品、送别,及时恢复台面。营业后,导玩员要关闭电源,做好场地卫生和消防安全检查工作。

(三)技术员的服务要点

技术员的日常工作是判断游戏机台的故障,排除摇杆、按键类机台的简单故障,处理较复杂机台的故障,调整游戏机台的三基色、声音、游戏难易度及相关设置。此外,还要定期对游戏机台进行维护和保养,对游戏厅导玩员进行培训等。

四、电子游戏类项目的经营管理重点

电子游戏厅的发展主要依靠会员。在管理方面,电子游戏厅首先需要做好会员管理工作;其次,要做好游戏机台的更新和维护工作。

(一)做好会员管理工作

电子游戏厅的管理最主要的不是引进多少先进的机台,而是会员管理的质量。有些游戏厅的经营者对会员不重视,认为会员要求多、折扣力度大,并没有多少利润,而事实上,会员是游戏厅竞争的根本,是游戏厅持续稳定利润的来源。会员管理的质量可以从以下两方面来衡量:第一是发展会员的数量,数量是进行会员管理的基础,增加会员数量可以通过推出针对会员的优惠活动、赠送活动、交流活动等来实现;第二是不断提升会员的质量,会员的质量可以通过会员消费频次、次均消费额、总消费额、使用游戏机台数量等来衡量,因此,提升会员的质量就是要提高会员消费额、增加消费次数、提高忠诚度,只有这样才可以从会员群体中为游戏厅获得稳定的利润。

(二)持续举办各种竞赛和活动

电子游戏厅的很多客人都是冲着游戏厅的某个热门或经典游戏而来,游戏厅要想长久地留住客人,并让客人对某游戏保持持续的热度,最有效的方法就是将对这个游戏感兴趣的客人集中起来,形成稳定的群体,鼓励他们以此为主题进行交流。而集中起来最好的方法就是主办一些比赛、竞赛活动,游戏厅可以为比赛和竞赛制定规则、充当裁判,准备一些奖品和礼品。至于这些竞赛和比赛是针对所有客人还是针对会员而举办,主要依据游戏的普及程度和游戏厅管理者的目的而定。

（三）做好新旧机型搭配，突出主题

电子游戏厅总要不断购置、补充新的游戏机台，因为新的游戏可以吸引大批游戏机迷，给游戏厅带来丰厚的收入。但是新机器购置成本高、回收周期长，且游戏机更新换代的速度越来越快，因此，新购置机器的回收风险越来越大。游戏厅的管理者在做游戏机采购计划时既要考虑市场变化和流行趋势，也要考虑游戏厅本身特色和本游戏厅已有机器。比较有效的办法是新旧机型搭配，即在购置新机器的同时充分利用已有机器，通过调整机器位置，举办比赛等保持游戏机迷的新鲜感。

目前，很少有主题鲜明、特色突出的电子游戏厅，而如果游戏厅能像迪斯尼乐园那样具有鲜明的主题，则必定能吸引大量忠诚的游戏机迷。因此，游戏厅在采购游戏机台时要注意一贯性，要有特色、有差异性。如某游戏厅的特色是格斗机，则在采购新机台的时候可侧重选购新型的格斗机。

相关链接

电子游戏厅工作人员的主要岗位职责及任职要求

一、电子游戏厅主管（领班）的主要岗位职责及任职要求

（一）主要岗位职责

（1）负责制订游戏机室营业计划和员工岗位技能培训计划，负责游戏机室管理员、服务员的工作岗位调配和工作任务布置。

（2）巡视检查游戏机室的各项工作，积极进行考核考勤工作。

（3）负责处理工作中的争议，受理客人对游戏机室工作人员的投诉，维持游戏机室的正常营业秩序。

（4）掌握设备运作的状况，统计营业额以及成本费用。

（二）主要任职要求

（1）熟悉游戏机室各种设备及活动规则，懂得游戏机室一些管理技巧。

（2）具有较好的人际关系处理能力。

二、电子游戏厅服务员的主要岗位职责及任职要求

（一）主要岗位职责

（1）负责为客人示范、讲解各种游戏机的操作方法和记分规则。

（2）负责游戏机室的环境卫生和设备卫生工作，维护游戏机的正常运行。

（3）随时注意现场的活动情况，避免意外事故的出现。

（二）主要任职要求

（1）熟练使用各种游戏机设备。

（2）具有较好的人际关系处理能力，善于处理与客人之间的关系。

第六节　酒吧的经营与管理

酒吧(如图4-5所示)在我国发展时间不长,但是发展速度很快。我国目前酒吧类型较多,服务和经营重点也有较大的差别。

一、酒吧基本情况介绍

"酒吧"一词源于英文的"Bar",原指一种出售酒的长条柜台。现在,酒吧通常被认为是以营利为目的,向公众提供酒水及饮用服务,并让公众聚会的一种经济实体。酒吧最初源于美国西部大开发时期的欧洲大陆,后又经美洲进一步地变异、拓展,在20世纪90年代传入我国。一进入我国,酒吧便得到了迅猛的发展,已经成为现代人崇尚文明、追求高品位生活的标志。尤其在北京、上海、广州等大城市,酒吧已经成为人们消磨时光、沟通友情、消除疲劳的理想去处。

图4-5　星级酒店酒吧一景

小知识

酒吧的起源

最初,在美国西部,牛仔和强盗们很喜欢聚在小酒馆里喝酒。由于他们都是骑马而来,所以酒馆老板就在馆子门前设了一根横木,用来拴马。

后来,汽车取代了马车,骑马的人逐渐减少,这些横木也多被拆除。有一位酒馆老板不愿意扔掉这根已成为酒馆象征的横木,便把它拆下来放在柜台下面,没想到却成了顾客们垫脚的好地方,而受到顾客的喜爱。

其他酒馆听说此事后,也纷纷效仿,柜台下放横木的做法便普及起来。由于横木在英语里念"bar",所以人们索性就把酒馆翻译成"酒吧",就像把糕饼"pie"译成"派"一样。由此可见,酒吧一词来自英文的"bar"的谐音,原意是指一种出售酒的长条柜台,是昔日英国露天酒吧水手、牛仔、商人及游子消磨时光或宣泄感情的地方,经过数百年的发展演变,各种崇尚现代文明、追求高品位生活、健康优雅的"吧"正悄然走进人们的休闲生活,同时也在现代城市中形成一道亮丽独特的文化景观。现在,酒吧通常被认为是各种酒类的供应与消费的主要场所,它是宾馆的餐饮部门之一,专为供客人饮料服务及消闲而设置。酒吧常伴以轻松愉快的调节气氛,供应含酒精的饮料,也随时为不善饮酒的客人准备汽水、果汁。

酒吧最初源于欧洲大陆,但 bar 一词也还是到 16 世纪才有"卖饮料的柜台"这个义项,后又经美洲进一步地变异、拓展,才于大约 10 年前进入我国,"泡吧"一词还是近些年才出现。酒吧进入我国后,得到了迅猛的发展,尤其在北京、上海、广州等地,更是得到了淋漓尽致的显现。随着改革开放在中国的进一步深化,咖啡酒吧产业在中国得到迅猛发展。目前,国内几乎所有涉外旅游指定的星级宾馆、酒店都设有咖啡的专营场所,很多大中城市都相继开启咖啡酒吧一条街,大多数高级写字楼、大型商场等都专为咖啡开辟场地,国内许多大中城市都设有咖啡酒吧休闲服务场所。据国家有关统计数据表明,中国的咖啡馆、酒吧数量每年以 20% 左右的速度在增长。

根据服务内容、经营形式、服务方式等不同,酒吧有以下几种分类方法。

(一) 根据服务内容分类

根据服务项目的多寡与侧重不同,酒吧可被分为提供纯饮品的酒吧、供应食品的酒吧、娱乐型酒吧、休闲型酒吧、俱乐部(沙龙型)酒吧等。

1. 提供纯饮品的酒吧

相对于提供食品的酒吧而言,此类酒吧主要提供各类饮品,但也有一些佐酒小吃,如果脯、杏仁、腰果、果仁、蚕豆等坚果类食品。因为根据科学验证,人们喝酒之后流失最多的就是此类食品中所含的物质。一般而言,娱乐中心、机场、码头、车站等的酒吧属于此类。

2. 供应食品的酒吧

供应食品的酒吧可分为:(1) 餐厅酒吧,绝大多数餐厅都设有酒吧或吧台,这种附属于餐厅的酒吧或吧台大部分只是辅助餐厅中食物的经营,仅作为吸引客人消费的一种手段,所以,其酒水销售的利润相对于单纯的酒吧要低,品种也较少。(2) 小吃型酒吧,因食品与酒水的消费往往是相辅相成的,有食品自然会使客人增加消费。所以,酒吧在有可能的情况下应兼有小食品供应。小食品往往是有独特风味且易于制作的小吃,如三明治、汉堡包、炸猪排、炸鱼排、炸牛排等或地方风味小吃。(3) 夜宵式酒吧,这种酒吧往往是夜间的高档餐厅。入夜,餐厅将其环境布置成类似酒吧型,有酒吧特有的灯光及音响设备。产品上,酒水与食品并重,客人可单纯享用夜宵或特色小吃,也可单纯享用饮品,这种环境与经营方式对某些人也相当具吸引力。

3. 娱乐型酒吧

娱乐型酒吧的环境布置及服务主要是为了满足寻求刺激、兴奋、发泄的客人,往往气氛热烈、活泼,通常设有乐队、舞池、卡拉 OK、时装表演等,有时甚至是娱乐为主、酒吧为辅。因此,此类酒吧的吧台在总体设计中所占空间较小,而舞池较大。

4. 休闲型酒吧

休闲型酒吧通常也可称为茶座,是客人在进行了一次紧张的旅行之后或公务之余松弛精神、怡情养性的场所。此类酒吧主要为寻求放松、谈话、约会的客人而设,所以环境温馨优雅,座位舒适,灯光柔和,音量适中。供应的饮料品种以软饮料为主,咖啡是其所售饮品中的一大项。

5. 俱乐部(沙龙型)酒吧

俱乐部(沙龙型)酒吧是为具有相同兴趣、爱好、职业背景、社会背景等的人群组成的松散型社会团体,提供谈论共同感兴趣的话题、交换意见及看法、定期聚会的场所,同时有饮品供应。如在城市中可看到的"企业家俱乐部"、"股票沙龙"、"艺术家俱乐部"、"单身俱乐部"等。

(二)根据经营形式分类

根据是否依附于其他经营场所,酒吧可以分为附属经营酒吧和独立经营酒吧。

1. 附属经营酒吧

附属经营酒吧通常附属于娱乐中心、购物中心、酒店等经营场所,与他们共享主要客源。此类酒吧往往是供客人在工作、休闲之余助兴、放松之用,或者为其消磨时光而用,所以它通常提供酒精含量低及不含酒精的饮品。如购物中心酒吧设在购物中心内,其客源主要是在购物中心购物期间休息、聊天的客人。

2. 独立经营酒吧

独立经营酒吧与其他经营场所并没有明显的附属关系,通常是作为独立经营的营业场所。此类酒吧往往具有地理位置或客源等方面的优势。因为独立经营,所以此类酒吧通常交通方便,经营品种较全,服务及设施较好。独立经营的酒吧常见于市中心、交通终点、旅游地等。市中心酒吧在独立经营的酒吧中占据大多数,因此也是竞争最激烈的酒吧类型。此类酒吧往往设施和服务都较全面,常年营业,顾客逗留时间较长,消费也较多。交通终点酒吧是设在机场、火车站、港口等旅客中转地的酒吧。旅客因某种原因需要滞留及等候时,为消磨时间、休息放松会去酒吧消费。在这类酒吧消费的客人一般逗留时间较短,消费量也较少,但座位周转率更高。此类酒吧一般经营品种较少,服务设施也较简单。旅游地酒吧设在海滨、森林、温泉、湖畔等风景旅游地,供游人在游览之余放松及娱乐之用,一般都有舞池、卡拉OK等娱乐设施,但所经营的饮料品种较少。

(三)根据服务方式分类

根据服务方式的不同,酒吧可分为立式酒吧、服务酒吧、鸡尾酒廊和宴会酒吧等。

1. 立式酒吧

立式酒吧即传统意义上的酒吧,"立式"并非指宾客必须站立饮酒,也不是指调酒师或服务员必须站立服务,它只是一种传统的习惯称呼。在这种酒吧里,相当一部分客人是坐在吧台前的高脚凳上饮酒,而调酒师则站在吧台里边面对宾客进行操作,并为客人提供服务。一般情况下,立式酒吧的调酒师多单独进行工作,因此,他不仅负责酒类及饮料的调制,还要负责给客人结账,同时还必须掌握整个酒吧的营业情况。可以说,立式酒吧是以调酒师为中心的酒吧。

2. 服务酒吧

服务酒吧多见于娱乐型酒吧、休闲型酒吧和餐饮酒吧。相对于立式酒吧,服务酒吧的宾客不直接在吧台前享用饮料,而是通过服务员开单并提供饮用服务,因此,服务酒吧的调酒师一般情况下并不与宾客发生直接的接触。

3. 鸡尾酒廊

较大型的酒店中通常都设有鸡尾酒廊。鸡尾酒廊一般比立式酒吧宽敞,常有钢琴、竖琴或者小乐队等为宾客演奏,有的还有小舞池供宾客随兴起舞。鸡尾酒廊设有高级的桌椅、沙发,环境较立式酒吧优雅舒适,气氛较立式酒吧安静,节奏也较缓慢,宾客一般逗留较长时间。鸡尾酒廊的营业过程与服务酒吧大致相同,即由酒廊服务员为宾客开票送酒。

4. 宴会酒吧

宴会酒吧是酒店、餐馆为宴会业务专门设立的酒吧。宴会酒吧的业务特点是营业时间较短、客人集中、营业量大、服务速度相对要求快,因此,宴会酒吧要求服务人员头脑冷静、动作迅速,又要求服务人员事前做好充分的准备工作,各种酒类、原料、配料、酒杯、冰块、工具等必须储备充足并排放有序。

二、酒吧的设计与布局

根据酒吧空间、类型及客源市场的不同,酒吧的设计风格和布局有较大差别,但都要遵循以下基本原则。

(一)酒吧设计的原则

在酒吧设计方面,通常需要注意遵循突出主题、能够为客人提供方便快捷的服务、依据酒吧现有建筑结构、设计鲜明突出的吧台等原则。

1. 突出主题

鲜明且有特色的主题是酒吧吸引消费者的一大亮点,因此,经营者在进行酒吧设计之前首先要考虑酒吧主题,有主题才能确定设计风格,设计风格要突出主题。比如,英国伦敦西区有一家"绝对冰吧",此酒吧以冰雪为主题,因此,在设计方面,酒吧要突出冰雪特色。酒吧内的温度常年保持在零下5度以下,包括吧台、墙壁和装饰品在内的建筑和装饰材料完全是北极寒冰,甚至客人饮酒用的杯子都是冰做的,饮完酒之后可以将杯子吃掉。

2. 能够为客人提供方便快捷的服务

根据服务方式的不同,酒吧可被分为不同类型,不同类型的酒吧在设计和布局方面差异较大。这种差异的主要原因就在于服务人员必须能够方便快捷地为客人提供服务。比如,立式酒吧中吧台的位置可以在酒吧中央、侧边、后边等,其形状有圆形、椭圆形、直线形、U形等,选择哪种位置和形状取决于其是否能使吧台周围各个位置的客人得到快捷的服务;而服务酒吧要注意吧台和座位的数量配比,要使服务员能够在吧台和座位之间便利地提供服务,如果座位较多,则可以考虑多设置几个吧台。

3. 依据酒吧现有建筑结构

有些酒吧是新建的,而大多数酒吧,特别是市中心或者旅游区的酒吧,都是在原有建筑上重新扩建和装修的。因此,在设计和装修酒吧之前,要首先考察建筑的原有格局及相关部门的要求,弄清楚哪些格局是可以改变的,哪些是无论如何需要保留的。如为了整体古城的特色不受到损坏,云南丽江要求酒吧在装修时不能破坏木质纳西民族特色的建筑外观和一些古建筑的建筑框架。

4. 设计鲜明突出的吧台

吧台的设计在整个酒吧中最重要。吧台设计要有魅力,不仅能使顾客一眼看到,而且要使客人喜欢其周边的氛围。因此,经营者在设计时,首先,要确保吧台的视觉效果显著和突出,即客人进入酒吧时能立即看到吧台;其次,要合理地布置空间,尽量多容纳客人,又要使客人不感到拥挤。

(二)酒吧布局的原则

酒吧有大有小,空间布局有繁有简,经营方式也有差别,但是,在空间布局方面都应遵循以下原则。

1. 合理分割空间

合理分割空间就是要把空间层次分割得丰富而不繁琐,既有方便交流的开敞空间,又有尊重私密的封闭空间。开敞空间是外向的,强调与周围环境交流,氛围表现为融洽、接纳,有一定的流动性,是开放心理在环境中的反映;封闭空间是内向的,具有很强的领域感、私密性,但是有一定的沉闷感,需要用灯光和音乐动态地引导人们。酒吧的空间主要包括吧台、娱乐活动区、座位区、包房、洗手间、工作间、办公区等。其中,吧台、娱乐活动区、座位区等都属于开敞空间,而包房、洗手间、工作间、办公区等都属于封闭空间。

2. 各部分布局要合理

各部分布局要合理是指酒吧的各功能区,如吧台、洗手间、娱乐活动区、包房、座位区等,要在综合考虑各因素的基础上合理布局。例如,酒吧包房和座位区的承载力应当与洗手间的承载力一致;走道的设计不宜过窄,应当便于客人行走;纯饮品酒吧和提供餐饮的酒吧厨房大小差异也较大。

三、酒吧的服务要点

不同类型的酒吧,其员工岗位设置有差别。通常,酒吧都有服务员和调酒师岗位,有些酒吧还有迎宾员和保洁员等。

(一)服务员的服务要点

营业前,服务员要认真做好开吧前的准备工作,具体包括做好酒吧的清洁卫生工作、申领和补充客用品等。营业中,服务员要欢迎客人的到来,根据要求带领客人到吧台或者座位区就座,帮客人点酒水,随时为客人提供相关服务,并要注意醉酒客人。营业后,服务员要做好收吧时的清洁卫生工作和安全检查工作,盘点消耗客用品。

(二)调酒师的服务要点

营业前,调酒师需要申领并补充酒水,合理摆设调酒工具、杯具和支头酒,参照卫生操作标准做好吧台的清洁卫生工作,陈列柜、酒柜、操作台应擦洗干净,杯具应用杯布擦干净,地面应拖洗、擦干。营业中,调酒师要根据客人的要求调制酒水和饮料,并做好记录,根据酒吧规定为客人提供添杯服务。营业后,调酒师要认真清点酒水,做好盘点表,确认次日短缺物品,开好次日营业所需货品领料单,做好吧台的清洁卫生工作。

四、酒吧的经营管理重点

目前,很多大城市和知名旅游地都设有酒吧一条街,可见,酒吧的竞争非常激烈。要想在激烈的竞争中立于不败之地,有许多需要注意的方面。其中最主要的有以下三点,一是酒吧选址要慎重,二是酒吧要有明确的定位,三是酒吧要加强对员工的培训。

(一)酒吧选址要慎重

酒吧选址对酒吧经营有决定性的影响,选址不当,经营绝不会成功。在筹建酒吧时,一个非常重要的因素就是酒吧所处的地理位置。酒吧选址要综合考虑地区经济、城市规划、竞争状况、交通状况、公共设施等多方面的因素。我国酒吧业的发展已经证明,酒吧与地区经济有直接的关系,它是地区经济发展到一定阶段的产物。此外,酒吧选址时要重点考虑城市的发展规划,选择有发展潜力的区域。选址在周边同类产品较多的地区虽然意味着竞争激烈,但同时也意味着对顾客吸引力大、顾客群体规模大。酒吧可以根据自身实力选择积极或消极的竞争策略。而在交通方面,酒吧不仅要考虑选址在商业中心、旅游景区等交通频繁的地区,也要注意停车场等配套设施的便利程度。此外,酒吧要选在公共设施齐全的区域,消防、水电、垃圾回收站等市政公共设施都会影响其经营。

(二)酒吧要有明确的定位

不管是什么样的酒吧,要想取得经营上的成功,首先要有明确而有特色的市场定位。要想获得准确的市场定位,在开业前,酒吧必须进行市场调查,确定自己的目标顾客群体,并分析目标群体的共性和个性需求,在此基础上才能获得较准确的市场定位。而市场定位要通过酒吧的设计风格、企业文化、装修要求、音乐风格、服务理念等传达出来。只有市场定位准确,并通过各种要素将市场定位外化出来,酒吧才能形成忠诚的顾客群。如丽江酒吧街上的"一米阳光",其市场定位是来丽江旅游的希望体验民族风情和爱情艳遇的顾客。因此,在设计装修上,"一米阳光"保留了纳西族地道的土木结构、临水小楼、串串红灯笼,酒吧内有特色纳西歌舞表演。而"丽江的山+漓江的水+一米阳光=幸福配方"的爱情概念表达了人们对真挚爱情的那份向往和珍惜,以及对追求幸福快乐生活的憧憬,鼓舞客人追求爱情、幸福。

(三)酒吧要加强对员工的培训

酒吧的工作对员工要求较高,它要求员工了解多方面的知识,拥有多种能力。比如,酒吧员工必须了解并认同本酒吧的企业文化,具备较强的社交能力,掌握基本的社交礼仪。此外,服务员要了解酒水基本知识、酒吧器皿知识,掌握酒吧专用英语、各种酒水和饮料的不同服务标准等;调酒师不仅要掌握酒水和饮料知识,还要熟悉各种鸡尾酒和彩虹酒等的调制,熟练使用和保养酒吧的各种设备、用具和器皿。因此,酒吧要定期对员工进行不同主题的培训,特别是调酒师,必要时要送出去参加专业培训。

相关链接

酒吧主管(领班)的主要岗位职责及任职要求

一、主要岗位职责

(1) 合理安排员工工作时间和培训课程,提高员工业务素质。

(2) 检查各酒吧每日工作情况,做好员工每日考勤,制订进货计划,控制出品成本。

(3) 制定酒吧各项工作制度及工作服务流程、操作规范、出品分量、出品速度、出品装饰等标准。

(4) 做好每日营业统计及盘点工作,处理客人或其他部门的投诉,调解员工的纠纷。

二、主要任职要求

(1) 熟悉酒吧各种设施设备,懂得酒吧的管理技巧。

(2) 具有较好的人际关系处理能力,善于处理与客人之间的关系。

【小结】

娱乐休闲项目是指酒店康乐经营部门通过提供一定的设施设备和服务,使顾客在参与中得到精神放松和满足的游戏活动。与康乐项目相比,娱乐休闲类项目更强调以娱乐功能为中心,以顾客的主动参与为手段,以参与者获得精神和情趣上的愉悦和放松为目的。

本章主要介绍酒店康乐经营部门常见的娱乐休闲项目,包括常见娱乐休闲项目的基本知识、项目设计和布局方面的一些基本原则或注意事项,还有各项目在服务和经营管理方面的要点和重点。

【思考与练习】

1. 列举常见的娱乐休闲项目。
2. 娱乐休闲项目的特点是什么?
3. 卡拉 OK 歌厅有哪几种类型?
4. 歌舞厅布局应当考虑哪几个方面的内容?
5. 列举棋牌室常见的棋牌活动。
6. 电子游戏厅的设计原则有哪些?
7. 到所在城市的大型电子游戏厅,观察其设计和布局遵循了哪些原则,有哪些需要改进的地方。
8. 有机会到卡拉 OK 歌厅时,注意观察歌厅服务人员的服务,运用所学内容分析其在服务过程中出现的问题。

【案例分析】

客人请服务员陪舞

某晚，一群客人来到某酒店歌舞厅娱乐。因为是经常来此消费的老客户，不仅服务人员很熟悉他们的偏好，及时为其安排好了座位并点好了酒水，值班经理也特意上前来与他们打招呼，热情问候，预祝他们当晚玩得开心愉快。

当客人喝得酒酣耳热之际，场内进入交际舞环节，悠扬的舞曲响了起来，一对对舞伴滑进了舞池。

这时，该桌的一位客人对着一位面熟的服务员招了招手，服务员以为客人有事召唤，快步上前询问何事，结果客人说："小姐，我想请你陪我跳支舞。"

面对熟悉且兴致高昂的客人，服务员知道自己的拒绝一定会令客人十分扫兴。但是如果答应了他们的请求，就违背了酒店对服务人员行为规范的要求，也超越了自己的职责范围。

服务员感到十分为难，只好低声推诿说："对不起，先生，我不会跳舞。""不会跳天天在这里看都应该学会了吧？那你去帮我找一位会跳舞的小姐来。"客人提高声音说道。

服务员只好请值班经理出来解围。值班经理端着一杯红酒，笑着来到桌前跟该客人说："王先生，您好。我来向您赔罪了。因为工作关系，歌舞厅的服务人员不允许为客人提供陪舞服务，还请您多多谅解和支持啊。在这，我先喝为敬，向您致歉，希望您玩得开心。"听到值班经理这样一说，王先生也就不再坚持，没有再提出这样的要求了。

案例思考：
1. 你如何评价案例中服务员的处理方法？
2. 如果你是这位服务员，遇到这种情况将会怎么处理？
3. 该案例给你的启示是什么？

第五章　保健项目经营与管理

【教学要点】

知识要点	掌握程度	相关知识
星级酒店常见保健项目的类型	了解	桑拿、保健按摩、足疗、SPA等保健项目的基本知识
不同类型保健项目的环境设计及布局要求	掌握	桑拿、保健按摩、足疗、SPA等保健项目的保健方法
保健项目的服务要点	重点掌握	桑拿、保健按摩、足疗、SPA等保健项目的服务流程及服务内容
保健项目的经营管理重点	重点掌握	保健项目的特点,参与保健项目的顾客需求,保健项目的禁忌及注意事项

【导入案例】

足疗带来良好睡眠

龚先生现年45岁,由于工作压力大、生活节奏快,他长期神经衰弱、睡眠状况不佳。这使龚先生的免疫功能降低,严重影响了工作效率和生活质量。后来,他听朋友介绍某酒店足疗服务效果非常好,于是慕名前往。

朋友帮龚先生介绍了一位技师,这位技师请他把脚放进热水盆中浸泡,然后戴好一次性手套,就开始在龚先生的脚上拿捏起来。因为是第一次,龚先生半信半疑,而且脚部承受力不强,颇感疼痛,整个服务过程中并没有留下什么良好的印象,只是在结束的时候感觉脚部热热的,回家的路上觉得脚部轻盈了许多。意外的惊喜发生在回家睡觉后,那天晚上龚先生破天荒地睡了一个好觉,早上起床后觉得神清气爽。

从此,龚先生成为足疗服务的爱好者和推广者,他不断地尝试不同酒店的各种足疗服务,并加以比较和评判,最终选择了一家自己喜爱的足疗中心办了VIP消费卡。

康乐保健项目主要通过环境设施和服务人员提供相关的服务作用于人的身体,从而达到放松身心、恢复体力、振作精神、焕发活力的目的。保健项目大多是直接接触宾客的服务项目,卫生条件对宾客的健康来说就显得格外重要,因而,在保健项目经营管理过程中应尤其加强卫生监督管理。

第一节 保健项目概述

一、保健项目的定义

保健,源于日语"保薄"一词,意为保护健康。保健项目是指人们在一定的环境和设施中享受既有利于身体健康,又可以放松精神、陶冶情操的轻松愉快的被动的休闲方式。保健项目目前主要包括洗浴桑拿、保健按摩、护肤美容等,具体又可细分为足疗、搓背、药浴、淋浴、温泉浴、桑拿浴、人工按摩、设备按摩、美容、美发、护肤等。

二、保健项目的特点

(一)技术性强

桑拿、温泉 SPA、足浴、美容、美发的服务水平主要取决于有关服务人员的专业技术水平。这些保健项目的服务操作直接影响客人的人身安全和人格尊严,康乐服务与管理人员必须对此有深刻的认识,在服务操作中保持高度的责任心。

(二)知识性强

保健项目涉及运动医学、临床医学、生物化学等科学理论知识。康乐服务与管理人员的上岗条件和资格,必须符合国家有关的法规、制度,确保客人的身心安全和权益。

(三)时代性强

越来越多的国内宾客光顾酒店的健身房、桑拿洗浴中心、美容美发中心,随着时代的进步,人们的价值取向和审美情趣也在不断地发生着变化,并迅速形成时尚潮流,酒店康乐部的有关部门必须与之适应,只有做到正确引导这些消费潮流,才能得到宾客的欢迎。

三、保健项目经营的特征要求

(一)专业人员是保健项目经营的基础

无论是按摩、搓背,还是足浴都需要由受过专业训练并取得上岗资格证书的人员来提供服务。而且,专业人员水平的高低不仅关系到服务水平的好坏,而且直接影响到保健项目经营的效果。

(二)卫生是休闲保健项目经营的保证

保健项目大多是直接接触顾客身体的服务项目,因此卫生条件直接影响顾客的健康。无论是客人用的物品还是服务设施都应经过严格的消毒,同时,专业服务人员也要做好个人卫生,以确保客人的身体健康。

(三)顾客安全是保健休闲服务经营的出发点

服务人员无论是进行桑拿、按摩,还是理疗,都应把顾客安全放在首位。在经营服务过程中,如果因服务操作失误或康乐设施设备故障而对顾客造成伤害,酒店都负有不可推卸的责任。

第二节　桑拿洗浴类项目的经营与管理

一、桑拿洗浴类项目基本情况介绍

(一) 桑拿基本情况介绍

桑拿又称芬兰浴,是一项蒸汽浴,即在封闭房间内用蒸汽对人体进行理疗的过程。通常桑拿室内温度可以达到90℃以上,利用对全身反复干蒸冲洗的冷热刺激,使血管反复扩张及收缩,以达到增强血管弹性、预防血管硬化的效果。它对关节炎、腰背肌肉疼痛、支气管炎、神经衰弱等都有一定保健功效。

"桑拿"是芬兰语,原意是指"没有窗子的小木屋",这种称呼也与桑拿的起源有关。最初的小木屋不仅没有窗户,甚至连烟囱也没有,浓烟把屋子熏得油黑。因而,那时的桑拿就叫"烟桑拿"。后来,一些富有革新精神的人安装了烟囱,桑拿从此也就有了新颜面。不过,芬兰的一些地方仍然保留着"烟桑拿",但享受一次,却要很多钱,而且很费时间,因为"烟桑拿"要熏蒸上7～8个小时才能达到真正的效果。

桑拿浴分两支传入中国。干桑拿浴由芬兰传入中国,因而被称为芬兰浴;湿桑拿浴则由土耳其传入中国,因而被称为土耳其浴。桑拿浴在融合了中国人特有的养生观念后,逐渐形成了有中国特色的洗浴文化,如结合人体经络穴位的中医桑拿等。如今,以桑拿浴为主体的休闲服务业在中国迅猛发展,特别是在北京、上海及沿海发达城市,洗桑拿逐渐成为都市人缓解工作压力的一个好方法。美容、护肤、排毒的良好功效,也使桑拿浴成为都市女性的最爱。不仅如此,桑拿服务业也逐渐成为一个新兴的第三产业,"中国制造"的洗浴设备如今已在美国、香港、东南亚等地区的国际酒店随处可见,国内各类桑拿洗浴中心(如图5-1所示)的消费也成为拉动内需的一支生力军。

图 5-1　桑拿洗浴中心

1. 桑拿的类型

桑拿通常分为传统桑拿和现代桑拿两种,传统桑拿又分为湿桑拿和干桑拿,现代桑拿是指蒸汽桑拿和药草桑拿。

（1）湿桑拿室的主要设备是桑拿炉,炉上放置作为蓄热体的火山石。当把水浇在炙热的火山石上时就产生了脉冲蒸汽,室内温度可达70℃～90℃,相对湿度约为25%～35%,这种环境差不多是人体所能适应温度范围的极限。这种高热蒸汽对人体有较强的刺激作用,可以加速血液循环,促使毛孔扩张,增强排汗功能,改善皮肤和汗腺功能,提高皮肤的弹性,起到清洁和健美的功效。同时高温使人的大脑活动降低,令紧张的肌肉放松,从而使人疲劳尽消,可助精力恢复。而且火山石含有多种微量元素,其蒸汽对人体有很好的理疗作用。

（2）干桑拿所使用的桑拿炉与湿桑拿是相同的,但一般不在石头上浇水,因此室内空气湿度一般不超过5%～10%,空气温度可高达100℃～110℃。室内高温给人一种身临赤道,在骄阳之下被干晒着、被吸收着身体水分的感觉。

（3）蒸汽桑拿和蒸汽药草桑拿也是使用木制的桑拿屋。一般空气温度为45℃～65℃,相对湿度为40%～65%,是一个相对比较温和舒适的气候环境,不像传统桑拿那样具有强烈的刺激,可以进行长时间放松的沐浴。这种桑拿需要在桑拿炉上加装一个香味分配器,洒上清新的药草或液体香精,使香味充满整个桑拿屋,能起到很好的放松作用。

2. 桑拿洗浴注意事项

桑拿洗浴时可引起一系列全身性生理改变。高温高湿环境会使心跳加快,血压也会有一定程度的升高,而冷水浸泡后又会使心跳减慢、血压下降。因此,室内温度、湿度和入浴时间,包括冷热交换次数等都要有严格控制。初次入浴时,只能在高温蒸汽室内停留5分钟,然后再逐渐延长。由于桑拿浴对人体产生一定的影响,因此下列情况下不宜洗桑拿浴：

（1）有高血压、心脏病病史的患者。因为桑拿浴会引起血压很大范围的波动,增大心脏负荷,易引起高血压、心脏病突发,出现意外甚至危及生命。

（2）饭后,特别是饱餐后半小时内。饭后立即洗桑拿浴,皮肤血管扩张,血液大量回流到皮肤,影响消化器官的血液供应,势必影响食物的消化吸收,对健康不利。

（3）过度劳累或饥饿时。劳累和饥饿时,人体肌肉张力较差,对冷和热刺激的耐受力都有所降低,容易引起虚脱。

（4）经期妇女最好避免洗桑拿浴。经期妇女身体抵抗力降低,洗桑拿浴时,冷和热多次交替,易引起感冒和细菌感染而危及女性身体健康。

3. 桑拿洗浴的保健作用

桑拿浴是一种特殊的洗浴方法,兼有清洁皮肤和治疗疾病两种作用。它通过接连几次的冷热交替可缓解疼痛、松弛关节,使血管得到不断收缩与扩张,运动生理学称之为血管体操,它能达到增强血管弹性,预防血管硬化的效果,在高温环境下可以使人体皮肤深层产生内热效应,全身毛细血管得到扩张,身体出汗量大大超过平时的一般活动,这种畅快的大量出汗有利于排掉身体内的各种垃圾,亦有利于疾病的消除。当身体大量排汗消除皮下脏物时,可提高表皮细胞的通透性,活化细胞,故还具有美容护肤、延缓衰老的效果。在桑拿过程中,肌体不断地吸收炉上火山石散发出来的有益健康的微量元素,有预防疾病的效果。

高温环境下通过肌体大量排汗消耗皮下脂肪,能使人舒舒服服轻松减肥。据测试,蒸桑拿10分钟相当于长跑10000米,因此具有很好的健美减肥功效。对皮肤来说,由于蒸汽浴过程中皮肤血管明显扩张,大量出汗,血液循环得到改善,汗液排泄有助于体内垃圾的排除,使皮肤里各种组织获得更多的营养,对许多皮肤病,如鱼鳞病、银屑病、皮肤瘙痒症等都有不同程度的治疗作用。

桑拿浴是一种既时尚又保健的休闲方式,一身通透以后能使全身放松、疲劳尽消,所以不少工作紧张的人士颇好此道。但需要特别注意的是,如果频繁进行桑拿洗浴,对身体也会构成潜在的风险,所以一定要适度。

4. 桑拿洗浴的流程

浴者更衣之后,先到淋浴室淋浴,以洗去体表的浮尘和皮屑,然后,可以根据习惯先到水压按摩池内泡浴,也可以到桑拿房内蒸桑拿。水压按摩池分冷水和温水两种,药浴和温水池的水温标准在40℃左右,冷水池的水温应在10℃左右。按摩池中装有水流喷口,可喷出急速的水流,能起到按摩肌肤的作用。

在芬兰浴室,浴者坐在木质结构的浴室内,可根据自己的需要,向桑拿炉上被烧得灼热的火山石上淋水,水迅速蒸发成灼热的蒸汽,在这灼热的蒸汽环境中,浴者体内的部分水分迅速变成汗液排出体外。

在土耳其浴室,浴者可以根据需要调节专用的蒸汽发生器的开关,使浴室内充满浓重的湿热蒸汽,其湿度极大。浴者置身其间,仿佛在热带雨林中,在这又湿又热的浴室里,只需很短的时间,浴者就会大汗淋漓、浑身轻松。

为了减少呼吸道的灼热憋闷感,可在入浴室前带一块冰毛巾捂在口、鼻处。蒸桑拿的时间视每个人体质和耐受力不同而异,短者可2~3分钟,长者可达10~20分钟。一般桑拿房中设有沙漏计时器或者钟表,顾客可自行掌握时间。

从桑拿房中出来后,浴者应先在淋浴室将汗水淋去,再进按摩池泡浴。也有的顾客直接泡浴,但这样不太卫生。经常洗桑拿的人往往是蒸得大汗淋漓后,离开桑拿房立即进入冷水池,然后再回到桑拿房,如此反复几次,使肌肤在骤冷骤热的刺激中得到锻炼,提高免疫力。但在此过程中,要多次饮水,以补充体内流失水分。

沐浴后,肌肤会感到十分轻松舒适。此时可换上短衣短裤到休息室的沙发上休息或做按摩。

(二)温泉基本情况介绍

"SPA"一词源于拉丁文"Solus Por Aqua",原意是"经由水带来的健康",即水疗,本意指温泉水疗。

SPA源远流长,始于古希腊时代,是一种利用水之冲力来促进健康及康复的古典护理方法。SPA水疗要追溯到16世纪比利时一个被称作"Spau"的小镇,当时这个拥有丰富自然资源的小镇,有着盐分低、无矿物杂质的自然泉水,人们将它用作饮用与泡浴,因而开启了以水为治疗与保养的先河,后因希腊的医师指出水疗可预防疾病,欧洲皇宫贵族一直流行以水疗来消除疼痛与疾病。

1. 温泉 SPA 功效

温泉 SPA 的功效主要表现为以下四点：一是放松身体、增进体力；二是平衡血液循环、加强免疫系统功能；三是改善消化功能和排泄功能、促进新陈代谢；四是有效提高水中添加剂的渗透力，从而改良身体，达到理想瘦身效果。现代 SPA 所具有的美容、瘦身、美白等功能，都是后来才渐渐发展起来的。

2. 温泉 SPA 流程

温泉 SPA 的主要流程是：淋浴清洁—干蒸或湿蒸—美白去角质—芳香浸泡冲浪—淋巴排毒按摩—泥疗敷体—休息放松—营养餐。

SPA 的过程中所用的产品以香薰成分为主，在清洁过程中有香薰成分的护发、护肤、美体产品；在泡浴过程中尽量使用个人专属配方的精油；在按摩过程中应根据减肥、排毒、减压等需求，采用不同的手法，并配合不同的精油。例如，薰衣草可让身心达到松弛，并有修复作用；柠檬有提神醒脑的作用；茉莉可改善忧虑并放松紧张心情；甜橙可减轻压力、安抚情绪；玫瑰是花中皇后，有保湿、美白、去皱、调节神经内分泌等作用。

3. 温泉洗浴注意事项

温泉是一种特殊的自然资源，经常浸泡不仅有益身体健康，并且有医疗保健、美容养颜等多重功效。不过泡温泉也是很有学问的，如果一些细节注意不到，反而会对人体造成伤害。

（1）饮食须知：尽量吃些食物再入浴。空腹入浴易引起虚脱、眩晕及恶心。因为入浴后皮肤受温热刺激，会分泌类组织胺等物质，促进胃蠕动，增强胃酸分泌，使食欲亢进，易产生饥饿感。浴前吃些食物，可减轻或避免胃的频繁收缩。因此，浴者最好于饱餐后 2~3 个小时入浴。因为入浴后，大量血液会由体内急速流向体表，胃内血液相应减少。但饱食后，胃内需要足量血液供应以助消化，此时入浴，则胃内血液供不应求，容易引起消化机能障碍。而饱餐后 2~3 个小时再浴疗，胃内食物已大部分消化，对身体不会造成不良影响。

（2）时间须知：每次浴疗时间须按自身体质、泉质、泉温及治疗目的决定。一般以浴中感觉舒适为准。高温浴时间不宜太长，微温浴时间可稍长，如 38℃~40℃水温 10~15 分钟即可。矿泉浴疗以 15~20 次为一个疗程，在一个疗程内可每日一浴或隔日一浴，视自身体质而定。每个疗程结束后可休息 3~5 天，体弱者可延长到 5~7 天，然后再进行下一个疗程。一般不要连续浴疗数月，也不要一日数浴，浴疗时间过长反而效果不好。

（3）浴前须知：第一，进行全面体格检查，以排除禁忌症，以免对肌体造成不良影响。第二，熟悉浴疗常识。了解如何就浴、浴中可能出现的反应及处理方法等。第三，适当休息。到温泉疗养地后，先适当休息，适应环境，再开始浴疗。第四，做好浴前准备。每次入浴前要消除恐惧心理，保持安定的情绪，可喝适量开水。

当出现下列情况下应暂停浴疗：暴怒后，饮酒后，彻底失眠，体温超过 37.5℃，恶心、过度疲劳和心慌时。

（4）浴中须知：第一，预防脑贫血。入浴后皮肤血管容易扩张，体内血液涌入扩张的皮肤血管，脑血管会因之产生过性相对脑贫血，发生眩晕、恶心。疲劳或体质虚弱者，更易出现这种反应。对于这种情况，入浴前，先坐在浴池边，头顶温毛巾用双手徐徐向头上淋矿泉水，约 20~30 次，然后再入浴。第二，预防脑出血。关键一点是不宜一下子将全身浸入浴池,应先将两脚浸入浴池,逐渐适应后再缓慢泡进浴池。第三,保护耳道。浴前最好用棉球堵塞外耳道,以免浴水进入耳内,引起中耳炎。第四,浴中如出现恶心、心慌、头晕等现象,应缓慢坐起、出浴,并安静休息片刻。第五,入浴后仰卧时,心前区左前胸部,应露出水面,以免出现心慌、胸闷等不适感。第六,全神贯注治疗,使物理化学刺激在身体形成有益的条件反射,以逐渐消除大脑皮层的病理兴奋灶。第七,出浴时,先缓慢坐起,再逐渐站起,离开浴池。不要突然起立,以防体位性低血压,发生摔伤。

(5) 浴后须知:第一,出浴后立即用干毛巾擦干全身,使皮肤干燥,先穿上衬衣,不要马上多穿衣服,以免出汗感冒。第二,补充水分及钠离子。因浴中出汗比较多,会损失一些钠离子,使人感到疲乏、食欲下降。浴后可慢慢喝几口温盐开水或新鲜泉水,一般浴后半小时可足量饮水。第三,摩擦皮肤。浴后用干毛巾摩擦皮肤,使之充血潮红,可促进血液循环,增强皮肤功能。第四,保持安静,充分休息。浴后一般新陈代谢比较旺盛,极易产生疲劳,最好立即卧床休息半小时以上,以恢复体力。此时最好不要进行旅游活动或做剧烈运动,以便发挥矿泉浴的后续作用。第五,浴后不要立即进行其他物理疗法,也不要马上吸烟和喝酒,以减少刺激,延长浴疗后作用期的效应。

(三) 足浴基本介绍

足浴属于足疗方法中的一种,也同属中医外治法。在我国中医文化中,足浴疗法源远流长,它源于远古时代,是人们长期社会实践中的知识积累和经验总结,有文字记载至今已有 3000 多年的历史传统。到了现当代,随着药物副作用的增多和药源性疾病的不断涌现,越来越多的人更加崇尚自然保健法。作为绿色疗法之一的足浴疗法,由于其操作简单、方便舒适、效果显著,近年来广泛流传,各大宾馆酒店设立的足浴室就是对足浴保健效果的最好证明。

足浴是指通过水的温热作用、机械作用、化学作用及借助药物蒸汽和药液熏洗的治疗功能,起到疏通奉理、散风降温、透达筋骨、理气和血的作用,从而达到增强心脑血管机能、改善睡眠、消除疲劳、消除亚健康状态、增强人体抵抗力等一系列的保健功效。足浴保健可分为普通热水足浴和足药浴疗法。普通热水足浴是指通过水的温热和机械作用,刺激足部各穴位,促进气血运行、畅通经络、改善新陈代谢,进而起到防病及自我保健的效果。足药浴疗法是指选择适当的药物,水煎后兑入温水,然后进行足药浴,让药液离子在水的温热作用和机械作用下通过黏膜吸收和皮肤渗透进入到人体血液循环,进而输送到人体的全身脏腑,以达到防病、治病的目的。

1. 足浴的保健功效

(1) 调整血压。中医学认为,人体五脏六腑在脚上都有相应的投影,脚部是足三阴经的起始点,又是足三阳经的终止点,踝关节以下就有 60 多个穴位。如果经常用热水泡脚,能刺激足部穴位,促进血脉运行,调理脏腑,从而达到强身健体、祛除病邪、降压疗疾的目的。足浴时,水的温度一般保持在 40℃ 左右,太高太低都不好。水量以能没过脚踝部为好,双脚放热水中浸泡 5~10 分钟,然后用手按摩脚心。临床观察发现,采用中药泡脚治疗高血压,可有效地防止药物的毒副反应,且效果较好,由于高血压患者需要长期服药,要减少药物对人体的激素刺激一般采用外用中药法效果比较好。

(2) 改善血液循环。足浴可以改善足部的血液循环。水的温热作用,可扩张足部血管,增高皮肤温度,从而促进足部和全身血液循环。有人做过测试,一个健康的人用40℃~45℃的温水浸泡双足30~40分钟,其全身血液的流量增加女性为10~13倍,男性为13~18倍。可见,足浴可确保血液循环更加顺畅或得到改善。

（3）促进新陈代谢。足浴可促进足部及全身血液循环,血液循环量的增加可调节肌体各内分泌机能,促使各内分泌腺体分泌各种激素,如甲状腺分泌的甲状腺激素、肾上腺分泌的肾上腺素,这些激素均能促进新陈代谢。

（4）消除疲劳。足浴的最大作用就是消除疲劳。古人早已从实践中总结出热水足浴来消除疲劳的方法。

（5）改善睡眠。足浴可通过促进足部及全身血液循环,加速血流、驱散足底沉积物和消除体内的疲劳物质,消除疲劳使人处于休息状态从而改善睡眠。

此外,足浴还具有养生美容、养脑护脑、活血通络保健作用。

2. 足浴禁忌

民间有"养树需护根,养人需护脚"的谚语,冬季气温逐渐降低,足浴养生的人越来越多。用热水泡脚,不但可以促进脚部血液循环,降低局部肌肉张力,而且对消除疲劳、改善睡眠大有裨益。中医认为,足部是足三阴经、足三阳经的起止点,与全身所有脏腑经络均有密切关系,用热水泡脚,可以起到调整脏腑、增强体质的作用。

生活中,有些人习惯在足浴时把脚泡得通红,以为水温越高,效果越好。而事实上,足浴时水不能太热,以40℃左右为宜。这是因为:一方面,水温太高,双脚的血管容易过度扩张,体内血液更多地流向下肢,容易引起心、脑、肾脏等重要器官供血不足,尤其对患有心脑血管疾病的人来说,无异于雪上加霜;另一方面,水温太高,容易破坏足部皮肤表面的皮脂膜,使角质层干燥甚至皲裂。

处于发育期的小朋友尤应注意,如经常用过热的水泡脚,会使足底韧带因受热而变形、松弛,不利于足弓发育,时间一长容易诱发扁平足。糖尿病患者对水温的高低也应特别留意,因为这类患者容易并发周围神经病变,使末梢神经不能正常感知外界温度,即使水温很高,他们也感知不到,就容易被烫伤。

除了水温外,足浴保健时还应注意以下问题：

（1）泡脚时间不宜过长,以15~30分钟为宜。在泡脚过程中,由于人体血液循环加快,心率也比平时快,时间太长,容易增加心脏负担。另外,由于更多的血液会涌向下肢,体质虚弱者容易因脑部供血不足而感到头晕,严重者甚至会发生昏厥。其中,心脑血管疾病患者、老年人应格外注意,如果有胸闷、头晕的感觉,应暂时停止泡脚,立刻躺在床上休息。

（2）饭后半小时不宜泡脚。吃完饭后,人体内大部分血液都流向消化道,如果饭后立即用热水泡脚,本该流向消化系统的血液转而流向下肢,容易影响消化吸收而导致营养缺乏。因此,最好饭后1小时后再进行足浴。

（3）中药泡脚不宜用铜盆等金属盆。许多患有足跟痛、失眠、痛经、高血压病的患者,常用中药泡脚来辅助治疗,但不要用铜盆等金属盆,因为此类盆中的化学成分不稳定,容易与中药中的鞣酸发生反应,生成鞣酸铁等有害物质,使药物的疗效大打折扣。中药泡脚最好用木盆或搪瓷盆。

二、桑拿洗浴类项目的环境设计和布局

（一）桑拿洗浴类项目设施设备要求

（1）桑拿洗浴室应设分隔式小桑拿浴室。
（2）各室天花板、墙面选用防热、防水材料装修。
（3）配浴床、专用水桶、电炉、大勺和橄榄枝，设温度计、湿度计及沙漏计时器。
（4）浴室密闭，房门安全、开启方便、设有安全防护瞭望孔和报警装置。
（5）浴室内各种设施设备安全、完好，其完好率达100%。

（二）桑拿洗浴类项目配套设施要求

（1）桑拿洗浴室旁边要有与接待能力相应档次与数量的男、女更衣室、淋浴室和卫生间。
（2）更衣室配带锁更衣柜、挂衣钩、衣架、鞋架与长凳。
（3）淋浴室各间互相隔离，配冷热双温水喷头、浴帘。
（4）卫生间配隔离式抽水马桶、挂斗式便池、盥洗台、大镜及固定式吹风机等卫生设施。
（5）各配套设施墙面、地面均铺瓷砖或大理石，有防滑措施。
（6）设饮水处。
（7）各种配套设施材料的选择和装修，应与桑拿洗浴设施设备相适应。
（8）配套设施设备完好率应不低于98%。

（三）其他要求

（1）门前应设立客人须知、营业时间、价目表等标志牌。
（2）标志牌应设计美观，有中英文对照，字迹清楚。

（四）加强安全卫生管理

康乐桑拿洗浴项目大多都是直接接触宾客的服务项目，卫生对宾客的健康与卫生来说显得格外重要。酒店桑拿洗浴项目在设计布局时应充分考虑各种因素，切实为宾客提供各种康乐保健服务。

（1）桑拿洗浴场所应设有必要的休息室、更衣室、淋浴室、公共卫生间、清洗消毒间、锅炉房或供暖设施控制室等。更衣室、淋浴室、公共卫生间应分设男女区域，休息室单独设在堂口、大厅、房间等或与更衣室兼用。各功能区要布局合理，相互间比例适当，符合安全、卫生、使用要求。更衣室、浴区及堂口、大厅、房间等场所应设有冷暖调温和换气设备，保持空气流通。

（2）桑拿洗浴场所地面应采用防滑、防水、易于清洗的材料建造，墙壁和天顶应采用防水、无毒材料覆涂，内部装饰及保温材料不得对人体产生危害。

（3）使用燃气或存在其他可能产生一氧化碳气体的沐浴场所应配备一氧化碳报警装置。使用的锅炉应经质量技术监督部门许可。桑拿洗浴场所安装在室内的燃气热水器应当有强排风装置。浴池应配备池水循环净化消毒装置，以确保健康卫生。

（4）桑拿洗浴中心所设更衣室应与浴区相通，配备与设计接待量相匹配的密闭更衣柜、鞋架、座椅等更衣设施，设置流动水洗手及消毒设施，更衣柜应一客一柜。更衣柜宜采用防水材料制造。休息室或兼做休息室的更衣室，每个席位不小于0.125平方米，走道宽

度不小于 1.5 米。

(5) 桑拿洗浴中心浴区四壁及天顶应当用无毒、耐腐、耐热、防潮、防水材料。天花板应有相应措施,防止水蒸气结露。浴区地面应防渗、防滑、无毒、耐酸、耐碱,便于清洁消毒和污水排放,地面最低处应设置地漏,地漏应当有箅盖。浴区内应设置足够的淋浴喷头,相邻淋浴喷头间距不小于 0.9 米,每 10 个喷头设一个洗脸盆。浴区通道合理通畅。浴区内不得放置与沐浴无关的物品。

(6) 桑拿洗浴场所的吸烟区(室)不得位于行人必经的通道上,其室内空气应当符合国家卫生标准和要求。

(7) 桑拿洗浴场所设有食品经营项目的,应符合《中华人民共和国食品卫生法》的有关要求。

三、桑拿洗浴类项目服务要点

桑拿洗浴是酒店康乐的重要组成部分,为保证服务质量,帮助服务人员提供规范化服务,现将桑拿洗浴类项目服务要点介绍如下。

(一) 桑拿洗浴类项目接待服务程序

(1) 当班服务人员每天应提前 10~15 分钟上班,换好工作服,整理好服务台卫生专用品。做好桑拿浴室、休息区、更衣室、淋浴室与卫生间的清洁卫生。保证所有木板不松动,无毛刺,温度计、湿度计、地秤指示准确。

(2) 正式营业前,准备好为客人服务的各种用品,整理好个人卫生。

(3) 在客人进入桑拿浴室前,做好开启桑拿工作,浴室开启后,保证 10 分钟内室温要能达到 80℃。

(4) 登记客人的姓名、房间号、时间和准备做的其他项目。

(5) 向客人说明桑拿洗浴项目的费用标准,并按标准收取费用。

(6) 递送毛巾、服务用品(一条浴巾、一条手巾)及更衣柜钥匙,准确分配浴室,对不熟悉环境的客人作必要的介绍。

(7) 客人享用桑拿洗浴期间,每 10 分钟巡视一次,注意客人情况,满足客人的各项合理要求,如传电话、找人等。

(8) 随时同服务台人员保持联系,有情况及时同服务台沟通。

(9) 客人使用桑拿洗浴期间,如发现洗浴客人有不适感觉或意外情况,应及时采取紧急救护措施,保证客人安全。

(10) 注意保护客人衣物财产安全。

(二) 桑拿洗浴类项目服务人员技能

(1) 具有整理柜橱、座位、打扫卫生、洗刷消毒饮具、浴具及布置环境,按季节温差和浴室要求调节室温、水温的能力;

(2) 具有鉴别不宜公共淋浴的皮肤病的知识;

(3) 掌握有关安全卫生的知识,能处理宾客淋浴"晕池"等突发事故;

(4) 搓背的服务人员必须精通搓背技艺,手平力均,能按宾客要求提供相关服务项目;

(5) 能认真做好营业前准备和营业后的结束工作和交接工作,做好当日营业运行记录。

四、桑拿洗浴类项目的经营管理重点

(一) 桑拿洗浴类项目经营管理的四个关键

酒店桑拿洗浴服务既蕴藏着巨大的商机,同时也存在着极大的风险,如何把握商机,尽可能大地避免风险,增强酒店康乐保健的竞争力,取得洗浴企业的经营成功,已经成为酒店行业当前不可能回避的问题。要保持桑拿洗浴业的良性发展,应该抓好以下四个方面的关键问题。

1. 正确地进行市场定位

影响一个桑拿洗浴类项目经营成功和失败的因素固然很多,但其中最关键的因素就是市场的定位。桑拿洗浴类项目的市场定位必须从自身所处的地理位置、经营环境、消费群体出发,在进行广泛市场调查分析的基础上,根据市场、消费者的需求和竞争对手的特点、优势、长处等综合来考察,做出符合本企业可行的定位,做到企业产品、服务的定位和消费者的要求相吻合,几个定位和消费水平基本一致,浴场环境和宾客要求的水平相吻合,同时在市场定位上要突破单一性,力求多层次,即既要有主导性的定位,也要有非主导性的定位。酒店在选择主要目标市场的同时,还要从实际出发选择多个细分市场作为企业的可争夺市场,尽可能地满足几个消费群体的需求。要抛弃咬住一个价格不放松、认准一个市场不改变的经营思想,改变面向一个市场、一个消费群体的做法。

另外,市场的定位应该是动态的,要改变传统的一成不变的定位,制造随机应变、随市场而变、随行就市、经营灵活的市场氛围。并且要根据市场变化及时地、果断地重新研究和确定新的定位,开阔视野,不断调整客源结构,主动调整市场结构,主动抢占市场,不断推陈出新,推出新款式、新品种、新服务、新特色以抢占市场份额。

2. 形成自己的特色

只有把桑拿洗浴类项目办出特色,才能在买方市场中有竞争力,才能生存和发展,这个特色既要包含保健项目种类的特色、服务的特色、产品和服务组合的特色,也要包含浴场环境氛围的特色,在各种档次桑拿洗浴服务林立的今天,墨守成规的服务、毫无新意的品牌和特色,就必然在竞争中被淘汰,形成自己的品牌特色并不是为特色而特色,而是为了满足和适应消费者求新求异的心理。

3. 重视口碑效应,坚持不懈地抓好服务质量

由于成本费用的原因,普通酒店桑拿洗浴类项目一般不会做电视广告或大型的报刊广告,大型的酒店有时会做部分广告。没有了广告宣传,酒店康乐项目知名度、美誉度就成了从业人员最为关心的问题。客源是桑拿洗浴类项目经营的基础,如何让宾客、大众对浴场有良好的印象,并且保持这种良好的印象,直接关系到企业的生存和发展。因此,酒店桑拿洗浴类项目在经营的过程中必须十分重视"口碑效应"。一旦在消费者当中建立起良好的口碑,客人自然门庭若市,从而给企业带来勃勃生机。

4. 不断提高从业人员的素质,加强商业素质的培训

桑拿洗浴类项目的竞争实际上也是从业人员的竞争,特别是从业人员商业素质的竞争。素质是一个综合性的概念,它包括人的道德、知识、观念、能力、行为等多方面的因素,康乐从业人员的商业素质是指他(她)对桑拿洗浴类项目经营的正确认识、思想观念、必备

的专业知识和业务能力等多方面的综合体现，主要包括经营管理素质、公关形象素质、卫生习惯素质、服务素质等。这些素质的表现贯穿在服务于宾客的思想、观念、方式方法的全过程。桑拿洗浴类项目的经理、主管、公关、服务员的素质直接影响企业的经营。企业要发展，要保持永远立于不败之地，就必须培养一批高素质的人员。

（二）桑拿洗浴服务管理工作的8S模式

1. 客人至上（Sacrosanctity）

任何时候、任何情况，客人的利益都是至上而不可侵犯的。

2. 亲切热情（Smile at the first time）

任何人员在遇到客人时，都必须在第一时间对客人微笑，并在客人说话前向客人问好。

3. 礼貌主动（Service language）

任何人员在对客人服务过程中，都必须将亲切的语气和语调与服务礼貌用语结合起来，并尊称客人姓氏。

4. 标准制宜（Standard and contigency）

服务过程中，按照服务标准程序与规则进行操作和服务，并根据客人情况，以使客人方便为最高原则。

5. 高效美观（Supreme efficiency）

保持最高工作效率，将客人等待时间减少到最低限度。对客人的要求，要在第一时间满足，执行"客人的要求就是我们行动的最高命令"的原则，并在服务中保持操作美观和符合服务标准要求。

6. 周到细致（Satellitic）

对无意中给客人带来的任何不便和打扰，均应真诚道歉，并做好补救性服务，直至客人满意，随时注意为客人服务的机会，并主动满足客人需要。

7. 时刻关注（Shuttling）

当值在岗时，必须时刻不间断地关注客人，及时发现服务的时机，主动地提供服务，避免或减少被动服务的现象（等到客人招呼时进行的服务），杜绝无人服务的现象。

8. 服务到底（Serveto perfect）

任何时候和任何地点，客人向任何一位酒店员工提出要求时，该员工均应负责服务到底，直至让客人满意，不得借故推诿或随意支使客人。

（三）加强桑拿洗浴类项目卫生管理制度

衡量酒店桑拿洗浴类项目条件好坏的基础标准就是卫生条件优劣。做好桑拿洗浴类项目的卫生管理是保证酒店康乐部正常营业的基础和前提。

1. 建立健全洗浴中心卫生管理制度

桑拿洗浴中心要建立健全各类规章制度，有专人负责卫生工作，并列入岗位责任制。浴室内气温、水温以及相对湿度有专人负责记录，有专人负责清洗消毒。更衣室保持地面干燥无积水，存衣柜、条凳、散床要保持清洁。应设置必要的急救药品和凉、热开水，以备各类浴客之用。

2. 对顾客的有关要求

桑拿洗浴中心应做好卫生宣传工作，谢绝客人自带毛巾、浴巾。严禁患有各种传染性皮肤病的顾客及酗酒者入浴。

3. 做好公用物品的消毒工作

桑拿洗浴中心要有足够、有效的消毒设施、药品。不应设公用毛巾,对确属需配备的毛巾,必须做到一客一消毒。下水巾、面巾要有明显的标志。修脚工具、浴盆、拖鞋用后及时消毒。浴室男、女部座位的大浴巾、垫巾要勤换洗、消毒。公用茶具一客一消毒。

常用的公共用品消毒,可参考酒店常用消毒方法。拖鞋可用漂白精片、次氯酸钠消毒。面巾、浴巾可用蒸汽、煮沸等方法消毒。修脚工具可用紫外线照射消毒,浴盆(池)可用漂白粉擦洗、开水冲烫等方法消毒。

4. 对从业人员的卫生要求

从业人员必须经过卫生知识培训,每年进行健康体检,持健康合格证方可上岗。

小知识

桑拿洗浴中心夜间服务注意事项

(1) 负责继续完成上班交接的工作及宾客交办的事项和日常服务要求。

(2) 对于在休息厅留宿的客人,要嘱咐他们带好随身物品,对需要在本部门寄存的物品,服务人员要认真办理寄存手续,防止误取和丢失。

(3) 注意夜间安全,夜间要多巡视,发现客人睡觉时有电话、钱包等贵重物品未放好,要及时提醒,时刻注意客人进出、走动情况。

(4) 注意有无可疑人、物及影响留宿客人安全的情况,随时采取跟进服务的方法。

(5) 对醒酒的客人应加以保护,以防意外事件发生。

(6) 发现客人患重病或精神失常、情绪激动时,应及时上报上级领导并立即采取适当的服务措施,以防患于未然。

(7) 如果客人在营业区发生意外,应及时上报上级领导,以便采取相关措施。

(8) 夜间服务员下班时,应将夜间工作情况详细交接清楚。

(9) 夜间值班人员如遇紧急事情需要离开时,应经上级领导允许,派人接替方可离开。

(10) 休息大厅内一人一床,不允许双人同床,尤其是男女客,如遇此类情况发生,服务人员必须按照对客服务要求向客人说明、劝阻。

(11) 夜间工作人员应做好外买商品、所需物品的准备工作,以备客人所需。

相关链接

桑拿洗浴中心工作人员的主要职责及任职要求

一、桑拿洗浴中心主管(领班)的主要岗位职责及任职要求
(一)主要岗位职责
(1)全面负责和主持洗浴中心的日常工作,贯彻公司各项规章制度和总经理的指令,保证各项任务的顺利完成。
(2)根据公司的规章制度和各项设施的具体情况,提出部门管理制度和布置下属工作任务并监督贯彻实施,保证各项管理工作的协调发展。
(3)负责制定部门各设施项目人员编制,做好员工培训工作。
(4)根据市场和客人要求变化提出调整各设施项目的经营方式、营业时间、产品和收费标准等管理方案。
(5)负责部门预算、控制成本开支、提高经济效益,检查、督促、指导各岗位的工作。
(6)保持与宾客的良好关系,随时征求、处理客人意见,适时提出整改措施。
(二)主要任职要求
(1)接受过浴场服务方面的专门培训,熟悉浴场服务项目和标准,具备浴场管理、心理学知识。
(2)具有一定的号召力和凝聚力,了解有关浴场服务方面的法律法规。
(3)有较好的人际关系处理能力,善于处理与客人之间的关系。

二、桑拿洗浴中心服务员主要岗位职责及任职要求
(一)主要岗位职责
(1)负责桑拿浴场服务的预订、开单、接待服务工作。
(2)负责桑拿浴场营业场所的环境卫生清洁工作。
(3)负责营业前的各项准备工作。
(4)负责维护保养桑拿浴场的设备设施。
(5)向客人讲明注意事项,提醒客人注意安全。
(6)每天对按摩池水质取样化验,随时监测桑拿浴室的温度和按摩池的水温。
(二)主要任职要求
(1)具有良好的语言和沟通能力,能够与客人进行有效交流。
(2)了解有关浴场服务方面的法律法规。
(3)熟悉浴场服务项目和标准。
(4)熟悉桑拿浴服务的各项规程、桑拿浴的特点和基本知识。

第三节 按摩保健类项目的经营与管理

一、按摩保健类项目基本情况介绍

一般情况下,酒店康乐部的保健按摩室(如图5-2所示)都是与桑拿浴室连在一起的,因为它们都属于被动式的健身项目,客人也往往愿意两个项目一起消费。但两者之间还是存在着一定的差别。

按摩保健是由按摩师运用推、拿、揉、按等手法对客人身体的不同部位或经络进行按摩,从而达到促进血液循环、经络通畅、消除疲劳、增进健康的目的。自古以来,每当人们腰酸、背痛、疲劳、失眠时,就会用手掌或手指直接去按压该部位或某些穴位,以减轻症状,按摩可以说是一种医疗方法。这种古老的医疗方法流传到现代,已渐渐演变成一项休闲方式。整天忙碌的现代人,在他们工作之余上按摩院享受专业的指压按摩服务,不但可以预防疾病,而且可以消除疲劳放松身心。目前,身体并无病痛的客人也喜欢接受按摩以享受舒适的服务,达到保健的目的。

图 5-2 保健按摩室

小知识

按摩的发展历史

按摩是中国最古老的医疗方法。按摩,又称推拿,古称按硗(指按摩矫捷、舒畅筋骨)、案扤(案,通按;扤,通玩。案扤,即按摩)等,是我国劳动人民在长期与疾病斗争中逐渐总结认识和发展起来的。

在原始社会,原始人在生产劳动时或与野兽搏斗中,必定有一些外伤发生。出现疼痛,他们自然地用手去抚摸,按揉逐步收到效果;当人体的某一部位受到损伤出血时,人们便本能地用手按压以止血;当损伤使局部部位隆起时,人们又本能地通过抚摩、揉动使隆起变小或消失,从而缓解了肿痛。另外人们发现,用石片等刮擦某些部位能缓解一些特定的病痛,人类本能地重复应用一些能够祛病的抚摸按揉手法,经过时间的延续,这些手法得到发展和积累。在长期的认识实践过程中,按摩逐渐从无意识的偶然动作演变成为人们自由运用的系统的治疗方法。在几千年前,我国祖先就为按摩奠定了基础,并逐步形成我国的按摩学科。

从商代殷墟出土的甲骨文卜辞中可以发现,早在公元前 14 世纪,就有"按摩"的文字记载。中国古代文献《史记·扁鹊仓公列传》中说:"上古之时,医有俞跗,治病不以汤药……而以桥引、案扤、毒熨等法。"这些记载中的"案扤"、"桥引"都指的是按摩。

春秋战国及其以前时期,《庄子》《老子》《荀子》《墨子》等著作也提到了锻炼及自我按摩的方法。《周礼疏》中记载的扁鹊治愈虢太子尸厥的医案,不仅说明这种综合性治疗产生的奇特效果,而且说明按摩在临床应用中的重要作用。

秦汉时期出现了中国现存最早的医典——《黄帝内经》,共 36 卷 162 篇,其中《素问》有 9 篇论及按摩,《灵枢》有 5 篇论述按摩。《黄帝内经》不仅记载了按摩的起源,而且指出了按摩的作用和应用,对按摩疗法有了较为具体的论述,为后世继承和发扬按摩奠定了理论基础。《素问·血气形志篇》说:"形数惊恐,经络不通,病生于不仁,治之以按摩、醪酒。"指出了经络不通,气血不通,人体中的某个部位就会出现疾患,在治疗上可以用按摩的方法疏通经络气血,达到治疗的作用。《黄帝内经》中曾有按摩工具的记载,《九针》中的"圆针",既用于针灸,也用于按摩,常配合使用。秦汉时期,按摩已经成为主要的治疗方法之一。根据《汉书·艺文志》记载,我国第一部按摩专著《皇帝岐伯按摩十卷》(已佚)在此时期问世。

在三国时期,开始形成按摩与导引、外用药物配合应用的方法,出现膏摩、火灸。名医华佗曰:"伤寒得始,一日在皮肤,在膏摩火灸即愈。"他还根据虎、鹿、熊、猿、鹤的动作,创造了最早的按摩导引术——五禽戏。

魏、晋、隋、唐时期,设有按摩科,又相应建立了按摩医政。《隋书·五官志》中有按摩博士 2 人的记载,这说明隋代已设有按摩博士的官职。《旧唐书·职官志》载有按摩博士 1 人、保健按摩师 4 人、按摩工 16 人、按摩生 15 人。按摩博士在保健按摩师和按摩工的协助下,指导按摩生学习按摩导引之法,开始在官府重视下有组织地开展按摩教学活动。此时有按摩专著问世,如《按摩导引经十卷》。隋代的《诸病源候论》,每卷之末均有导引按摩之法;《千金要方》云:"小儿虽无病,早起常以膏摩囟上及足心,甚逼风寒。"《唐六典》曰:"按摩可除八疾,'风、寒、暑、湿、饥、饱、劳、逸'。"在这一时期,已经基本上形成了系统的按摩疗法。

宋、金、元时期,按摩疗法得到了进一步的发展。这时,不仅其治疗范围扩大了,而且还将按摩用于妇科催产。宋代庞安时"为人治病,率十愈八九。有民间孕妇将产,七日而子不下,百术无所效,令其家人以汤温其腰腹,自为上下抚摩,孕者觉肠胃微痛,呻吟间生一男子"。这说明当时按摩对处理难产已经积累了丰富的实践经验。

到了明代,太医院将按摩列为医政十三科之一。随着按摩的进一步发展,许多按摩专著相继问世,以小儿推拿方面的专著居多,如中国现存最早的小儿按摩书籍《小儿按摩经》

及《小儿推拿方脉活婴密旨全书》《小儿推拿秘诀》等。

清代,"崇儒尊道"的封建礼教占据统治地位,认为按摩"有伤大雅",属劳力者的"贱技",系非"奉君之道",遂使按摩术遭到政府的冷落。但由于按摩疗效显著,故在民间仍有发展,特别是小儿推拿比较盛行。这一时期出现了大量的小儿推拿专著,如熊应雄的《小儿推拿广意》、骆如龙的《优科推拿法》、钱怀村的《小儿推拿直录》、张振钧的《厘正按摩要术》、夏云集的《保赤推拿法》等。这一时期对伤科病也进行了系统的总结,在《医宗金鉴》中把"摸、接、端、提、按、摩、推、拿"列为伤科八法。随着经验的丰富,在理论方面有了很大的提高,对按摩的治疗法则和适应症也有较为系统和全面的论述。

新中国成立以后,各地办起了按摩推拿学校、专科医院。按摩推拿的治疗范围包括了内、外、妇、儿、五官等各科疾病。同时,各地还开展了按摩作用和治病机理的初步研究,以及按摩推拿历史文献的整理工作,出版了《按摩疗法》《中医推拿讲义》《中医按摩学简编》《中医按摩脏腑图点穴法》《新推拿十八法祥解》等按摩专著。20世纪70年代末,中医的发展进一步得到重视,上海、北京、河南、陕西、山西等地相继恢复兴办了按摩学校,一些中医院校增设了针推系,培养了数已千计的按摩人才。保健按摩正式走入普通百姓的生活。

(一)按摩保健类项目的分类

按摩根据目的不同,可分为医疗按摩和保健按摩两种。医疗按摩主要是针对特殊部位的疾病对症按摩,保健按摩主要是以健身、休闲为目的。根据手法不同,按摩又可分为以下几种。

1. 中式按摩

中式按摩强调中医上的保健功能,是对身体、头部、手及脚进行的按摩、按压及叩击。这种按摩不只限于皮肤,还可深达肌肉、骨,其动作较慢也更深沉,有益于放松肌肉,加快静脉回流,增加血红素含量,促进淋巴液循环,加强关节的结构组织,消除紧张和焦虑。

2. 港式按摩

港式按摩主要是针对人体全身的穴道进行指压按摩,范围包括头、颈、肩、臂、腹、胸、背、腰、足等多处。穴道是人体脏腑经络气血输注于体表的部位,通过对经络穴道的按压,以达到平衡机体能量及促进健康的目的。当经络失去平衡时,精气可能不足或过剩,进行经穴按摩,具有缓和调节机能的作用,使精气重新平衡,身体可自行康复。经穴按摩有缓和流畅的抚摩,也有揉捏和摩擦,主要技法是按压和押拉。

3. 泰式按摩

泰式按摩是一种将中国传统的武术功夫及健美运动的基本功力相结合的一种按摩方法。武术基本功的盘腿、踢腿、闪腰、拉弓、蹬步、盘坐,健美操的慢跑、紧腰、压腿、拉腰、摆臂等在泰式按摩中均有展现,因此也称之为"中华按摩"。人们自身不主动运动,而是按摩师帮助促进身体各部位肌肉松弛、韧带拉长,全身骨关节的放松,进行一次全身运动和锻炼。理疗学上称之为"静疗运动"。

4. 足底按摩

足底按摩疗法是通过对人体各脏器在足部相对应的反射区进行手法刺激的一种疗法。中医认为,足底的反射区分布是将人体整体缩小投影,反射到足部,是局部反映整体的一种表现。当人体脏器发生病理改变的时候,会在双足对应的反射区产生压痛,那么这个部位即为病理反射区,在治疗的时候就以这些反射区作为重点。

在进行足底按摩的时候,可以用拇指的螺纹面、食指和中指的指间关节对反射区进行按揉点压,也可以使用一些光滑的砭石刺激反射区。足底按摩一般以压痛反应比较强的部位为治疗重点,按照先左足后右足、先主要区域再次要区域的顺序进行治疗。

人体的脚上有六十多个反射点,与人体的主要脏器相对应。按摩以力为基础,而力有三要素,即力的作用点、力的大小以及力的方向。按摩力道并非越大越好,有些人误以为越痛越有效而强忍着,反而会导致足部损伤。受过专业训练的按摩师推拿手法得当,就可以取得应有的效果。反之,则会带来许多弊端。

常言说"千里之行,始于足下"、"鹤发童颜,步履轻健"。这些话早在《黄帝内经》中就论述了足部保健养生的理论原则,它们无不说明足部健康的重要。千百年前,我们的祖先就使用足部按摩的方法来达到治病和保健的目的。足部按摩通过对足部表面施加压力使它影响全身,调节身体各器官的功能。

足部与全身脏腑经络关系密切,承担身体全部重量,故有人称足是人类的"第二心脏"。有人观察到足与整体的关系类似个胎儿平卧在足掌面。头部向着足跟,臀部朝着足趾,脏腑即分布在跖面中部。根据以上原理和规律,刺激足穴可以调整人体全身功能,治疗脏腑病变。人体解剖学也表明脚上的血管和神经比其他部位多,无数的神经末梢与头、手、身体内部各组织器官有着特殊的联系。所以,单纯对足部加以手法按摩,就能治疗许多疾病。

足部按摩的常用手法之一叫做单食扣拳法,用食指的关节部刺激有关部位。它主要用于脚底部,因为按照足部反射区分布,有很多内脏反射区全在脚底,必须力度比较大,才能起到有效刺激作用。脚内侧、脚面是骨膜,要柔和地刺激,不能力度太大,否则容易伤到骨膜。

按摩双足治疗疾病和保健有五个必须选择的反射区,第一个反射区就是腹腔神经丛,第二个反射区是脾脏,第三个反射区是肾脏,第四个反射区是输尿管,第五个反射区是膀胱。这五个反射区是在按摩的开始或结束时都必须加强的。

在进行足部按摩时,要因人而异,手法灵活运用,按压区位时,要进行适度持续性的刺激,有正常的压痛感最好,应以反射区内压痛最敏感部位为重点,当体内器官发生病变时,双足相应的反射区会有针刺感。另外,进行足部按摩时应保持室内清静、整洁、通风,按摩前用温水洗净足部,全身放松。按摩每个穴位和病理反射区前,应测定一下针刺样的反射痛点,以便有的放矢。按摩结束后30分钟内患者应喝一杯温开水,这样有利于气血的运行,从而达到良好的按摩效果。

(二)提供按摩服务应注意的事项

(1)按摩前要修整指甲、热水洗手,同时,将指环等有碍操作的物品预先摘掉。

(2)态度要和蔼、严肃细心,要耐心地向客人解释病情,争取客人的合作。

(3)客人与按摩师的位置要安排合适,特别是客人的坐卧等姿势,要舒适而又便于操作。

(4)按摩手法要轻重合适,并随时观察客人表情,使客人有舒服感。

(5) 按摩时间,每次以20～30分钟为宜,按摩次数以12次为一疗程。
(6) 客人在大怒、大喜、大恐、大悲等情绪激动的情况下,不要立即按摩。
(7) 饱食之后,不要急于按摩,一般应在饭后2小时左右为宜。
(8) 按摩时,有些客人容易入睡,应注意室温,取毛巾盖好,以防着凉。当风之处,不要按摩。

(三) 按摩保健项目禁忌

(1) 严禁在空腹、饱食后进行按摩。人体在饱食后,血流加快,胃蠕动增强,此时按摩易引起呕吐、胸闷等不良反应;如空腹状态进行按摩,因体表有很多穴位通过经络与胃相联系,当体表按摩的刺激反射引起胃蠕动时,造成胃空磨,易损害胃黏膜而诱发胃病。所以饥饿或饭后半小时内不宜做按摩。

(2) 忌在有痈疖、肿瘤的部位按摩。这些部位多有相应毛细血管与病变组织相连,体表按摩使得毛细血管扩张,局部血流量增加,导致病变的扩散而加重病情。尤其是面部危险三角区内,哪怕是一个小小疖肿,经过按摩挤压,都可能使细菌或脓栓沿着与其沟通的静脉血管进入脑部,引起脑组织的相应病变而危及生命。

(3) 骨折、骨裂、骨结核患者严禁按摩。因为骨质受损后,会有大量的渗出物,骨质本身也变得十分脆弱,按摩只能加剧病情的恶化,同时也会给患者造成巨大的痛苦。

(4) 患有皮肤病、传染病的传染期内不能按摩,以免造成疾病传播。淋巴管炎、血友病、恶性肿瘤患者若接受按摩,易加剧病情或引发皮下出血。

(5) 骨质疏松或严重缺钙者不宜接受按摩,因为外力的作用会导致骨折或骨裂。

(6) 脑血栓或心脏经过大型手术后、严重的高血压等循环系统疾病的患者也不宜接受按摩治疗,因为按摩可以加快血流速度,从而加剧循环系统的负担。

(7) 女性妊娠期、髓形颈椎病患者,也应该慎用按摩。

(四) 按摩保健类项目适应症

总的来说,按摩保健类项目的适应症非常广泛,在提倡绿色健康的今天,按摩以它独特的治疗方法和优势正在被更多的人所接受。

(1) 当身体疲劳时,最快的恢复方法就是做一个保健按摩或足底按摩,通过专业按摩手法可以解除肌肉疲劳,加快新陈代谢,松弛神经,并具有很好的催眠作用。

(2) 急性损伤、慢性劳损患者,通过药物往往只能缓解一时的病痛,长期服药带来的副作用也是不可避免的。而通过按摩不仅可以减轻病痛,还可起到标本兼治的作用。

(3) 颈椎病、腰椎间盘突出患者,虽然西医界不主张按摩治疗,但经过按摩医师长期的临床实践,却收到了惊人的疗效。尤其在急性发作期,通过按摩治疗,对减轻病症具有疗程短、见效快的特点。

(4) 按摩对于各种寒症,如肩周炎、各类关节炎等,可以达到活血化淤、祛风散寒的效果。

(5) 足底保健虽然没有传说中的那样神奇,但通过对足底反射区的按摩刺激,可以增强五脏六腑自身的功能,调节内分泌系统的平衡,提高免疫力,促进消化和吸收,从而达到防病健身的作用。

(6) 按摩独创的小儿捏脊法对治疗婴幼儿的厌食症具有很好的功效。

总之，按摩保健是一种应用范围十分广泛的治疗方法，无论是整体的调整，还是局部的推拿，当补则补、当泄则泄，不同的操作具有不同的作用。古代医学著作用"温、通、补、泻、汗、和、散、清"这八个字对按摩的作用进行了经典的概括。

相关链接

表 5-1　初级保健按摩师国家职业标准及工作要求

职业功能	工作内容	技能要求	相关知识
接待与咨询	接待宾客	(1)能够做到主动、热情迎接。(2)能够做到形象得体、举止适度、尊重宾客。(3)能够正确运用有关文明用语及礼仪、礼节	(1)当地风土人情。(2)礼仪、礼节知识。(3)文明用语
	服务项目介绍与咨询	(1)能够完整介绍按摩服务项目及收费标准。(2)能够根据宾客需求推荐服务项目。(3)能够向宾客简单介绍按摩的基本作用。(4)能够发现宾客的按摩禁忌症	(1)按摩服务项目及价格。(2)按摩基本作用。(3)按摩服务程序。(4)心理学基本知识。(5)按摩禁忌症
按摩前的准备	整理按摩室及个人卫生	(1)能够保持良好的室内和个人卫生。(2)能够保持按摩室温度适宜、空气清新	(1)个人卫生知识。(2)环境卫生常识。(3)公共卫生知识
	准备按摩用品用具	(1)能够正确选用各种保健按摩所需的用品、用具。(2)能够指导宾客洗浴更衣	各种保健按摩用品、用具的作用和使用方法
按摩操作	头面部按摩	1. 能够按以下操作顺序进行头面部按摩操作：(1)分抹前额 5~10 次，(2)轻揉眼眶 5~10 圈，(3)轻摩下颌及面部 3~5 次，(4)按压印堂到百会 3~5 次，(5)按压风池穴 1~2 分钟，(6)梳理头皮 2~3 分钟，(7)轻揉耳廓 1~2 分钟 2. 能做到手法轻快柔和 3. 能使宾客感到头面部舒适放松	(1)头面部解剖学基本知识。(2)按摩、揉、压、点、抹的操作要领。(3)百会、印堂、风池、太阳穴的定位
	上肢按摩	1. 能够按以下操作顺序进行上肢按摩操作：(1)拿揉上肢 3~5 次，(2)按揉腕关节 1~2 分钟，(3)点按曲池、手三里、合谷穴。(4)推揉手掌并拨伸指关节 2. 能够做到手法力度适宜 3. 能够使宾客感到上肢舒适放松	(1)上肢主要关节、骨骼的名称和有关解剖学基本知识。(2)拿、按、揉、压、点、搓法的操作要领。(3)曲池、手三里、合谷穴的定位

续 表

按摩操作	下肢按摩	1. 能够按以下操作顺序进行下肢按摩操作：(1) 直推下肢前、内、外侧 3～5 次，(2) 拿揉下肢前、内、外侧 3～5 次，(3) 按压足三里穴 1～2 分钟，(4) 推摩足背 10～20 次，(5) 活动踝关节 5～8 圈 2. 能够做到手法持久有力 3. 能够使宾客感受到下肢轻松舒适	(1) 下肢主要骨骼、关节的名称和有关解剖学基本知识。(2) 按、揉、压、推、拿法的操作要领。(3) 足三里穴的定位
	颈肩部按摩	1. 能够按以下操作顺序进行颈肩部按摩：(1) 拿揉颈肩部 2～3 分钟，(2) 按压肩井穴 1～2 分钟 2. 能够做到手法柔和有力 3. 能够使宾客感到颈肩部轻松舒适	(1) 颈肩部解剖学基本知识。(2) 拿、揉、按、压法的操作要领
	背腰部按摩	1. 能够按以下操作顺序进行背腰部按摩操作：(1) 直推背腰部 3～5 次，(2) 指压脊柱两侧 3～5 遍，(3) 掌揉背腰部 3～5 遍，(4) 按揉肾俞穴 2～3 分钟 2. 能够做到手法柔和均匀、持久有力 3. 能够解除宾客腰部疲劳	(1) 脊柱的解剖结构知识。(2) 按、揉、推、压法的操作要领。(3) 肾俞穴的定位
	下肢按摩	1. 能够按以下操作顺序进行下肢后侧按摩操作：(1) 拿揉臀部及下肢后侧 3～5 分钟，(2) 轻压环跳、委中、承山穴，(3) 直推臀部及下肢后侧 3～5 次，(4) 搓推脚心 1～2 分钟，(5) 推按足底 1～2 分钟，(6) 拔抻趾关节，(7) 叩击足底 10～20 次 2. 能够做到手法渗透有力 3. 能够使宾客感到下肢轻松舒适	(1) 足部解剖学基本知识。(2) 按、揉、压、拿、推、搓、拔抻法的操作要领。(3) 环跳、委中、承山穴的定位

二、按摩保健类项目的设计与布局

（一）按摩保健类项目营业服务场所要求

（1）酒店按摩保健场所的面积应不小于 200 平方米，席位配置不少于 20 个；社区服务性质的足浴保健店的面积应不小于 50 平方米，每个席位服务区域不少于 4 平方米。

（2）建筑物外立面保持完好、整洁、美观。行业标志明显规范，店招、店牌等服务标志按规定设置，完好整洁。

（3）房屋结构安全，墙体和楼板防水性能强，墙体牢固，室内采光、通风良好，地面平整防滑，墙壁保温。

（4）各功能区应布局合理，相互间的设置比例适当。

（5）足浴保健区域、房间等休息场所应当空气流通、无异味，空气主要卫生指标符合国家有关标准，使用集中通风空调系统的应符合《公共场所集中空调通风系统卫生管理办法》的规定,有调温设备。

(6) 污水排放和处理、锅炉燃烧排气、噪声以及图标等相关内容应符合政府相关管理部门的基本要求。

(二) 营业服务设施要求

(1) 经营服务设施,包括泡脚用的木桶、瓷盆、浴足器皿、保健按摩沙发、护脚巾、垫脚巾、按摩使用的消毒设施、按摩工具、修脚用具、茶具、毛巾、拖鞋、足浴保健液等齐全完备,并符合卫生标准,服务场所的沙发、茶几、搁脚凳牢固安全。

(2) 有与足浴保健区域相适应的男女卫生间、操作间、洗涤消毒操作室。

(3) 房间的装修设施符合有关职能部门的规定。

(4) 员工生活区应与经营场所分开。

(5) 按摩室前或旁边应设休息室。

(6) 休息室室内应配有沙发座椅、电视、书报杂志。

(7) 客用上衣、短裤等按摩衣、拖鞋、按摩用品齐全、完好,质地优良,能够适用于客人按摩服务需要。

(三) 其他要求

(1) 按摩室的灯光设备一般设于前墙上,光线柔和向上。

(2) 按摩床的设计要专业且舒适。

(3) 空调设备要小心使用,冷空气不能吹向床上。

(4) 按摩室门前应设立客人须知、营业时间、价目表等标志标牌。

(5) 标志标牌应设计美观,有中英文对照,字迹清楚。

三、按摩保健类项目的服务要点

在按摩服务过程中,客人可根据自己的要求选择按摩师,然后穿上专用的干净的按摩服或睡袍,在按摩室放松身心,享受舒适的指压按摩等保健服务。

(一) 按摩人员的要求

(1) 具有医疗保健和按摩服务专业技术知识,持证上岗。

(2) 掌握人体各部位肌肉、穴位施术的一般手法。基本做到用力得当、选穴准确,能缓解一般的肌肉损伤等病状。

(3) 能运用推、拿、按、摩、揉、压、拨、点、拍等15种基本手法。

(4) 能正确使用按摩器械、用品和工具。

(5) 熟练掌握按摩师的工作内容及工作程序,正式营业前要准备好为客人服务的各种用品。

(6) 穿着按摩室专用工作服上岗,颜色标志醒目。

(7) 每日营业前整理好按摩室、休息区、更衣室、淋浴室与卫生间的清洁卫生,认真细致地检查按摩室设施、设备,保证按摩设施的卫生。

(8) 当服务员带客人进入按摩室时,应主动向客人介绍按摩种类、特点,耐心、细致地帮助客人选择按摩项目。

(9) 准确记录客人姓名、洗浴柜号、按摩项目、按摩时间,并指定按摩师。

(10) 及时通知有关人员做好准备,使客人有方便感。

(11) 服务热情、礼貌、大方,但又要掌握分寸。

(12) 具有通过"望"诊判断宾客身体状况的一般能力,回头客能够称呼姓名或职衔。

(13) 服务操作规范,能够回答客人提出的有关问题。

(二) 按摩服务的标准

(1) 客人到来时,主动问好、迎接、询问客人有无预约,做到热情、礼貌。

(2) 开始按摩前 15 分钟,向客人提供整洁干净的专用按摩衣和已消毒的拖鞋。

(3) 请客人更衣。

(4) 询问客人是否需要做桑拿浴。

(5) 按摩室一般应能够提供全身和局部 5 种以上按摩服务项目。

(6) 开始按摩前,热情、礼貌、耐心地询问客人需要按摩的项目、部位。

(7) 按摩过程中,每一个按摩项目均按操作程序和技术要求操作。

(8) 按摩一般计时收费,需做到时间够,按摩部位、穴位准确,力度掌握适当。

(9) 细致观察客人的反应和面部表情。

(10) 征求客人意见。

(11) 向客人致谢并欢迎客人再次光临。

四、按摩保健类项目的经营管理重点

(一) 加强按摩保健类项目环境卫生管理

(1) 落实酒店环境卫生责任区制度,做到内外环境整洁卫生、舒适,室内配有垃圾桶(箱)。

(2) 配备充足干净的清扫工具,定期做好卫生清扫工作,及时清运废弃物并统一定点处理。卫生间和装废弃物的容器应无病虫害滋生、无积水、无异味。

(3) 入口处应设有"禁止有传染性皮肤病或其他传染性疾病患者进行按摩保健"的文字或标志。

(4) 供按摩保健用的器具在客人使用前必须保持清洁,使用后必须清洗、消毒,使用时应加设防渗、防漏的一次性塑料袋或更科学的保护材料。

(5) 消毒设施、设备齐全,应有相应明显标记的清洗、消毒、保洁设施,按摩保健器皿应每次清洗且至少每周消毒一次,茶具、毛巾、拖鞋、客服、垫巾、床单等公共用具应一客一换、一洗一消毒。

(6) 按摩保健场所应使用经卫生行政部门批准的、安全有效的消毒药剂和消毒器械以及其他符合要求的卫生用品。

(7) 提供的按摩膏、按摩保健用液和其他护肤品应符合国家相关规定。

(8) 使用各种器械、设施及饮水设备应符合国家有关质量和卫生标准。

(9) 卫生间应及时清洗消毒,有座式便器的应提供一次性垫圈纸。

(10) 直接为客人服务的人员在服务过程中,应符合卫生要求,为客人提供按摩保健服务前必须洗手清洁,并使用消毒制剂对手部进行消毒。

（二）加强安全管理

（1）在对客人进行按摩保健服务过程中，应确保宾客的人身、财物安全。

（2）消防安全条件应符合《公共娱乐场所消防安全管理规定》等消防法规要求，建筑结构应达Ⅰ级、Ⅱ级耐火等级要求。消防设施齐备完好，紧急出口畅通无阻碍，有明显标志，走廊通道畅通，应有疏散指示标志和应急照明灯。

（3）锅炉安装使用符合相关部门有关规定。使用电热水器供水的店铺，电热水器的安装及使用必须符合安全要求。

（4）应有齐全的供暖、保温、通风系统和供应冷热水设备，并设有明显的标志。上下水道及闸门开关等设备完善安全。

（5）平面布局、装修材料及电器线路的铺设应符合消防规定和有关国家强制标准的规定。

（6）消防和使用特种设备，都应有应急救援预案，并适时演练。

（三）具体经营管理要求

（1）证照齐全，并悬挂在经营场所的醒目处。

（2）严格按照国家的有关法律、法规和行业的规定组织经营和管理，有健全的规章制度和各工种的操作程序、质量标准、服务规范。

（3）有完善的财务制度、营业结算制度和保护宾客财物的制度。

（4）卫生消毒设备、设施保持齐全完好，有检查和维修制度。

（5）应明示本企业的服务项目、收费标准、营业时间和注意事项。

（6）应急预案和事件的处理应遵循以下步骤：第一，按摩保健场所应当制定预防传播传染性疾病的应急预案，当发生可能通过场所传播传染病疫情时，应按照卫生行政部门的要求启动应急预案；第二，事故报告责任人是经营单位负责人及卫生负责人，其他人员也有义务报告。

（7）按摩保健场所应建立健全各种管理档案。相关档案有以下几种：第一，各类证照，包括营业执照、卫生许可证、税务登记证、消防验收合格证、从业人员健康合格证等；第二，企业管理制度，包括培训考核制度、自身检查与检测制度、公共用品清洗消毒更换制度、禁忌制度、组织领导机构和人员岗位职责等；第三，有关记录，包括公共用品清洗消毒更换记录、自身检查与检测记录、培训考核记录、集中空调通风系统清洗消毒记录等；第四，有关证明，包括预防性建筑设计审核、集中空调通风系统竣工图纸、有关消毒设施、消毒药物、饮水设备、护肤品等的有效卫生许可证或卫生许可批件的复印件等。

相关链接

保健按摩中心保健医师的主要岗位职责及任职要求

一、主要岗位职责

（1）经常与酒店各部门有关人员及医院联系，做好协调工作。

（2）严格执行传染病报告制度和酒店保健室就诊管理制度，不断提高医疗技术水平和服务质量,做到医德高尚、业务熟练。

(3) 认真做好日常门诊工作,做到病史记录完整清晰、处方正确、用药合理,并负责视病情需要正确签发转诊单。

(4) 负责室内整体清洁及各种医疗器械用品卫生消毒工作。

(5) 酒店客人发生危急病况时,及时赶赴现场治疗,做好紧急抢救和转诊就医安排。

(6) 负责保健室药品的管理,做到购入药品严格查验,保证药物质量和正常供应,发放药品一律凭处方,防止药物积压、过期、变质、失效。

(7) 保证药品进销账目清楚健全。

二、主要任职要求

(1) 大专以上学历,医学类专业。

(2) 掌握医学基础知识和临床知识,熟悉内外科常见病的治疗和医疗器械、医用仪器知识。

(3) 懂得心理学,掌握中医、中药的使用知识和有关管理制度。

(4) 能独立处理诊治常见病、多发病,做好药品管理和医药费用结算工作。

(5) 具有专业上岗证书。

【小结】

康乐保健项目是指客人在一定的环境和设施中享受既有利于身体健康,又可以放松精神、陶冶情操的轻松愉快的被动的休闲方式。保健项目主要包括洗浴桑拿、保健按摩、理疗等,具有技术性强、知识性强、时代性强等特点。

本章着重介绍目前酒店比较常见的保健项目,具体主要有桑拿洗浴类项目、温泉SPA、足浴、按摩保健类项目等。酒店保健项目经营过程中应注意加强卫生管理,确保客人身体健康。

【思考与练习】

1. 简述保健项目的特点。
2. 简述保健项目经营的特征要求。
3. 简述桑拿洗浴应注意的事项。
4. 试述温泉洗浴应注意的事项。
5. 简述桑拿洗浴类项目服务要点。
6. 简述按摩保健类项目设计与布局应注意的问题。
7. 简述按摩保健类项目经营管理重点。

【案例分析】

桑拿洗成了淋浴

一天晚上,客人王先生向武汉某一家酒店桑拿部张经理投诉:"我慕名来贵酒店洗桑拿,谁知道就洗了一下淋浴,要收68元,这太贵了,我不能接受。"张经理一边安抚客人,一边把桑拿部主管叫来了解情况。

原来,客人王先生是今天刚到的客人,住在酒店8406房间。从客房的宣传单得知,三楼的桑拿浴在本市很有名,由于以前没有洗过桑拿浴,王先生决定试一试。他到了桑拿部后没有问清价格,也没有向服务员咨询洗浴方法就进浴室洗了起来。

由于不知道桑拿如何洗,也没有服务员介绍,就只好在温水池浸泡了一下,然后淋浴一番就出门了。谁知一结账要68元,不能接受,于是向经理投诉。

张经理向王先生道歉:"由于本部门的工作疏忽,没有向您介绍桑拿浴的洗浴方法,桑拿浴整个洗浴程序除了温池浸泡和淋浴外,还有热水池的水力按摩、湿蒸房的蒸汽浴、干蒸房的桑拿、冰水浴、保健按摩等程序或服务项目。您刚才的洗浴不收费,如果您还要再洗一次,我到浴室去为您介绍。"王先生听了很高兴,决定再洗一次真正的桑拿浴。

案例思考:
1. 洗桑拿浴一般包括哪些程序?
2. 此案例反映了桑拿服务中的什么问题?
3. 此案例对桑拿洗浴项目经营管理有何启示?

第六章 康乐安全管理

【教学要点】

知识要点	掌握程度	相关知识
康乐安全的含义及特征	了解	康乐部门的服务对象、工作内容及工作任务
康乐部门常见安全事故的类型及产生原因	重点掌握	火灾、赌博、打架斗殴、意外死亡、溺水等事故的发生
康乐部门常见安全事故的防范和应急处理方法	重点掌握	火灾、赌博、打架斗殴、意外死亡、溺水等事故的防范和应急处理方法

【导入案例】

西安金翅鸟娱乐城发生火灾，损失惨重

2011年6月24日，西安金翅鸟娱乐城发生火灾，造成该娱乐城桌椅、灯光器材损坏，1800平方米的演艺大厅被烧毁，顶棚坍塌，所幸没有人员伤亡。

金翅鸟娱乐城是西安著名的娱乐场所之一，建成于1998年并营业至今，总投资超过3800万元。21世纪初曾有大量明星在此举办过演唱会等重要活动。2011年6月24日晚8时许，演艺大厅内3层起火，9时许，现场的火势曾一度被控制，但十几分钟后，火势又从演艺大厅西侧燃起，消防队员再次将火势控制，又过了10分钟，整个金翅鸟娱乐城的顶棚出现明火，很快整个顶棚开始燃烧，到次日凌晨0点30分，火势才被完全控制。

整个灭火过程中，西安市消防支队共派出9个消防中队、200余名消防战士、49辆消防车到现场参与灭火。之所以派出如此强大的消防力量，是因为火势大并多次出现火灾复燃的现象。而造成灭火困难及火灾复燃的主要原因是"金翅鸟"内部的装修使用了大量"彩钢板"。彩钢板内部涂层是易燃材料，在建筑中使用后，极易引发火灾，而且，一旦发生火灾，彩钢板高温受热后会扭曲变形，水在钢板的阻隔下无法将钢板内部的火苗熄灭，很容易造成火灾复燃。

据事后调查，此次火灾的主要原因是金翅鸟娱乐城的顶棚及部分隔断耐火等级低，电

气线路连接不牢固,部分用电设备用电量未经严格计算负荷量,存在重大火灾隐患,最终导致火灾发生。而本次火灾之所以没有造成人员伤亡,一方面是火灾发生在非营业时间,另一方面得益于娱乐城曾经进行过消防演练。

康乐经营管理中的安全问题一直是消费者顾虑重重的原因之一,也是制约康乐业发展的主要原因。康乐部门常见的安全问题有偷盗、火灾、人身损伤、溺水、打架斗殴等。我国的现代康乐活动发展时间较短,不论是康体健身类的高尔夫球、网球、保龄球活动,还是娱乐休闲类的歌舞厅、酒吧、电子游艺厅等,都存在安全隐患数量多、类型多的现象。康乐安全问题不是"被遗忘的角落",就是屡治不愈的"顽疾",这也是目前阻碍我国康乐项目发展的一个主要因素。在消费者越来越关注和重视消费安全的今天,康乐项目的安全研究已经迫在眉睫,康乐项目的蓬勃发展需要与之相匹配的康乐安全理论来为其保驾护航。

第一节 康乐安全管理概述

随着生活节奏的加快,现代人在康乐方面的需求越来越迫切,各种康乐休闲活动越来越受到重视,酒店也步入了发展的黄金时期。在康乐休闲活动中不可避免地涉及安全问题。根据马斯洛需求层次理论,安全需要是继生理需要之后的人的第二大基本需要,由此可见安全问题的重要性。

一、康乐安全的含义及特点

(一)康乐安全的含义

"安全"在《汉语大词典》中具有两层意思:一是平安、无危险、没有事故,二是保全、保护。美国人本主义心理学家马斯洛在其著名的需求层次理论中将"安全需求"列为基本需求,即人类有"治安、稳定、秩序和受保护"的需求。作为人类生存与发展的基础,无论何时何地,安全因素都是人类首先考虑的问题。

康乐安全是指在酒店的生产经营活动中,通过建立健全各项保障机制,使酒店控制范围内的人身、财产等处于安全状态,生产经营活动能够顺利进行。康乐项目的安全是酒店正常运作的基础和保障,也是酒店发展的内在需求。

从上面对康乐安全的界定可以看出,康乐安全包括酒店的安全、在酒店服务的员工的安全以及在康乐场所消费的客人的安全。具体来讲,康乐安全包括三层含义:第一,酒店的财产和财物以及酒店的客人、员工的人身、财产在企业范围内不受损害;第二,酒店内部的服务及经营活动秩序、工作及生产秩序、公共场所秩序保持的安全状态;第三,酒店内不存在导致对企业员工、客人的人身和财产以及企业财产造成损害的各种潜在因素。

(二)康乐安全的特点

现代酒店,特别是一些娱乐休闲和保健类酒店,在安全方面存在人员密度大、安全隐患多、领导不重视、员工安全意识差、顾客警惕性差等问题。因此,一旦发生安全事故,往往救援难度相对较大,而且容易造成较大的经济损失和人员伤亡,社会影响恶劣。康乐安全往往成为酒店管理的难点,它具有复杂性、突发性、政策性、规律性的特点。

1. 复杂性

康乐安全管理的复杂性体现在防范对象多、事故类型多、处理程序复杂等方面。首先,康乐安全管理的对象较复杂。它既包括顾客、企业员工的财产、人身和心理安全,也包括企业的设施设备和财产物品安全等。其次,康乐安全事故类型较多。酒店既要防止火灾、偷盗、抢劫、打架斗殴、触电等危害客人和员工生命与财产安全事故的发生,同时也要防止食物中毒、设备损坏等危害客人和员工娱乐及饮食安全的事故发生,还要应对突发性的暴力事件、公共安全与危机事件等。再次,康乐安全事故处理程序复杂。一旦发生安全事故,根据当事人身份、事故性质、严重程度、发生事故的场所等的不同,事故处理所涉及的部门、依据的法律法规、处理程序等都有很大的差别。

2. 突发性

酒店的各种安全问题,如火灾、抢劫、爆炸、停电、猝死等,往往都是在很短时间内发生的,具有突发性,而且,若在短时间内无法有效处理这些突发事件,控制局面,将对顾客、企业员工的人身与财产安全以及企业的发展和声誉造成极大的损害。如客人在卡拉OK唱歌时,因为饮酒过量、噪音过大等造成突发脑出血,酒店如果不能立刻进行相应处理,浪费了黄金抢救时间,很可能会导致客人的死亡,酒店也要承担相应的经济和声誉上的损失。

3. 政策性

康乐安全的政策性体现在酒店的申请、经营、事故处理等多方面。首先,酒店的申请要依据一定的政策法规,提交的材料和程序要遵循《娱乐场所管理条例》,不能出现越级申请、证照不全等问题。其次,酒店在经营过程中要遵循相关的法律法规。对酒店经营进行制约和管理的相关的法律法规很多,有工商方面的、消防方面的、治安方面的、税务方面的、环保方面的等,酒店在经营过程中要做到有法必依。再次,酒店在安全事故处理方面要依据一定的法律法规。酒店发生的各种安全事故,在处理过程中都要同时考虑到顾客、酒店甚至员工等各方主体的合法权益,其处理要有据可循。根据不同的对象、性质和问题,康乐安全事故在处理时要采取不同的政策和法规,经常涉及的法律和法规有《中华人民共和国民法通则》《中华人民共和国刑法》《中华人民共和国行政诉讼法》《中华人民共和国行政处罚法》《治安管理处罚条例》《娱乐场所管理条例》等。因为客人国籍的不同,还可能会涉及国际上的相关法律和惯例。

4. 规律性

酒店的性质不同,其常见的安全问题也不同,但有一定的规律可循。康体健身类项目经常遇到的安全问题多由设施设备的损害和客人或企业员工使用设施设备不当引起,如客人在健身房使用跑步机、牵引器而造成的肌肉拉伤等;娱乐休闲类项目常见的安全问题较多,主要有打架斗殴、流氓滋扰、黄赌毒、偷窃等;保健类项目主要遇到的是卫生安全问题、火灾隐患和黄赌毒事件等。

二、酒店康乐部门安全事故类型

根据安全事故发生频率的不同,康乐安全事故可被分为常见安全事故和应急安全事故。常见安全事故有盗窃、黄赌毒事件、打架斗殴、流氓滋扰、人身损伤事件等,应急事故有火灾、停电、突然死亡、食物中毒等。

（一）犯罪事件

作为商业性的公共场所,酒店人员成分复杂、流动频繁,特别是一些娱乐性企业,由于灯光昏暗、场所封闭、主要消费群体为年轻人、销售各种酒类及含酒精饮料,容易成为各种犯罪案件的发生地,或者成为犯罪分子的目标作案场所。

酒店经常发生的犯罪事件类型包括财产类犯罪、危害人身安全的犯罪、从事黄赌毒的犯罪等。其中,财产类犯罪的数量较多,主要包括偷窃、抢劫、敲诈他人财物等,其核心都是非法获取他人财物。例如,北京某先生在洗浴中心洗浴时,存放在衣柜中价值14万元的劳力士手表和内有4万元现金的黑色手提包被盗,总价值18万元。危害人身安全的犯罪主要指打架斗殴、流氓滋扰等。由于酒店,特别是娱乐休闲场所,大多环境相对封闭,消费者较易激发极端情绪,因此容易发生危害他人人身安全的恶性事件。如刘某和周某醉酒后在歌厅内因琐事同邓某和吴某发生争执,引起互殴,导致邓某小肠破裂。此外,酒店往往成为黄赌毒的交易场所,甚至有些酒店的经营者利欲熏心,指使或纵容此类现象的存在。黄赌毒事件虽然可能并不直接影响企业和客人的安全,但是会影响酒店的客源,对企业形象产生恶劣的影响。如未成年人罗某在酒吧包房内吸毒过量致死,其家人向法院提起诉讼,法院判酒吧因未尽到禁止未成年人进场消费和禁止顾客吸毒的义务,赔偿死者家属2000元。

（二）损伤事件

损伤主要指酒店的顾客或员工在酒店活动或工作期间遭受的人身伤害。酒店的损伤事件主要包括以下几个类型:(1)由于设施设备的原因造成的客人损伤、员工损伤等。设施设备本身质量不合格或设施设备维修、保养不当,都可能产生设备安全事故而造成员工或客人损伤。如河南濮阳一洗浴中心购买的锅炉质量不合格,锅炉炉壳、炉胆钢板厚度均小于合格证标明的厚度,不符合国家机械行业《常压热水锅炉通用技术条件》的技术要求,导致洗浴中心员工一死一伤。(2)由于操作者或服务员操作不当和服务不周产生的安全事故。如陈先生因脖子痛到某按摩院按摩,按摩院的按摩师没有相关资质、不懂按摩,连续按摩几天后导致陈先生"颈椎间盘突出并脊髓损伤、不完全性四肢瘫痪"。(3)由于客人使用不当违反了使用操作规程而引发的安全事故。客人在使用过程中缺乏安全意识、违反有关规定、没有做好充分的预备活动、参加本人不适应的活动等,都会导致损伤事件的发生。如"动感单车"是健身房常见也很受顾客喜爱的健身器材,但是,参与者一定要在健身教练的指导下进行此项活动,特别是第一次的参与者。例如,季女士随朋友到健身房,第一次骑动感单车时,由于脚踏板转速飞快,季女士的右脚没来得及收回,被脚踏板拧过一圈,造成右脚内、前踝粉碎性骨折,经鉴定为九级伤残。

（三）火灾

酒店康乐部门,特别是娱乐休闲场所和保健场所,往往是消防安全重点单位。火灾引发的主要原因有客人抽烟、电器设备故障、易燃材料的使用、消防设施设备配备不足等。如济南某洗浴城由于私拉电气线路并使用大功率电器,导致电气线路过负荷起火,造成两名顾客死亡。娱乐、保健场所中的各种电器设备种类繁多,特别是歌舞厅、KTV、浴室里,电气设备用电负荷大,而这些娱乐场所多是老厂房或民居改建,电器电线的安装不符合要求,成为酒店发生火灾的主要原因。同时,这些酒店因为需要高档装修,拥有各种木器家具、棉织品、地毯、窗帘等易燃材料,还有大量的软装修。一旦发生火灾,这些易燃材料就会加速火势的蔓延,特别是一些软装饰材料,如化纤地毯、塑料墙纸、塑料夹层石膏板、聚苯乙烯泡沫,在燃烧过程中可能释放大量有毒气体和烟雾,更会加大人员逃生的难度,增加人员伤亡。另外,由于酒店在经营过程中需要考虑名誉、社会影响等因素,往往要求酒店员工在发生火灾时首先向企业的消防中心、保安部或者总经理报警,由企业自行组织扑救,当企业很难自行扑灭火灾时,才由企业的相关负责人向消防队报警,而这样往往延误了扑灭火灾的最佳时机,造成不可挽回的损失。酒店的很多建筑是在老旧民居基础上改建的,不能满足我国的消防法规,特别是一些在城市中心的娱乐类企业,有些处于地下或者半地下,由于种种条件的限制,消防车无法立刻到达,也会因此造成不可弥补的损失。如2000年12月25日,河南省洛阳市东都商厦地下二层存放的家具发生火灾,其管理人员自行组织扑救无果后才报警,火灾产生的一氧化碳、二氧化碳、含氰化合物等有毒烟雾迅速扩散到四层娱乐城,而商厦经营者又擅自将逃生楼道用铁栅栏封住,致使在歌舞厅娱乐的309人吸入大量有毒气体窒息死亡,直接经济损失达275万元。

(四)食物中毒事件

食物中毒事件主要是顾客或员工在酒店用餐时,因食用了被有毒有害物质污染的食品或者食用了含有毒有害物质的食品后出现的急性、亚急性疾病。其中毒症状多见于急性肠胃炎,如恶心、呕吐、腹痛、腹泻等,严重的导致失明或死亡。食物中毒可以分为细菌性食物中毒、真菌毒素中毒、动物性食物中毒、植物性食物中毒、化学性食物中毒。引发食物中毒的原因主要有食品、饮料采购有误,保洁不当,食物搭配有误,厨房人员未按规定操作等。比如,食用新鲜木耳未经晾晒、浸泡,食用新鲜海蜇未经过脱水、醋泡,采购过期霉变的土豆和红薯等。有些康乐场所,如酒吧、KTV等销售浓度不同的各种酒类和含酒精饮料,客人容易因为误饮假酒、饮酒过量等导致急性酒精中毒事件的发生。如广西某KTV的3名顾客因饮用假冒某品牌啤酒导致失明。

相关链接

某KTV发现吸毒人员,服务员因不举报将受法律制裁

2011年1月21日,黑龙江省公安厅禁毒总队在哈尔滨市道里区某KTV内查获一起聚众吸毒案件,一举抓获吸毒违法人员8名,缴获毒品冰毒2.7克、冰毒片13粒及自制吸毒工具4套。

1月21日,黑龙江省公安厅禁毒总队接到举报电话,一伙人公然在道里区某KTV内吸毒。当晚23时许,禁毒总队先派出侦查员伪装成客人到KTV进行侦查。侦查员很快便在V07包房内发现了吸毒人员。22日凌晨1时许,警方将13名违法嫌疑人依法控制、审查,并在现场查获毒品冰毒2.7克、冰毒片13粒及自制吸毒工具4套,总计价值5000余元。经过尿检,现场的13名违法嫌疑人中,8人的检查结果为阳性,他们也对聚众吸毒

的违法事实供认不讳。

黑龙江省公安厅禁毒总队总队长指出,公安部门会定期对娱乐场所的从业人员进行培训,让他们了解各种犯罪行为,KTV场所工作人员对吸毒行为有监督举报的义务。而在这起案件中,KTV的4名服务员自始至终一直在包房内服务,但却没有向警方举报,根据《禁毒法》,4名服务员将会面临最高15天的行政拘留,KTV也将面临法律的制裁。

三、康乐安全管理

（一）康乐安全管理的含义

目前,酒店安全隐患较多,安全事故类型复杂,这与酒店管理者不重视、安全制度不完善、安全措施落实不到位等都有很大关系。因此,加强康乐安全管理非常必要和迫切。

康乐安全管理是指在酒店的生产经营活动中,为保障企业的人员及财产安全而采取的一系列计划、组织、协调、控制等管理活动。康乐安全管理的主要目的是保证酒店范围内人员的人身、财产安全和企业经营活动得以顺利进行。

从定义可以看出,酒店安全管理的范围是：(1)酒店内所有人员,包括顾客、员工和其他工作人员；(2)酒店内的一切财物,包括客人、员工和酒店的财物。

（二）康乐安全管理的原则和任务

在酒店进行安全管理的过程中,需要遵循"安全第一、预防为主、综合治理"的原则。

安全第一,就是酒店的管理者需要明白,在安全与效率、效益发生矛盾时,要把安全放在首位,要保证安全生产的资金投入到位,各项安全规章制度落实到位,各项设施设备符合安全生产要求,发现事故隐患必须及时排除,特别是要始终把相关人员的人身安全放在首要位置。

预防为主,就是强调事前预防,防患于未然。酒店在经营活动中要尊重科学、探索规律、谋事在先,并采取有效的控制措施,千方百计预防事故的发生。酒店要严格按照有关法律法规的规定,从安全生产条件、安全生产责任制、安全生产保障措施、从业人员教育培训、应急救援预案等方面做好工作,将安全事故消灭在萌芽状态。

综合治理,就是要发动企业全员积极参与,做好安全生产工作。酒店的安全生产工作不是某个人、某个岗位的事情,而是全体员工的事情,每个从业人员都要严格执行岗位安全生产责任制,增强自我保护意识。

酒店安全管理的主要任务包括：预防危害国家安全的破坏活动、预防和处理重大安全事故和突发事件、预防和处理各类刑事案件和治安案件、预防和扑灭火灾、预防和处理食物中毒事故、预防利用康乐场所进行其他违法犯罪活动。

（三）康乐安全管理制度

制度是行为的基础,安全制度可以为酒店提供行为预期,激励和约束员工的工作行为。康乐安全管理制度包括事故隐患排查制度、安全事故应急救援预案制度、安全巡查制度等。

1. 事故隐患排查制度

事故隐患是指酒店在设施设备和人员操作等方面存在的可能引发事故的各种自然或人为因素。事故隐患排查是指根据法律法规的要求,结合以往的经验、教训,用科学的方法对酒店内各部门进行分析,对可能引发事故的部位和工作程序进行逐一检查,利用现有条件和科学手段加以控制和预防。事故隐患排查制度是企业为了预防和防止各类事故的发生,对事故排查频次、排查内容、处理方式、相关责任等进行的规定。

2. 安全事故应急救援预案制度

安全事故应急救援预案是指酒店先行制定的,用于发生安全事故后抢救人员和设施、减少损失的应急措施和方案。应急救援预案的编制并不是凭空想象的,而是要经过事先调查研究,掌握企业和周边环境,找出重大风险因素,在此基础上,结合酒店现有人员、设施和社会支持救助条件,有针对性地编制本企业的安全事故应急救援预案。安全事故应急救援预案主要包括应急设施设备、人员疏散、医疗急救等多方面。需要注意的是,安全事故应急救援是在非正常状态下实施的,酒店工作人员要做到临危不乱、正常有序地开展应急救援,要注意定期地进行演习。

3. 安全巡查制度

酒店要求保安部或各部门员工每隔一段时间在其工作区域内进行安全巡查,并做好巡查记录。巡查记录包括巡查时间、地点、部位、状况、是否发现问题以及处理情况等。

第二节 常见安全事故的防范和处理

目前,安全管理是酒店管理中的一个薄弱环节,这也因此影响了酒店的发展,甚至导致一些酒店无法经营、关门歇业。但是,安全问题还没有引起多数酒店的足够重视,有些酒店只在检查的时候才会考虑如何应对。旅游部门、工商部门、税务部门、技术监督部门、文化部门、劳动部门、环保部门、消防部门、卫生防疫部门、公安部门、物价部门等对酒店的管理都负有责任,但对其的管理也因此呈现多头管理又无人管理的现状。虽然有一些法律法规对酒店的安全问题进行约束,如《公共娱乐场所消防安全管理规定》,但是在落实上存在诸多问题,情况并不尽如人意。

酒店常见的安全事故有打架斗殴,流氓滋事,偷盗,抢劫,黄赌毒等犯罪事件,因设备使用不当、维修不好或操作不当导致的人身损伤等。

一、盗窃事故的防范和处理

盗窃是酒店最常见的安全问题。特别是一些娱乐休闲和保健场所,鱼龙混杂,灯光昏暗,客人戒备心理差,财物时常不在监管之下,这很容易为盗窃行为提供机会。盗窃的对象有客人、企业员工和酒店三种。

(一)盗窃事故的防范

1. 针对客人的盗窃事故的防范

针对客人的盗窃事故主要发生在吧台、餐厅、收银台、更衣室等地,不同的康乐场所略有差别。对此类事故的防范应当做好以下几个方面的工作:(1)做好出入口和安全事故多发地的监控和管理。一般情况下,酒店都会自觉地在大门口安装闭路电视监控器,对进出情况进行监控。需要注意的是，保安部要保证各监控器不出现状况，保证24小时都能正常运作，监控录像的资料应按照公安部门要求的期限进行保存，不可随意销毁。在事故多发地，保安部应加强巡视频次，提高员工的安全保卫意识，培养事故多发部门员工维护治安的积极性，鼓励热心治安维护的员工积极参与到治安维护的工作中来。比如，发现形迹可疑的客人要密切注意可疑动向，并向保安部报告。(2)对员工进行思想教育。目前，在酒店消费的客人大多收入可观、消费水平较高，而我国酒店员工大多工作辛苦而薪资水平较低，收入的悬殊很容易引起酒店员工的心理失衡，一些法律意识淡薄的员工就容易产生监守自盗或者与外面人员内外勾结进行偷盗的想法，甚至付诸行动。对此，要特别重视对员工进行思想教育，使其明白做这些事不仅会影响客人对企业的印象，还会影响个人的前途。

2. 针对员工的盗窃事故的防范

针对员工的盗窃事故主要发生在员工宿舍和更衣室。对此类事件的防范主要从以下四个方面入手：(1)在员工宿舍区的大门口安装闭路电视监控器。这样既可以对出入情况进行监控，增加员工的安全感，也会对犯罪分子形成威慑。(2)给员工宿舍配锁。给员工配带锁的桌子和衣柜可以为其提供相对安全的个人空间，一方面可以让员工有安全的地方存放相对贵重的物品，另一方面也可以增加员工的安全感。通常，对员工的钥匙，特别是员工更衣室的钥匙，要求员工持一套，保安部或办公室持一套，方便保安部进行检查。(3)经常教育员工，提高员工的安全防范意识。保安部有责任提醒员工，个人信息和各种卡品的密码不能外泄，贵重物品和金钱应妥善保管，不要轻易向他人炫耀。(4)建立员工区域门口的出入检查和登记制度。员工宿舍区域往往人流量较大，要实施出入登记制度，特别是针对一些陌生的来访者和形迹可疑的人员。

3. 针对酒店的盗窃事故的防范

针对酒店的盗窃事故，主要对象是一些设施设备和高档物品。对此类事件的防范措施有：(1)本企业的设施设备和物品应加印企业标志。酒店内会装饰或使用一些比较贵重的物品，这些物品比较容易丢失或损坏。通过对此类物品加印企业标志，酒店可以有效地防止物品丢失。对一些有纪念意义的、比较昂贵又丢失频率比较高的物品可以通过明码标价、对外销售等方法来减少丢失。(2)建立奖惩机制，加强对企业员工的教育。酒店要建立奖惩机制，对发现线索、检举举报或实施偷窃、从事破坏活动等不同情况进行物质奖励或惩罚，通过激励手段来规范员工的行为。

(二)盗窃事故的处理

1. 针对客人财物被盗事故的处理

客人向员工报告财物失窃或丢失，员工应当在第一时间向保安人员报案，并保护好被盗现场，不要随便移动现场的物品。保安部人员接到报案后应立即赶往现场，向报案人了解情况，详细记录客人丢失或被窃物品的信息，如客人姓名、物品名称、新旧程度、物品特征、大概价值等，填写《失物报告表》，由客人决定是否向公安部门报案。在报案前要确定客人的身份，如果是国内客人要向公安局派出所报案，如果是国外客人要向公安局外管处报案。之后，保安部要在当天将事件情况以书面形式报告总经理，并协助公安机关尽快破案。

2. 针对员工财物被盗事故的处理

员工财物失窃通常发生在员工宿舍。员工报案后,保安部应派有关人员到现场查看房门是否被撬、物品是否凌乱等。保安人员要及时封锁现场,不可随便移动现场摆设,对现场进行拍照和取证。此外,保安人员要记录被窃物品价值、失窃事件发现经过等,调取相关区域的监控录像寻找线索。失窃员工坚持向公安机关报案的,保安部应协助公安人员进行内部调查。

3. 针对企业财物被盗事故的处理

员工发现企业财物失窃应当立即向保安部报告,保安部接到报告后应立即派人到现场查看,有条件的最好用相机将现场环境拍摄记录下来。保安部要对有关员工进行调查,了解情况并录取口供。之后,保安部要将事情发生的过程以书面形式报告总经理,并由总经理决定是否向公安局报案。

二、黄赌毒事件的防范与处理

黄赌毒是指在康乐场所发生的卖淫嫖娼、赌博、吸毒贩毒等严重损害人们身心健康的不法活动。黄赌毒事件主要发生在娱乐场所和保健场所,可能是酒店管理者组织,也可能是此类人员将酒店作为交易场所。例如,有些营业性歌舞娱乐场所的经营者为了吸引客人,以色情或变相色情的手段引诱、陪侍客人消费,或者以提供摇头丸、冰毒等毒品来吸引消费者,刺激客人消费。赌博现象经常发生在电子游戏厅、棋牌室和一些康体健身类场所,同样可能是酒店管理者组织或客人自己组织。例如,电子游戏厅推出老虎机等博彩类游戏机,并通过电路板的设计控制输赢比例;高尔夫球俱乐部、网球场的管理者为了吸引客源组织赌球活动等。

(一)黄赌毒事件的防范

黄赌毒行为是酒店发展的顽疾,它不仅影响酒店的健康发展,而且危害人们的身心健康。对此类行为要实施多层次联合防范,一旦发现要严厉打击。

对黄赌毒行为的防范首先要从政府做起。我国很早就对黄赌毒事件的防控作出了明文规定,相关的法律法规包括《中华人民共和国治安管理处罚条例》《公共娱乐场所治安管理条例》《中华人民共和国刑法》《禁毒法》等。国家成立"扫黄打非"专项行动办公室,每年要联合各部委进行扫黄打非专项检查,各地公安部门在每年黄赌毒的高发时节也都联合各相关部门对各大娱乐场所进行突击检查,一旦发现此类行为就从重从严处理。各部门对康乐场所设立、经营的审查都相对严格。例如,公安部门规定所有娱乐、休闲场所的内锁装置必须全部拆除,房中房或隔断必须拆除或封闭,所有包间的门一律需要有透明窗,按要求安装安检设备或闭路电视监控系统。未达到这些要求的娱乐休闲类场所不得开业或一旦查处就要停业整顿。

而对于酒店管理者来说,首先,要端正态度,绝对不能因为眼前的蝇头小利而组织卖淫嫖娼、赌博、吸毒贩毒的活动,对此类现象采取睁一只眼闭一只眼的姑息态度也只能危害企业自身的发展;其次,酒店要建立和完善本企业的安全检查登记制度;再次,酒店要在重点时段对重点地区加派保安人员加强巡视,及时发现、监控可疑人员,并向有关部门报告;最后,酒店应就黄赌毒问题对员工进行专项教育,让员工了解此类行为的危害,自觉远离黄赌毒行为,一旦发现此类事件要立即报告保安部。

(二)黄赌毒事件的处理

一旦发现此类可疑情况,服务员要立即向本企业保安部报告,保安部门则应立即对一切可疑情况进行甄别,并监控重大嫌疑对象,一旦确认,要视情况轻重进行处理。一般情况要通知保安部主任到场处理;对重大违法案件,保安部主任要立即通知总经理,由其决定是否报告公安部门。对行为确凿者应当场查获赃物、赃款,拍照,留取证据,并等待公安机关的到来,协助公安机关做好相关后续工作。事件处理完毕后,保安部要把事件全过程及处理情况向上级主管部门报告。

三、打架斗殴、流氓滋扰事件的防范与处理

康乐场所大多允许客人抽烟饮酒,往往会出现一些醉酒的客人寻衅滋事,从而发生打架斗殴和流氓滋扰事件。这不仅损害客人的利益,也使酒店的财产和名誉受到损伤。

(一)打架斗殴、流氓滋扰事件的防范

打架斗殴、流氓滋扰事件多发生在餐厅、吧台、舞池等地。对此类事件的防范,首先,应当密切关注重点人群,即饮酒过量的客人、有明显闹事倾向的客人、聚众饮酒的年轻人群体等。一旦发现此类客人,服务人员首先应当礼貌地劝阻客人不要过量饮酒,如客人不听劝阻,服务员应当立即报告保安部。保安部人员对其进行持续地关注,直至其离开本企业为止。其次,酒店应当对重点地区在重点时段加派人员进行巡视,注意各种可疑迹象,防患于未然。

(二)打架斗殴、流氓滋扰事件的处理

服务人员一旦发现有饮酒过量的人员,要礼貌地劝阻并妥善处理,对有明显闹事迹象的人要立即报告保安部。在报告保安部时,要注意讲明发案地点、人数、国籍、闹事人是否携带枪支或其他凶器,并报清自己的姓名。保安部立即派出巡逻警卫到现场观察情况,如果确实正在发生斗殴、闹事,应立即将发生冲突的双方分开,驱散围观人员,将肇事者带到保安部,保证康乐场所的正常营业秩序。将肇事者带到保安部后,保安人员要分别向双方了解情况,防止发生进一步的冲突,并视情节轻重决定是否要通知公安部门。对于一般轻微事件,保安部可进行调节;如属流氓滋扰或闹事人携带有枪支或其他凶器,保安部应报告总经理和公安局派出所来处理。如果肇事者在酒店造成设施设备的损坏,应当进行现场拍摄和估价,为事后索赔提供证据。如发生恶性案件导致重大伤害事故或死亡,保安部应立即报警、尽可能制服犯罪分子,并保护现场、抢救受伤人员,等待公安机关的到来。公安人员到后,保安部应当协助公安机关做好调查取证及相关工作。

四、人身损伤事件的防范与处理

人身损伤事件主要是针对在酒店内消费的客人和在企业内工作的员工而言。不论哪种对象,酒店都有责任保证其在本企业内的安全。导致人身损伤事件的原因较多,客人方面,可能是由于员工误操作、客人未按规定操作等造成的;员工方面,可能是由于设备不好或操作不当、客人无理取闹、劳动保护措施不当等造成的。

（一）人身损伤事件的防范

不论是客人还是员工遭受人身损伤，都会给酒店造成经济和名誉上的损失。要想减少或杜绝人身损伤事件的发生，就要从以下几个方面着手。

1. 制定各个岗位的安全工作标准

虽然不同工作岗位的差异很大，但是酒店都需要根据企业运作状况，结合各个工作岗位的特点，制定员工安全工作标准或操作标准，并对其进行安全工作的培训。员工按照安全工作标准工作不仅能保证自己不受到人身伤害，而且在很大程度上能降低对顾客造成伤害的可能性。例如，游泳池规定维修工维修泳池所有电路时，均需使用绝缘良好的电线，防止发生漏电伤害到员工和顾客。

2. 培养员工树立安全工作的意识

康乐业属于服务行业，服务行业一直是安全问题众多的行业。酒店需要大量员工，而且很多工作岗位是服务人员在进行大量的重复劳动，这就很容易引起服务人员的懈怠或麻痹大意。酒店要培养员工"安全第一"的观念，让员工在工作中时刻把安全放在第一位，养成良好的安全工作及安全操作的习惯。例如，后厨操作间要让员工养成及时清理地面、操作台积水和油渍的习惯，防止工作人员滑倒。

3. 定期维护和保养设施设备，做好卫生工作

酒店需要大量的设施设备，对这些设施设备的维护和保养一般都需要定期进行。例如，工作人员需要定期对电子游戏厅游戏机台的拉杆、操作台、电子线路等进行维护和保养。另外，需要做好康乐场地的卫生清洁工作，酒店的活动场地大多是公共场所，需要定期对其进行消毒。如需要定期对游泳池池水、卫生间、更衣室等区域进行消毒，防止细菌滋生。

4. 监督和指导客人按照安全程序进行康乐活动

客人可能是第一次参加康乐活动，不知如何进行，或者可能是多次参加康乐活动后反而产生麻痹思想，这就需要酒店的服务人员时刻关注客人的活动，监督和指导客人按照安全程序进行康乐活动。例如，有些客人认为高尔夫球车速度慢、高尔夫球场车辆少，不会发生事故，球童一定要提醒客人注意驾车安全，注意车速、停稳下车，防止发生侧翻或拖带等事故危及客人和球童安全。

（二）人身损伤事件的处理

不论是员工还是客人，一旦发生人身损伤事件，首先，应当立即停止损伤的继续发生，如客人摔倒在跑步机上应立即给跑步机断电，使其停止。其次，对受伤人员进行急救，酒店应当配备一些急救药品和简单的器材，有条件的应当配备专职医务人员，没有条件的可以对一些服务员进行必要的培训，使其能够对伤口进行简单的处理，对紧急情况进行判断和紧急处理。再次，考虑人身损伤的严重程度并征求受伤者的意愿决定是否到医院进行进一步详细的检查和治疗，如需治疗则酒店需派人陪同前往。如果是酒店原因造成的人身损伤事件，企业要同受伤人员协商赔偿事宜。一切事项结束后，酒店应写出此次事故的具体情况及处理报告呈送相关部门。

第三节 应急事故的防范与处理

应急事故指发生在现代酒店中的一些突发的、重大的不安全事件或事故。现代酒店中容易发生的紧急情况一般有火灾、食物中毒、停电和客人突然死亡等。

一、火灾的防范和处理

康乐场所的火灾主要由电器故障、违章操作、吸烟等造成，也有因为玩火或纵火导致的火灾事故。电器引发的火灾主要由电线短路、老化、过负荷等引起。目前我国的电气线路一般都隐蔽在吊顶装饰夹层内，不仅日常难以进行检查维修，而且易因短路、过负荷等引燃周围的可燃装饰材料。违章操作是引发火灾的另一个主要原因，特别是在厨房。厨房各种电器、电路、烹饪设备等较多，又集中了大量的燃料和抽风、鼓风设备，是一个重大的安全隐患。如扬州某酒店的厨师炒菜时，油溅到油垢上，经抽油烟机的作用后引燃整个厨房。很多客人，特别是醉酒客人，会将未熄灭的烟头或灼热的烟灰落在地毯上或扔到垃圾桶里，这是康乐场所，尤其是娱乐场所的另一个重大安全隐患。另外，康乐场所的选址和布局不合理、人员密集、未按规范要求配置消防器材、没有严密的消防安全管理制度等都会给发生的火情产生推波助澜的效果。而酒店管理者往往出于经济方面的考虑不重视消防安全，没有实施消防安全隐患的一把手负责制，导致酒店火灾隐患大，一旦发生火灾就会迅速蔓延，因此很多酒店被列入消防部门的黑名单，是消防安全重点单位。

（一）火灾的防范

消防安全无小事，对于消防安全要认识到两点：一是做好预防火灾的各项工作，防止火灾发生；二是一旦发生火灾，就应当及时、有效地进行扑救，减少火灾的危害。

消防安全是一个系统化的工程，需要政府、行业、企业各方面的努力。从宏观层次上来说，我国政府历来对消防安全尤其重视，建立了比较完备的消防法律法规。《中华人民共和国消防法》《中华人民共和国消防法实施细则》是专门针对消防安全制定的法律，《中华人民共和国刑法》《中华人民共和国治安管理处罚条例》《危险化学品安全管理条例》《高层建筑消防管理规则》等法律法规中也有与消防相关的内容。

除了健全消防法律法规外，我国还组建了公安消防部门专门负责消防事务的监督管理和火灾扑救。针对酒店的具体事务包括酒店投入使用、营业前的消防安全检查，酒店履行法定消防安全职责情况的监督抽查，对酒店进行的大型群众性活动在举办前进行消防安全检查等。如抽查网球场是否依法通过消防验收或者进行消防竣工验收备案，网球场的消防安全制度、防火和应急疏散预案是否制定，消防设施是否定期进行全面检测，消防设施、器材和消防安全标识是否定期组织检验、维修，消防通道是否畅通，防火隔离间距是否被占用等。

从酒店来说，首先，要建立完善的防火安全责任制，明确各级和各部门在消防方面的职责，如经理、部门主管、企业员工、保安部、工程部等分别应在防火和火灾中履行什么职责。其次，要制定严格的防火管理规定，对使用明火、电气设备、吸烟、电气焊作业、施工改造等进行严格的规定，并要求各部门在各种情况下严格按照防火管理规定办事，杜绝火灾安全隐患。再次，建立各部门各工种的防火制度，如厨房消防制度、音像室消防制度、锅炉房防火制度等。

制度建立是消防安全的第一步。此外，还要制定消防安全预案，即制定消防安全应急预案、人员疏散预案、灭火战斗预案等。消防安全应急预案是在发生火灾的情况下，酒店按照事先设定的行动计划和程序采取行动的预案；疏散预案是针对疏散人员的先后顺序、疏散路线、需要保护的重要物品和文件等做的预案；灭火战斗预案是针对如何组织员工配合消防部门灭火，以及灭火后现场保护和善后处理的预案。有了这些预案，一旦发生火灾就可以有条不紊地进行灭火工作，避免临时慌乱浪费灭火和抢救时间。

此外，对制度和预案的落实情况要进行检查和监督。消防安全检查的范围包括酒店的所有部门和所有员工，特别是重点防火部门、各要害部门。消防检查要逐级进行，从消防部门、企业的管理者、保安部到各个部门的领导都要对消防制度的落实情况进行检查，而对预案的落实情况，则要通过定期的消防演练进行检验。

（二）火灾的处理

酒店的任何员工发现火情都要第一时间用打电话或设备报警的方式报告保安部，向保安部报告时应交代清楚以下内容：火灾的地点、燃烧的物质、火势的大小、本人身份和报警地点等。保安部要再次确认火警报告，由工程部的值班工程师、值班经理和企业的义务消防员确认是否发生火情，并填写火警记录表。

对初起小火，可由企业义务消防员或保安人员使用携带的灭火器或就近使用灭火器材，迅速将火扑灭，然后报告保安部。火势扩大、不易扑灭时，以上人员应先将火场情况详细、准确、迅速地报告保安部，再使用各种器材灭火，阻止火势蔓延，有序疏散顾客，抢救被困人员或重要物品，清理楼道内的障碍物，确认消防设备器材和疏散口的位置。在实施灭火和抢救前，注意应由工程部人员切断电源、关闭空调，通知相关人员，如保安部经理、值班经理、总经理等。报火警后，还应报当地消防部门和公安局。保安部负责派人在正门处等候并引导消防车，指示火场部位和室内外消防设施。火灾扑灭后应保护好灾后现场，协助消防部门做好取证工作，与保险公司联系理赔事宜等。

二、食物中毒的防范和处理

多数酒店为了满足客人多方面的需求，都会在企业中设置饮食场所。有些酒店设置得较为简单，仅为水吧；有的酒店给客人的选择就较多，有酒吧、餐厅等。食品安全也就成为这些企业的另一个管理重点，必须预防重大食物中毒事件的发生。

（一）食物中毒的防范

要预防食物中毒事件的发生，首先要了解可能导致食物中毒事件发生的原因。由于食物中毒可以分为细菌性食物中毒、真菌毒素中毒、植物性食物中毒、动物性食物中毒和化学性食物中毒等，因此，对食物中毒的防范和处理也因中毒类型不同而有不同的方法。

细菌性食物中毒的主要原因有食用病禽、病畜，用具不洁，生熟交叉感染，卫生状况差，蚊蝇滋生等。真菌毒素中毒主要通过被真菌污染的食品引发。动物性和植物性食物中毒主要由有毒的动植物或动植物储存条件不好产生毒性引起。化学性食物中毒的主要原因是误食被有毒害的化学物质污染的食品或储存条件不好转化为有毒物质。因此,归纳起来,引起食物中毒的主要原因主要有原材料本身有问题、运输储存条件不良、卫生条件差、操作员操作不当等。

要想避免发生食物中毒事件,就要杜绝上面问题的发生。对酒店而言,最主要的是把好几关:采购人员把好采购关,收货人员把好验货关,仓库人员把好食品出入库关,厨房人员把好食品制作关。采购人员把好采购关,主要是采购人员在采购时要采购新鲜的原材料,不要误购有毒的动植物或假冒伪劣食品;收货人员把好验货关是要收货人员对采购的原材料进行检查,防止以次充好、缺斤少两等行为的发生,也避免接收在运输途中发生腐烂变质的原材料;仓库人员把好食品出入库关是要仓库人员对食品保管负责,很多食品保存不当会产生毒素或腐烂变质,如土豆长时间在潮湿环境下存放会长芽,所以,食品通常要求低温储存,出库食品必须是干净、卫生、安全的;厨房人员把好制作关是厨房人员采取科学的方法对原材料进行加工制作,如四季豆必须烧熟。此外,还需要注意保持仓库和厨房的卫生,防止蚊虫滋生,减少细菌繁殖。这几关都做好才能基本保证呈现在客人面前的食品的质量,预防、控制和消除食品安全隐患,减少食源性疾病的健康损害和社会负担。

(二)食物中毒的处理

一旦发生食物中毒事件,发现人应立即向上级领导报告食物中毒事件发生的时间、地点,中毒人员的中毒症状、人数等。如果酒店有医务室,应立即对患者进行诊断和抢救,初步判断中毒者的中毒原因,并向现场指挥提供催吐、导泻或解毒等救护方案,联系急救中心,向调查人员和防疫部门介绍相关情况;如果没有医务室,则应联系就近的急救中心。保安部人员应立刻设立警戒线,控制围观人员,调查和询问大致情况,查明中毒者身份,总经理要根据事态严重情况决定是否向公安局和卫生防疫部门等报告。此外,相关部门要注意留取食品样本,以便查找中毒原因。

三、突然死亡的处理

突然死亡是指自杀、工伤、疾病、意外事故等造成的员工或客人死亡事件。

服务人员在其负责区域发现有人死亡,必须立即报告保安部,同时注意保护现场。保安部人员在接到报告后,要记录死亡事件报告的时间、地点、报告人等,并立即通知保安部经理。保安部人员到现场后立即设立警戒线、封锁现场、驱散围观人员,如是工伤,由工程部关掉有关设备。如果医务人员判定死亡,保安部应立即将现场与外界隔离,遮挡尸体,观察和记录现场情况,查明死亡人员的姓名、性别、年龄、住址、所在单位、死亡时间和地点、死亡原因等情况。保安部要负责报告警方,配合公安机关进行勘察及尸体的处理。事情处理完毕后,参加抢救的人员和保安人员要及时写情况汇报并呈交上级领导。

四、停电事故的防范和处理

酒店是用电大户,电气设备种类很多,如健身房的跑步机、高尔夫球场的高尔夫球车、保龄球馆的保龄球道、歌舞厅的声光设备等都需要电力作为动力。酒店中的一些部门,如锅炉房、自控室、主配电室、水处理房等也都是依靠电力运作,一旦停电,整个酒店的经营会受到严重影响,会给企业带来巨大的经济损失,甚至影响企业安全。

（一）停电事故的防范

酒店,特别是一些高档的酒店都有两路供电,或者自备发电机保证重点区域的供电安全。保安部应当与工程部经常性演练断电的切换操作,以便在紧急情况下训练有素地处理停电事故。保安部人员应当清楚企业内的电力设施、电源总闸和各楼层分闸的位置,经常检查其工作状态。此外,保安部还应当准备一些应急照明设备,充好电源,保证停电期间的巡查照明。

（二）停电事故的处理

在停电期间,各部门的主要负责人应保证在岗,负责本部门的安全工作,稳定员工和客人的情绪,处理各种问题。在一些人员密集区,如舞厅、酒吧等,工作人员要妥善安抚客人情绪,避免客人骚乱的发生。如果企业内有电梯,保安部应当迅速检查电梯内是否有被困客人,如有的话及时通知工程部进行救助。在停电期间,保安部要加强出入口的人员检查,防止有人趁机混入作案,并对主通道和财务室等区域加强巡视,增加巡视人员和巡视频次。工程部的人员应当尽快联系供电部门或者抢修设备,尽快恢复供电。故障排除后,相关部门负责人需要填写《停电事故报告》呈交总经理。

【小结】

酒店康乐经营部门是安全隐患类型和数量都较多的场所。本章首先界定了康乐安全及康乐安全管理的含义,接着归纳了酒店安全事故的类型,并指出了康乐安全管理的任务。此外,本章还重点论述了酒店常见安全事故(如盗窃,黄赌毒,打架斗殴,人身损伤等)和应急安全事故(如停电、火灾、食物中毒等)的防范和处理。

【思考与练习】

1. 什么是康乐安全？康乐安全有什么特征？
2. 列举发生在酒店内的安全事故类型。
3. 康乐安全管理的任务是什么？
4. 酒店常见的安全事故有哪些？
5. 酒店的应急事故有哪些？
6. 应如何防范盗窃事故的发生？
7. 棋牌室赌博事件发生后的处理程序是什么？
8. 调查所在城市的某个康乐场所,观察了解其为了防止人身损伤事故、盗窃事故和打架斗殴事故的发生而采取的防范措施,并分析其防范措施和安全管理制度的可行性。

【案例分析】

大衣丢失以后

2005年1月的一天晚上,老王和朋友到入住酒店的多功能厅观看特色表演。期间,表演需要观众参与,老王就自告奋勇地上去参加魔术表演,他站起来的时候随手把身上穿的黑色貂皮上衣放在了座位上。

表演结束后,老王兴高采烈地回到座位,立刻发现自己那件价值9800元的貂皮上衣不翼而飞了。

老王说,他问了一圈,都说没看见,于是就立刻拨打110报案。老王认为服务员当时走来走去的,应该能看到有人拿他的衣服。因此,衣服丢失也有服务员的责任,所以酒店应该赔偿他的损失。

但是酒店却不这么认为,说多功能厅是公共场所,老王应该自己看管好衣物。由于和酒店交涉没有结果,案件一直没有侦破,因此老王将酒店告上法庭。法院审理后认为,老王去酒店消费,双方形成一种消费服务的法律关系,酒店没有尽到安全保障义务,应对老王的衣物丢失承担部分责任;同时老王也没有尽到自己的责任,没有保管好自己的衣物,应承担主要责任。因此判决酒店赔偿老王人民币2000元。

案例思考:
1. 该酒店在这件事上有什么责任?
2. 该酒店怎么做才能杜绝此类事情的发生?
3. 通过此案例我们可以得到什么启示?

第七章　康乐服务质量管理

【教学要点】

知识要点	掌握程度	相关知识
康乐服务质量管理的内容	掌握	服务质量的含义与管理
康乐部门的优质服务	掌握	优质服务的含义、特征、案例,优质服务对企业的意义
康乐部门的顾客投诉	重点掌握	顾客投诉的心理,正确看待顾客投诉的态度,处理顾客投诉的方法,康乐部门顾客投诉的原因

【导入案例】

专业服务培养忠实顾客

某酒店足浴中心非常有名,拥有一大批忠实顾客,生意红火,来店消费往往需要提前预订。究竟是什么吸引了这么多的顾客呢？通过观察体验和调查消费顾客,我们发现该酒店足浴技师的专业服务确有过人之处,其主要体现在以下四个方面：

第一,在服务过程中不断耐心细致地向客人讲解有关足浴的各种保健知识,而且用语通俗易懂、深入人心。

第二,根据每位客人的足部反应情况,积极与客沟通,了解客人最近的身体变化,为客人讲解一些需要注意的健康事项和医学常识。

第三,根据客人身体需要,为其安排针对性的按摩治疗,向客人提供差异化的服务。

第四,向客人介绍古今中外名人对足浴的看法,培养客人对足浴的兴趣。

因此,许多客人认为享受到了物超所值的服务,视该酒店的足浴为顶级享受。

康乐服务是酒店的生命线,每个酒店都要把为客人提供优质的康乐服务作为日常经营管理的首要工作。康乐经营管理人员也应高度重视,努力提高服务质量,带领所属员工为客人提供优质服务,让每一位客人都能在康乐活动中度过一段美好难忘的时光。

第一节 康乐服务质量管理的内容

康乐服务是康乐产品的重要组成部分,它贯穿于康乐消费的全过程,影响着客人的消费体验,左右着客人的消费选择。优质的康乐服务不仅是赢得良好声誉形象的策略手段,而且也是增强竞争优势、提高经营效益的基础保障。因此,加强康乐服务质量管理,为客人提供优质的康乐服务是康乐经营管理的重要内容和关键环节。

一、康乐服务质量的含义

质量又可称为品质,起初主要指制造业的产品符合设计的规格和标准要求。后来在满足符合性的基础上引入了适用性的概念,认为要从使用者的角度来定义质量,即质量是产品在使用时能成功满足顾客需求的程度。随着人们对质量要求的不断提高,满足顾客使用需求并不一定能使顾客满意,于是质量的概念又向顾客满意演变,即质量是顾客满意或期望满足的程度。因此,康乐服务质量是酒店以设施设备和实物产品为依托,向客人提供的服务满足客人物质、心理和精神需求的程度。具体而言,它包括设施设备质量、实物产品质量、劳务质量和服务环境质量四个方面(如表7-1所示)。

表 7-1 康乐服务质量的基本内容

基本内容	具体表现
设施设备质量	设施设备性能、安全性、舒适性、完好程度
实物产品质量	客用品质量、服务用品质量、出售商品质量
劳务质量	形象气质、服务态度、服务技能、服务效率、服务方式、礼节礼貌、职业道德
服务环境质量	清洁卫生、环境气候、装饰风格、服务氛围、文化气息

二、康乐服务质量管理的主要内容

质量管理至关重要,它是企业的经营战略和竞争武器。康乐服务质量管理就是在确定康乐服务的质量方针和质量目标的基础上,建立康乐服务质量体系,并在质量体系中通过质量策划、质量控制、质量保证和质量改进等手段来提升康乐服务质量的所有活动的总称。康乐服务质量管理体现在康乐经营管理的各个方面,其基本内容主要包括以下几个方面。

(一)制定质量管理目标

康乐服务质量管理应围绕康乐服务质量管理目标而展开。康乐服务质量管理目标就是贯彻康乐服务质量标准,提供适合顾客需求的产品,保障顾客的合理权益,以获得顾客的最优评价。因此,康乐服务质量管理必须以满足顾客需求为中心,结合企业自身的实际情况,制定康乐服务质量标准,以标准为基准,不断提高服务质量。

（二）建立质量管理体系

质量管理体系是指与实施质量管理有关的组织结构、过程、程序和资源等方面的制度安排。建立康乐服务质量管理体系就是围绕康乐服务质量标准，建立一整套贯彻康乐服务质量标准的管理体系。它主要包括建立康乐服务质量管理的组织机构和责任体系，质量管理标准化、程序化、规范化的操作体系，以及质量的检查反馈体系和质量的改进处理措施体系等方面的内容。

（三）实施质量管理教育

质量管理必须坚持始于教育、不断教育的基本原则。康乐服务质量管理教育工作主要包括四个方面的内容：一是质量意识的教育，使企业所有人员本着对客人负责和提高服务质量的理念从事康乐服务和管理工作，使质量理念成为全员的工作习惯，形成"人人关心质量，人人把关质量"的工作作风。二是质量管理基本知识的普及教育，尤其是要强调每接待一位客人都是一个过程，过程中的每一个环节，特别是细节一旦出现瑕疵就会导致所有过程的失败，致使客人不满和投诉。三是职业道德教育，使企业每一位员工都具备良好的职业道德观念、情操修养、职业道德行为以及崇高的敬业精神。四是业务技术教育，让每个岗位上的员工都能掌握过硬的对客服务技能，能够为客人做好服务工作。总之，康乐服务质量管理教育要使员工树立质量第一、预防为主的意识，明确优质服务是相互协作、共同努力的结果。

（四）组织质量管理活动

组织康乐服务质量管理活动包括组织康乐服务接待活动和组织康乐服务质量管理活动两个方面。组织康乐服务接待活动主要是对康乐服务质量标准的执行和控制，要做到对客服务质量标准化、服务行为规范化、服务过程程序化；组织康乐服务质量管理活动则主要是开展服务质量管理主题活动，其目的在于发动企业员工、营造服务质量气氛、促进服务质量的提高。

（五）评价质量管理效果

康乐服务质量管理需要对康乐服务质量管理体系运行情况和康乐服务质量管理执行情况进行评估和审核，并且在评估的基础上提出改进意见和措施，不断完善质量管理体系。康乐服务质量管理的最终效果表现为康乐服务是否符合服务质量标准、是否满足顾客的物质和精神需求。因此，康乐服务质量管理应以此为准则，加强检查考核，及时发现问题，并采取有效措施来不断完善管理、提高服务质量。

三、提高康乐服务质量的方法和途径

（一）建立规范化的服务程序

规范化的服务程序可以使一些无固定形态的服务工作达到相对一致，便于管理人员和顾客对服务工作的检查和评价，有助于保持服务质量的稳定。建立规范化的康乐服务程序就是根据目标市场客人需求、行业惯例和特点以及企业实际情况来确定服务的过程环节、先后次序和工作任务。

（二）制定量化的质量标准

康乐服务质量标准一方面要以顾客需求为中心，把满足顾客需求作为最高标准；另一方面,标准的制定要简单、明确,尽量使服务的每个环节的动作、形态、语言规范和时间限制等方面做到具体和量化。例如,要求服务员站姿端正,就要提出具体的站姿要求,明确从头到脚每一部分肢体的姿势和位置。对不能量化的标准则要用清晰、明确的文字来表达。另外,服务质量标准的制定要与企业的产品档次相互适应和协调。

（三）建立严格的质量管理制度

为保证服务质量标准的贯彻实施和服务质量管理工作的顺利开展,必须建立严格的质量管理制度。严格的质量管理制度不仅是有效实施质量监督、质量检查和质量评估的依据,也是康乐经营管理水平的客观体现,它能及时发现、处理问题,以确保和提高服务质量,使之符合顾客需求。

（四）积极搜集顾客反馈意见

顾客对服务质量的评价是最客观、最权威的,他们对服务质量的反馈信息是改进服务工作、提高服务质量的依据。因此,应积极开通顾客意见反馈渠道,主动征求顾客意见和建议,对肯定正面的应继续坚持,对否定负面的应立即改进。

（五）采用科学的质量管理方法

康乐服务质量管理是一个复杂的系统工程,它涉及酒店的全体员工和经营管理的各个环节。这就要求酒店工作人员不仅需要客观清楚地认识存在的问题和原因,更需要借助科学的质量管理方法。衡量康乐服务质量管理水平的标准不是存不存在质量问题,而是能否及时发现存在的质量问题,并快速找到解决的办法,通过科学的质量管理促进质量水平的不断提升。因此,采用科学的质量管理方法对康乐服务质量管理意义重大。目前,常用的质量管理方法有PDCA循环管理法、全面质量管理法、ZD管理法和QC小组法。

四、康乐服务质量的监督和控制

康乐服务质量监督控制是康乐服务质量管理的重要一环,是监督康乐服务能否达到优质服务要求的基本保障。对此,酒店需要建立全过程的质量保证体系,全面控制服务的各个环节,并通过多种方式的质量监控,以保证康乐优质服务的提供和非优质服务的改进。

（一）质量检查组织

康乐服务质量检查小组的组建应以康乐部经理为组长,以具有一定管理经验和专业技术人员为成员,确保小组成员经验丰富、专业精通、工作负责、善于发现问题,并且具有权威性。

（二）质量检查形式

康乐服务质量检查主要采取日常检查与定期检查相结合、单项检查与综合检查相结合、部门自查与上级检查相结合、明察与暗察相结合的方式。

（三）质量检查内容

康乐服务质量检查应该是全方位的,但在实际过程中应对设施设备、服务态度、服务流程、服务方式和清洁卫生等方面进行重点检查。

（四）质量检查反馈

质量检查需坚持全面公正、严格客观、结论明确、奖优罚劣的基本原则,严格把关,秉公办事,根据质量检查情况,对各班组及服务人员的服务质量问题进行相应的评估,并采取有效的改进措施。

第二节　康乐优质服务

优质服务是酒店获得良好声誉形象和提升经营效益的重要保障。为客人提供优质服务也是康乐经营的职责和目标。

一、优质服务的含义

对于优质服务,不同的人有不同的理解,但有一点是相同的,即优质服务含有超出常规的和一般性的服务内容。一般的理解是"规范服务＋超常服务＝优质服务",即优质服务是在规范服务的基础上有超乎常规的表现。规范化的服务可以让客人满意,而超常服务则是在完成规范服务的基础上,使自己的服务效率更高,或者增加一些规范服务中所没有涉及的、根据特定情况额外提供的服务内容。

二、优质服务的基本特征

（一）内容丰富多彩,特色突出

不同的服务项目所提供的服务是不同的,评估优质服务需要注意的是这些服务的内容和特色,优质的服务应该提供尽可能周到的服务。比如,某保龄球馆除了提供必备的保龄球设备之外,还提供专用保龄球鞋、毛巾、茶水、贵宾专用储衣柜和存球柜,以及培训服务、定制保龄球服务等。

（二）态度热情诚恳,礼貌尊重

服务员的服务态度,尤其是给客人第一印象的服务态度,往往会决定客人的消费行为。一个被服务员忽视的任何一个不当表情都有可能破坏客人的心情。因此,服务员的服务态度十分重要,热情、诚恳、礼貌、尊重、亲切、友好的服务态度是优质服务的基本要求。

案例一

受尊重的客人

有一位外国客人第一次入住 A 酒店,因为得了感冒留在酒店休息,由于没什么事做,他就去酒店的康乐中心消磨了一下时间,看看表演,听听音乐。

第二天他再去的时候,刚一进门,负责接待的服务人员就热情地迎上来跟他打招呼:"Mr. Miller,您好,您感冒好点了吗?"客人大吃一惊,仅仅去过一次服务人员就记住了自己的名字,并且还关心自己的感冒好了没有。顿时,作客他乡的陌生感立即消失,简单问候迅速缩短了彼此间的距离。

不料,过了一会儿,他听到自己的名字再度被提起,小提琴手微笑着面朝他说:"我将这首快乐的曲子送给 Mr. Miller,希望他在中国一切顺利,玩得开心!"转过头去,他看到了服务人员会心的笑容,于是他也开怀地笑了。

(三)行为主动积极,专业规范

服务行为是为满足顾客的实际需要而采取的行动,是影响顾客满意度的主要因素。它主要体现在服务过程中服务员的主动积极、程序标准规范和技术专业熟练。例如,保龄球服务员在服务过程中是否主动帮助客人挑选合适的保龄球,能否向客人介绍保龄球运动相关知识、提供示范指导和裁判记分服务,出现故障能否马上检修排除,等等。

案例二

足疗师端来两碟小食品

张先生和王先生正闭着眼睛,躺在沙发上,充分享受着足浴的乐趣。这时,小包间内的电话忽然响起,其中一位技师在张先生的浴巾上随便擦了一下手,起身就去接电话。原来是足浴中心的前台接待叫技师前去端取足浴中心为客人免费准备的两碟小食品:一碟咸干花生,一碟话梅。这位按摩技师放下话筒后,把张先生的脚用浴巾盖好,匆匆走了出去。不一会儿,他就端来两碟小食品,放在两位客人中间的茶几上,请客人享用,自己又坐回小板凳上,继续用双手为张先生按摩足部。但自始至终两位客人都没有动过这两碟免费赠送的小食品。直到临走时,另一位客人王先生才感叹了一句:"其实咸干花生是我的最爱,但看到你们这样的服务程序,一只手可以连续做这么多件事情,我实在是吃不下去呀!"

(四)过程量身定制,个性服务

个性化服务是酒店为满足顾客不同需要而采取的有针对性的服务,是物质服务与心理服务的有效组合。个性化服务源于规范化服务,但却高于规范化服务,它以规范化服务为基础,以客人的个性需求为中心,为客人量身定制,讲究情感沟通,超越常规。因此,个性化服务有助于顾客获得精神上的亲切感,形成和谐融洽的经营氛围,帮助客人实现个性需求,提升顾客满意度。

案例三

玫瑰花装点 KTV 包房

杨先生在国外出差期间,为了给 A 市的女朋友过生日,特意预订了该市有名的 H 酒店的客房和一间 KTV 包房。而且,他要求酒店用红玫瑰将 KTV 包房装扮一下。按照酒店规定,杨先生必须先付订金,因为鲜花具有时效性,每个人对它的需求目的也不一样。如果酒店按规定和要求装饰好红玫瑰,而杨先生因为有其他的事情不能如期抵达,就会给酒店造成损失。可是,杨先生说他现在在国外,汇款不方便,还称自己已经买好了国际机票,后天一定会按时抵达酒店,到酒店后马上付款,并提供了个人的信用卡资料,请求酒店相信他。面对这一特殊情况,市场营销部经理迅速作出了决定:既然客人选择了我们酒店,请求我们给予帮助,说明客人对酒店充满信任,我们绝不能让客人失望。

第三天晚上 8 点,杨先生如期抵达了酒店。值班经理热情地告诉他:"杨先生,您需要的红玫瑰包房已经准备好了,您需要去看一下吗?"杨先生开心地说:"不用了,我要去接女朋友,你们办事我很放心。"

半小时后,杨先生拿着一大束玫瑰花和女朋友一起来到了酒店 KTV 包房,打开房门便看见一个红色的玫瑰世界,散发着芬芳,他的女朋友十分惊喜。包房的中间还插着一束鲜艳欲滴的红玫瑰,服务员告诉他们,这是酒店营销部经理送给这两位有情人的,杨先生高兴地连声说:"给你们添麻烦了,非常感谢!"

(五)结果喜出望外,物超所值

当顾客认为酒店所提供的服务是物有所值时,他就会觉得比较满意;当顾客认为他所享受的服务是物美价廉、物超所值时,他就会感到非常满意。因此,许多企业都是想方设法地让顾客喜出望外,享受物超所值的服务,从而提高顾客满意度,留住忠诚顾客。比如,游艺厅向客人赠送游戏币,歌厅包房向客人赠送酒水,保龄球馆向客人赠送礼品等,这些额外的附加利益都给客人带来了物超所值的体验,让客人喜出望外。

案例四

珍贵的礼物

来自上海的裘先生随旅游团队住进了某市 B 酒店,晚上他兴致勃勃地携几个同伴到卡拉 OK 娱乐厅观看歌舞表演。热烈的气氛中,裘先生也点了一首歌,唱完之后他拿着麦克风说:"今天我很开心,认识了这么多朋友,但很遗憾,不能把这精彩的时刻带回家。大家喜欢听我唱歌,我就再为朋友们唱一首《朋友》。"又是一阵雷鸣般的掌声……

临近散场,意犹未尽的裘先生正待起身,旁边一位笑容可掬的服务员十分礼貌地走过来,递上一张 CD 并对他说:"裘先生,十分感谢您为大家带来如此动听的歌声,我们的音响师已经将您刚才歌唱的《朋友》录制了下来,让您可以把欢乐带回家去。"裴先生接过这张 CD,惊喜之情难以言表,感动地说这是一份珍贵的礼物。

第二节 顾客投诉处理

当企业所提供的服务达不到客人的期望时,客人就会产生抱怨,甚至投诉。能否正确和妥善地处理客人的抱怨和投诉直接影响酒店声誉和效益的好坏。

一、顾客投诉的原因

顾客投诉往往是因为设备和环境不能满足客人的康乐消费需求,服务人员职业素质不高,部门缺乏沟通协调,或者客人在康乐消费过程中出现过失和事故。具体来说,常见的顾客投诉原因有以下几个。

（一）设施设备故障

设施设备的使用故障和不能及时维修是康乐投诉中最为常见的原因。比如,空调制冷效果差、更衣柜门打不开、运动器材有损坏等都会导致客人的不满和投诉。设施设备是康乐活动的物质基础,它不仅决定着康乐活动能否正常进行,而且决定着康乐消费的体验质量。因此,加强设施设备管理十分重要,它是降低顾客投诉的第一要务。

案例五

棋牌室的设备故障

盛夏的一天,骄阳似火,酷热难耐,几位客人在酒店棋牌室打麻将玩得不亦乐乎。忽然,张先生觉得棋牌室温度偏高,于是他想把空调温度调低些。可是,过了一会儿,棋牌室的温度不但没有降下来,反而越来越闷热。于是,张先生就找到了棋牌室的服务员小林。

不一会儿,服务员小林就带着维修工来到棋牌室。维修工来回拨动了一下空调开关,空调通风口上便吹出了冷气。小林想可能是由于客人操作上的失误导致了空调的暂时失灵,可是照顾到客人的面子又不能直接告诉客人空调没有坏。于是小林想了下,对客人笑着说:"空调刚刚只是有些小毛病,现在已经完全修好了。谢谢您给我及时提出意见。"张先生也笑着说:"没事没事,下次注意一下就行了。"高兴地把小林送出了房间。

（二）服务效率低

服务效率低是康乐服务中最容易被投诉的问题,如酒水饮料服务姗姗来迟、排队等候时间过长等。因此,服务人员听到有客人召唤,应立即应答;听清客人的吩咐后,要立即行动,提供服务应迅速、准确;不能满足客人的要求时,要及时说明原因;对营业高峰期等候的客人应说明情况,妥善安排,并表示歉意。

案例六

迟迟不来的鲜榨果汁

王先生在泳池畅游了半个多小时,感觉有些疲惫,便躺在遮阳伞下小憩一会儿,顺便向服务员小张要了一杯鲜榨果汁。15分钟后,王先生见鲜榨果汁还没有上来,便问小张为什么果汁还没有上来。小张顺口答道:"请稍等,马上给您上。"

又过了10分钟,王先生还没见到果汁,又问小张。小张答道:"马上给您上!"

"你们的马上是多久啊?现在都快半个小时了,还没上来!"王先生忍不住生气了。

(三)服务态度差

康乐消费的客人一般都有较高的心理需求和精神需求,服务人员必须讲究礼貌,态度热情,主动提供周到的服务。但是,一些服务人员会因工作太忙而怠慢了客人。比如,为客人讲解游戏规则时不认真,为客人服务时心不在焉、敷衍了事,遇到客人提问时不予理睬等。服务态度的怠慢就是对客人的极不尊重,会导致客人的强烈不满。因此,在康乐对客服务中要严厉杜绝。

案例七

不稳定的水温

一天,在某酒店康乐部游泳池的冲凉房中发生了一件令人不愉快的事:客人游泳之后想用淋浴冲洗身体的时候,由于淋浴器问题导致客人不满,再加上服务员处理不当,引发了一起投诉,这对酒店的整体形象产生了极大的负面影响。

当客人把水温刚刚调好,站在喷头下开始淋浴时,忽然水温变得冰凉,等客人去调节时,突然又变得很烫,将客人的皮肤烫红了一块。客人十分恼火,匆匆穿上衣服把浴室服务员喊来,气愤地说:"你们是怎么搞的?淋浴器根本不能用,水温不稳定,把人烫伤了怎么办?"可服务员根本不相信客人所言,对他解释道:"我们供给冲凉房的水温度最高是40℃,在通常情况下是不可能烫伤人体皮肤的。多半是由于你没有掌握使用方法,将水龙头开关的方向拧错了,结果放出大量热水。另外,当拧动开关后,还要等一会儿淋浴器流出来的水温度才会相应发生变化。"

客人听了非常恼火,说道:"岂有此理,明明是淋浴设备失灵,你们反而倒打一耙,怪我不注意。我要找你们经理讲讲清楚,要你们负责支付治疗费和赔偿费。"

(四)服务技能不熟练

康乐活动都具有一定的游戏规则、注意事项和技术技巧,服务人员必须熟悉这些基本常识,掌握基本服务技能,才能做好对客人服务,否则,很容易导致客人的投诉。比如,健身房服务员完全不懂健身器材的使用方法,健身教练指导示范不规范,球场服务员不懂比赛规则,球场陪练技术水平太差等,都会导致客人投诉。因此,服务技能是做好服务工作的前提和基础,服务人员需不断加强自身的服务技能培训,以专业、高超的服务技能赢得客人的信赖和满意。

案例八

都是指甲惹的祸

一天,张小姐带着一位朋友一起来到C酒店的足浴理疗中心消费。坐下之后,她们俩根据领班的推荐各自挑选了一位足浴按摩技师。不一会儿,两位按摩技师各自端着一桶热气腾腾的中药水进入了小包间,为她们泡脚。两位客人也闭着眼睛,靠在沙发座椅上享受着难得的轻松时光。

按照惯常操作程序,在客人泡脚的过程中,按摩技师应根据客人的要求,为客人按摩头部或是肩部等,而待客人泡脚结束后,按摩技师应把客人的脚捞起擦干,包在早已准备好的浴巾里,待迅速倒掉木盆中的药水后,返回包间为客人继续服务,涂抹按摩油或是护脚霜开始按摩。为张小姐服务的是一位女性按摩技师,她按照上述程序一丝不苟地进行着,张小姐也一直享受地闭着眼睛。

突然张小姐的一声尖叫,把这位女性按摩技师和另外两人都吓了一跳。原来那位女技师在为张小姐服务时,因指甲过长而不慎弄疼了客人。张小姐非常生气,再仔细一看就更加恼火了,因为脚在热水中泡得十分柔软,所以技师指甲划过去留下了一道红红的痕迹,在末梢处甚至出现了轻微的破皮。女技师连连道歉,并拿来创可贴为客人贴上,但张小姐原来想好好休息的愿望没能实现,她愤愤地表示这家酒店的服务实在太差。

(五)清洁卫生水平低下

随着生活水平的提高,现代人对清洁卫生的要求越来越高,康乐场所的卫生管理越来越被重视。在康乐项目经营过程中,因清洁卫生导致客人投诉的时常发生。例如,游泳池池水浑浊、池壁有污迹,更衣室、卫生间地面有污迹及臭味,设备器材有油污汗迹,毛巾等客用品没有做到一客一换等。总之,良好的清洁卫生状况是客人消费体验质量的基本保障,也是康乐项目经营管理科学规范的外在表现,需加强巡视检查和日常管理,让客人玩得放心、玩得开心。

案例九

无声的回答

一位有洁癖的客人准备去游泳池游泳,但他怀疑游泳池不干净,洗浴用具没消毒。

服务人员小钟耐心地对客人解释道:"我们每天都对洗浴用具进行消毒处理,先生您可以放心使用。""可我没看见你们的消毒过程,我怎么能相信呢?你们应该当着我的面再消毒一遍,否则我不敢在你们这里消费。"小钟微笑着答道:"我们确实已经按照标准规范的消毒程序消毒过了,如果您不相信,可以检查一下,哪里不合格,我们再消毒一遍。"那位客人见小钟这样说,便逐项检查起来。

他走到游泳池旁边的洗手间问道:"这个洗手池消毒了吗?"小钟没有说话,而是在洗手池里放了半池水,然后用一次性口杯舀了一杯水,当着客人的面喝了下去。那位客人见此便不再查看,带着满意的表情去办理了游泳手续。

(六)沟通出现障碍

服务人员要做好对客人服务,首先就要做好与客人沟通。沟通及时、顺畅,客人才能心情舒畅,客服关系才会和谐融洽。反之,沟通滞后、阻塞,客人将会发怒投诉,从此谢绝光顾。通常,语言表达不清楚、不恰当是客人投诉的主要原因。例如,普通话夹杂地方方言,客人听不懂;不知道地方习俗,冒犯客人忌讳等。所以,康乐项目经营管理还需加强服务人员的沟通技能培训,让良好的客服关系为企业带来源源不断的客源和市场。

案例十

客人体态传递的信息

一日,住店客人李先生来到酒店的洗浴中心,想要享受片刻难得的放松时光。因为李先生近几日一直奔波,十分疲惫。到洗浴中心后,前台接待热情地向他招呼,他也只是淡淡地回应。很快,他选择了所要消费的项目后,就先按着程序沐浴、桑拿。完成了前面的步骤之后,他进入了按摩房,服务员小刚非常礼貌地主动迎上前去,为他提供按摩服务。李先生躺在按摩床上,感觉十分轻松和惬意,闭上眼睛开始享受按摩服务。没过几分钟,他就感觉有些困顿了。但因为服务刚刚开始,服务员小刚还在按照一般服务程序与李先生聊天和沟通,想要了解他对按摩的力度、方位的要求以及特殊偏好等,于是不断地提出问题。刚开始,李先生还摆摆手,或是以点头摇头来作答。后来,李先生干脆用自己的双脚摇摆来回应小刚了。小刚没有看懂他的意思,于是赶紧询问是否力度或是其他方面做得不合适,李先生烦躁地说:"如果你现在什么也不说,那就是最好的服务了。"

(七)发生意外事故

意外事故虽少有发生,但常涉及安全问题,是一种处理难度较大的投诉。例如,客人在运动中受伤,在游泳池溺水,在更衣室丢失物品等。另外,一些突发事故也往往导致客人的投诉,如突然停电、停水等。对这些意外事故,有些可以提前预防,有些则无法提前预知。因此,在日常的康乐经营管理过程中,要制定详细的紧急预案和应急措施,以便在事故发生时及时妥善地处理。

案例十一

醉酒客人滑倒摔伤之后

某晚,李先生喝完酒后,与朋友来到某酒店的桑拿洗浴中心,服务人员见状忙进行劝阻,提醒他们酒后洗浴的种种危害,但李先生怎么也不听劝阻,仍与朋友一同进入桑拿浴室洗澡。洗头时,李先生本想将手中的一次性洗浴用品袋扔进远处的垃圾桶中,但由于用力过猛,加之浴室内的地板砖湿滑,李先生整个身体一下子失去了平衡,重重地摔到淋浴室对面的蒸汽房玻璃门上。只听"哗"的一声,玻璃被撞碎,玻璃在下滑过程中将李先生右胳膊割伤,血流不止。李先生的朋友见此情景急忙拨打110和120电话报警和求救,桑拿洗浴中心经理也马上和李先生的朋友一起将他送往医院抢救,并垫付了相关医疗费用。由于李先生出现创伤性失血症状,后转院抢救,采取了相应的治疗措施,才脱离危险。

二、处理投诉的基本原则

尽管投诉的内容和形式都不一样,每件投诉的处理方法也不一样,但是服务人员在处理投诉时所遵循的原则却基本一致,它主要包括以下几点。

(一)态度诚恳,不与客人争辩

投诉可以有效帮助经营管理者发现康乐服务与管理中的问题和不足,有助于改善服务质量、提升管理水平。因此,对客人的正常投诉行为应持欢迎态度,而非敌视态度。面对客人投诉,员工要学会换位思考,充分理解客人的心情,同情客人的遭遇,真心实意地帮助客人解决问题。尤其是一些遇到麻烦和委屈之后的客人往往怒气冲冲,这时首要的做法就是理解、克制,心平气和地听客人把自己的遭遇讲完,对客人表示歉意。总之,在处理客人投诉时,一定要态度诚恳,虚心接受客人的意见和批评,不与客人争辩。

(二)不扩大事态,尽快及时处理

客人的投诉往往是由于期望值得不到满足而引发的,绝大部分客人的投诉动机是善意的,或是为了促进企业改进工作,或是为了得到某种形式的补偿。因此,在处理客人投诉时,无论客人言词如何激烈,甚至威胁谩骂,处理的一个基本原则就是不扩大事态、不激化矛盾,尽量减少投诉事件造成的影响。而且,处理投诉的速度要快,对能够当场解决的问题立即当场解决,对不能当场解决的问题要向客人作好解释,征得客人谅解,并告知客人具体的解决时限,以免客人误以为是故意推诿。

(三)兼顾企业、顾客、员工三方利益,依法依规处理

企业、顾客、员工三方的利益是对立统一的。所以,员工在处理客人投诉时要合理兼顾,既不能为了企业的利益而不惜损害客人的正当利益,也不能为了客人的利益损害企业和员工的正当利益。因此,处理投诉时必须以事实为依据,以有关法规为准绳,有理、有礼、有节地进行。

三、处理投诉的基本方法

（一）热情接待，平息怒气

通常客人前来康乐消费就是为了放松心情、舒缓压力、陶冶情操、愉快精神。所以，一般顾客投诉都有缘故，大多是企业提供的服务产品与顾客的需求存在的差异。因此，管理者和员工应当把处理投诉当成改进工作的契机，热情礼貌地接待投诉客人。如果碰到情绪激烈的客人，则应先设法稳定情绪、平息怒气。例如，先请客人离开事发现场，到咖啡厅或办公室再作进一步处理，以免影响其他客人；让客人把话说完，不胡乱解释或随便打断客人的讲述。总之，处理客人投诉切不可态度冷漠，让客人难堪，这样容易激化矛盾，把问题闹大闹僵，增加解决问题的难度。

（二）同情理解，表示歉意

客人投诉的问题常常已经给他们带来了不便和麻烦，或给他们造成了损失。所以，员工在处理客人投诉时，要摆正自己与顾客之间的关系，站在顾客的角度进行换位思考，对客人的遭遇表示同情和歉意。切不可采取事不关己高高挂起的态度，把问题推给他人或上级。总之，不管顾客的投诉是否有道理，员工都应该耐心听取投诉意见，对合理的投诉意见要虚心接受，对个别不合理的或者是有误解的投诉意见，要委婉地解释，但不可据理力争，以免激化矛盾。

（三）立即着手，解决问题

投诉最终还是为了解决问题，因此，员工对客人的投诉应立即着手处理，必要时还可以请上级管理人员出面协助。在具体解决投诉时，要在了解事实经过的基础上进行具体问题具体分析，根据不同情况采取有针对性的解决措施。对建设性的投诉意见，要向客人表示感谢，并对给客人带来的不便表示歉意，然后把客人的投诉意见如实反映给管理者。对于能够马上改进的工作，要尽快答复顾客。对求尊重的投诉意见，要充分满足客人的自尊心，给足面子，即使客人是错的，也要把对礼让给客人。对求补偿的投诉意见，要先给予精神上的安慰，再根据实际情况和责任大小尽快给客人适当的经济补偿。对不合理的或恶意的投诉意见，要依据法律法规和企业的有关规定，采用摆事实、讲道理的方法，有理、有利、有节地解决问题，不可一味地迁就客人意见。必要时，可以请保安部门介入，并可根据实际情况，适时通知公安部门，取得公安部门的支持，以维护企业的正常经营秩序。

（四）查找原因，改进提升

投诉处理完后，有关人员，尤其是管理人员还应对该投诉的产生及处理过程进行反思，分析投诉的产生是偶然还是必然、此次投诉的处理是否得当、有没有其他更好的处理方法、应该制定哪些制度、采取哪些措施防止投诉再次发生等。只有这样，才能不断改进服务质量，提高管理水平。

【小结】

康乐服务是酒店的生命线。优质的康乐服务不仅是赢得良好声誉形象的策略手段，也是增强竞争优势、提高经营效益的基础保障。因此，康乐经营管理人员要高度重视，把为客人提供优质的康乐服务作为日常经营管理的首要工作，努力探索提高服务质量的有效途径,带领所属员工为客人提供优质服务。

本章主要介绍了康乐服务质量的含义、康乐服务质量管理的内容、优质康乐服务的基本特征和提高康乐服务质量的管理方法与途径。同时,分析了康乐投诉的常见原因和处理康乐投诉应遵循的基本原则与方法。因此,本章内容对如何做好康乐服务和投诉管理具有重要的借鉴意义和参考价值。

【思考与练习】

1. 简述康乐服务质量的含义。
2. 简述康乐服务质量管理的主要内容。
3. 简述提高康乐服务质量的方法和途径。
4. 简述优质服务的含义和基本特征。
5. 简述康乐投诉的常见原因和处理投诉的基本原则与方法。

【案例分析】

服务人员的忌语

某酒店足浴中心内,宾客盈门。有两位结伴而来的宾客显然是第一次来这里消费,对有关的项目内容、价格信息都很不熟悉,询问了很多问题,甚至包括足疗的服务程序、每项程序所进行的时间和具体的服务内容等。

前台接待小崔热情礼貌地接待了他们,按照价格从高到低的顺序为他们介绍每种项目,并积极向他们推荐一些价格较高的套餐项目,因为套餐项目的性价比较优惠。两位宾客比来比去,最终还是只选择了该足疗中心的最大众化的中药沐足项目,每位 38 元。当他们办完开单手续向接待房间走去时,小崔忍不住低声嘀咕了一句:"没钱还来干什么,装什么大款。"其中一位客人迅速扭过头来,看了小崔一眼,虽然什么也没说,但显然他们很不满。过了几天,酒店服务中心就收到了客人对小崔的投诉。

案例思考:
1. 在本案例中,前台接待小崔做错了什么?
2. 在服务过程中,有哪些服务忌语是需要我们格外注意的?
3. 当有服务人员不慎使用了服务忌语,该如何补救和处理?

第八章　康乐营销管理

【教学要点】

知识要点	掌握程度	相关知识
康乐经营与康乐营销	重点掌握	康乐消费的特点，顾客康乐消费需求形态，促成顾客康乐消费的技巧
康乐营销计划	了解	市场调研过程，康乐营销计划与目的
康乐促销形式	掌握	广告促销、人员促销、营业推广、会员制促销、康乐公共关系促销

【导入案例】

"买一送一"的酒水营销

某酒店利用闲置的员工休息场地，适当投资，精心装修，将其改造成一个全新的酒吧，为了使酒吧能够在开业时一炮打响，酒店上下都做了相当充分的准备工作。在开业前一个月，它重点选择了本地知名报纸、电视、电台，每周轮流在上面进行宣传推广，同时也采取了流动广告和户外广告的形式。

为了在开业时增强人气，酒吧还预备采取大范围优惠酬宾活动，以本酒吧的招牌酒水为主，进行促销。凡是在开业期间点一份特色酒水的宾客，都可以在同类同价酒水中，另选一种免费赠送。这种营销方式的优惠幅度之大、范围之广都是前所未有的。由于酒店的精心准备，在开业一周之内，酒吧就收到了很好的市场反响，客源不断，也引起了媒体的关注，某媒体还为酒吧写了一篇免费的宣传报道。酒吧上下都十分开心，认为此次活动达到了预期的宣传效果。

康乐营销是酒店与消费者之间相互沟通信息，从而促进消费者购买康乐产品和服务的活动过程。它也是酒店通过各种沟通途径，向消费者传递康乐产品和服务的有关信息，促使消费者对康乐产品和服务产生兴趣，从而影响客人的消费心理，进而促进其购买行为的活动过程。

第一节 康乐营销概述

一、康乐产品消费的特点

酒店要想进行有效的康乐营销,需要搞清楚康乐产品消费的特点。康乐产品的消费主要表现为以下四个方面的特点。

(一)康乐消费受顾客收入水平的限制

康乐需求是人们在满足基本的吃、穿、住、行需求之后才会产生的休闲需求。因此,康乐消费情况受人们收入水平的限制。如果连基本的温饱问题都不能解决,就不可能有康乐休闲方面的消费需求。人们只有当收入水平达到一定程度,在解决基本消费之外有支付康乐消费的能力,才会产生康乐方面的需求。也就是说,当人们的收入水平没有达到一定水平的情况下,康乐消费还只是属于非必要消费。这就告诉我们,康乐营销要结合当地人们的收入水平有选择地进行。

(二)康乐消费受思想观念的影响

就我国民众对康乐活动的态度来看,层次不一。长期以来,我国很多民众认为康乐消费是奢侈浪费,认为歌舞厅、夜总会、酒吧等康乐场所是不良场所。这种观念客观上制约了人们的康乐消费活动,同时更限制了康乐业的发展。随着我国社会经济的发展和对外文化的交流,人们逐渐改变了这些观念,在思想上逐渐接受和认可康乐活动,并产生了更多康乐方面的消费需求,这些将会有助于康乐业的发展。但是,仍不排除在一些经济相对落后的地区,人们在思想观念上对康乐消费的排斥性。

(三)康乐消费活动的时间限制性

随着社会经济的发展,人们的可支配收入不断增加,但是受工作时间的约束,康乐消费只能在工作之余或休假期间进行。人们工作时间的限制导致康乐消费具有时间性,因此,很多康乐项目的经营时间大多在下午和晚上。针对这样的情况,营销活动要有针对性。

(四)康乐消费的时尚性影响

康乐消费很大程度上受消费时尚的影响。纵观整个社会发展过程,不同阶段的时尚康乐项目亦不相同,而且,随着人们对康乐消费需求的增加,未来新颖的康乐项目也将不断涌现,从而取代当前时尚项目受到人们的欢迎。以歌舞厅项目为例,早期社会比较流行跳交谊舞,后来迪斯科成为时尚受到人们的追捧,因而全国各地建立起各种大小迪厅,曾经热门的交谊舞厅受到了冷落。康乐消费的时尚性一方面增加了康乐经营的竞争性,另一方面影响了康乐活动的营销。

二、康乐营销的限制性因素

与其他产品相比,康乐产品的营销受以下几个因素的影响。

（一）康乐部营销受酒店形象的影响

酒店形象是指酒店在社会和顾客心目中的整体印象，是酒店综合实力的具体体现，也是人们对酒店的整体评价。良好的酒店形象有利于提高其在市场上的竞争地位。康乐部门隶属酒店的一个子部门，其营销活动无疑会受到酒店形象的影响，换句话说，酒店的形象是康乐部营销的基础。

（二）康乐产品的非实物形态影响康乐营销

康乐经营主要依靠康乐产品，而康乐产品中相当一部分为非实物形态，如康乐服务的质量、康乐服务的效果等，这在康乐经营中又是非常重要的一部分，也是顾客购买的核心产品，这种无形产品看不见、摸不着，只有顾客在实际购买之后才能完全感受到。在康乐营销活动中，如果营销内容的描述与实际所接受的服务效果不一致，就会影响康乐营销活动的效果，造成顾客的不满，甚至发生纠纷。

（三）相关法规不健全影响康乐营销

康乐业的经营管理受法律法规的影响。目前，我国康乐行业的法律法规相对于快速发展的康乐行业而言有些滞后，不能成为其经营发展的指向标，这造成了康乐业管理的盲目性，使得经营者无法可依、执法者随意处罚，许多业主也借机钻法律的空子，从事投机活动。这些现象给康乐业的正常发展带来了不良影响，也给经营者带来了风险。如前几年，由于公款消费、"三陪"服务（陪坐、陪舞、陪饮）盛行，歌厅成为引领时尚的娱乐休闲项目，而随着"反腐倡廉"和"扫黄打非"活动的开展，歌厅经营日渐惨淡，最终走向衰落。

由于有关法律法规不健全，相关概念界定不清，许多正规经营的酒店无法可依，而有些不法企业却会钻法律的空子，如将"陪侍"和"色情"、"卖淫嫖娼"混为一谈，从而使许多正当的康乐项目和服务难以实现，进而影响康乐营销活动。

三、顾客康乐消费的需求形态

（一）顾客康乐需求特点

康乐消费者的需求一般因人而异，可以说相当纷繁复杂，要有效地进行康乐营销活动，必须对顾客康乐需求的特点有所了解。

1. 需求的多样性

不同年龄、性别、职业、性格、气质、爱好、文化程度和收入水平的消费者，其爱好和兴趣各不相同，因此，其对康乐产品和康乐服务的需要也是千差万别。同一个消费者，在不同的时期，或在收入变动的情况下，或为了不同的目的，对康乐消费的需要也有着很大的差别。

2. 需求的层次性

消费者对需求的满足都是循序渐进、由低层次到高层次逐步递升的。最基本的物质需求得不到满足，高一层次的精神需求就无从谈起，这是受自然规律的制约。低层次的精神或文化需求不首先得到满足，则高一层次的需求纵然产生也没有能力承受，这是受心理规律的制约。

3. 需求的伸缩性

由于内外因素的影响，消费者的康乐需求还表现出一定的弹性。内因的影响主要是消费者本身需求欲望的强烈程度和购买能力的大小，外因的影响包括康乐产品、康乐服务的提供及其质量、广告宣传以及营销环境等。二者都能导致消费者扩大或收缩消费。

4. 需求的无限性及重复性

不论何种层次、何种类型的消费者，其康乐消费的需求都是没有止境且不断重复的。一种需求被满足，还会有新的需求产生，有很多康乐消费还会是反复需要的。此外，随着消费者自身情况的变化和康乐项目的不断丰富，消费者的需求还会在广度和深度上向更高的层次发展。

5. 需求的可激发性及可诱导性

康乐消费者的需求是可以激发和调节的，通过康乐市场营销活动的影响与刺激，消费者的需求会发生变化和转移，潜在的消费欲望可以转化为消费行为，未来的消费需要可以转变为现实的消费。如一瓶百威啤酒在超市只卖8～9元钱，但在酒吧或高星级酒店却能卖到近30元，但消费者也能够接受。这是由于在不同的消费场所，消费者的价格习惯心理和适应性心理相应地会有所不同。当然，错误或不得体的营销策略、营销手段也会起到逆向诱导的作用。

（二）顾客康乐消费需求形态

康乐消费的出发点不同，顾客群体也会有所不同，他们往往以康乐这一相同的消费形式来达到不同的目的。依据其消费心理，顾客康乐消费需求形态大致可概括为以下几种。

1. 休闲康乐需求

经济的发展、科学技术的进步，使人们有了充裕的、可自由支配的经济收入，而生产效率的提高、生产力水平的上升，给人们带来了更多的工作余暇，也使得休闲康乐成为可能。一般而言，一些高收入者、白领阶层有着更丰富和更深层次的休闲康乐需求。而酒店中的一些商务客人对休闲康乐的需求潜力巨大，他们希望在一天紧张、忙碌的工作之余，能够通过享受康乐服务放松身心。休闲康乐型客人的最大特点是以休闲为目的，把康乐作为调节、恢复身心机能的手段，从而能够以更充沛的精力投入以后的工作中。

2. 职场交际需求

人都有害怕孤独的本能，都需要与外界保持交往、接触。很多人在工作之余会到康乐场所与人交往，结识新老朋友。公司、企事业单位的工作人员为了本单位的利益，从加强本单位业务联系的角度出发，需要与相关人员进行接触和感情交流。有不少人认为只有陪同有关人员进行康乐消遣才算够档次，才能达到公关、联络感情的目的。为了职场交际需要的各类顾客只是把康乐作为公关的一种手段，在唱唱、跳跳、玩玩中加强感情联络，达成商务共识，其最终目的是为了以后工作业务能顺利开展。

3. 放纵及炫耀消遣需求

当前，随着市场经济的不断发展，人们的思想观念发生了很大的变化。以往的人生观、价值观受到冲击，受到过分压抑的个性需要得到解放之后，又走上了另一个极端，即过分注重个人的满足和享乐。一些人受享乐观念的影响，频繁出入康乐场所，进行畸形的康乐消费。放纵以及炫耀型消遣一般在年轻人中居多，其消费目的就是让自己玩得高兴，其康乐项目也偏向于惊险、刺激、热烈型的活动。

4. 从众、攀比需求

从众是指人们自觉或不自觉地以某种集团规范或多数人的意见为准则作出判断,从而改变自己的态度的现象。作为一个社会人,其思想行为不可能不受周围人的影响,康乐消费也是如此,当看到周围人纷纷热衷于某种康乐活动时,也难免受从众心理的影响而进行相应的消费。从众心理支配下的消费者一般本身并无强烈的消遣意愿,但又受心理因素左右。攀比型顾客消费的促因即虚荣心,消费者或为了显示自己的阔绰,或因为不甘比别人显得寒酸而一掷千金。从众、攀比需求的产生是由于消费者素质及修养的局限性导致的,他们的消费多是被动的,受别人的影响和左右。因此,其康乐并无明确的目的,一般多以满足自己的虚荣心为最重要的结果。

康乐消费者的这四种需求形态之间并无明确界限,在一定条件下是可以并存的。康乐项目经营者应满足消费者需求,为企业赢得利润。

四、促成顾客康乐消费的技巧

(一) 顾客康乐消费行为类型

顾客康乐消费行为首先受消费类型的影响。根据康乐消费者购买态度的不同,其消费行为大致可分为以下几种。

1. 理智型

理智型康乐消费者一般不盲从、有自信,大多比较内行,消费时喜欢按照自己的意愿和眼光抉择,严格而慎重。

2. 冲动型

冲动型消费者容易受商品的外观、包装、商标或康乐营销的刺激而产生相应的购买行为。购买一般都是以直观感觉为主,从个人的兴趣或情绪出发,喜欢新奇、新颖、时尚的康乐项目,购买时不愿做反复的选择、比较。

3. 习惯型

习惯型消费者由于对某种康乐项目或某家酒店的信赖、偏爱从而产生经常、反复的购买。由于经常购买和使用,他们对这些康乐产品或服务十分熟悉,体验较深,再次购买时往往不再花费时间进行比较,购买力稳定、集中。

4. 疑虑型

疑虑型康乐消费者一般具有内倾性的心理特征,购买康乐产品及服务时会比较小心谨慎和疑虑重重。购买一般缓慢、费时多。

5. 经济型

经济型消费者对康乐产品或服务的价格十分敏感,他们喜欢追求价廉物美的康乐项目或场所,有些康乐场所虽然不够档次,但只要价格公道,也能够被他们所接受。

6. 偏执型

偏执型消费者往往有自己独特的偏爱和嗜好,专门选择自己一向热衷的康乐产品或服务,而对其他文化消费不感兴趣,熟视无睹。

(二) 顾客康乐消费行为特征

尽管康乐消费的类型不同,但其促成顾客消费行为的基本特征是一致的,大体有如下几种。

1. 引起需求

顾客的消费行为首先是从产生某种需求开始的。当顾客感到自己的康乐需求必须通过市场满足时，就会努力到市场中去寻求该种产品或服务，由此，消费行为便开始了。

2. 外界刺激

外界刺激主要是指来自酒店营销（产品宣传、促销活动等）和文化休闲普及的影响。

3. 顾客心理反应

顾客会根据个人特征、社会地位、文化背景等心理因素来比较、判断、评估所收集到的康乐信息。

4. 购买决策

购买决策指顾客选择康乐消费的企业、地点及时间。

对于康乐市场营销来说，针对不同类型的消费者展开不同方式的营销是非常必要的，这里的关键就是区别对象，用正当的手段，使服务一一到位。

（三）把握消费心理，促成顾客消费

人们一定的消费行为总是在一定的消费心理的驱使下实现的，因此，及时把握康乐消费者的心理动向是捕捉营销机遇的重要环节。例如，当人们听歌、听戏形成一种生活习惯后，渐渐就会对只当听众产生不满足感，进而滋生出参与演唱的心理欲望，希望自己也有机会在有音乐画面的和音乐伴奏的条件下学着唱歌，自娱自乐。这时，一些康乐经营者及时引进卡拉OK，就能向顾客提供能满足其心理需求的康乐产品。

1. 明确自身需求

一般而言，当顾客意识到自己有某种需求时，其消费决策过程就开始了。这种需求可能来源于顾客的某种心理活动，也可能来自于外界的某种刺激，它会驱使消费者寻找合适的消费对象并从中得到满足。酒店的主要任务就是要善于识别和激发消费者的需求，时刻注意能够吸引顾客兴趣的各种细节。

2. 收集信息

消费者的某种康乐消费需求是通过康乐消费过程得到满足的。但作为消费者，他们对康乐产品，尤其是对新开发出的康乐项目难以进行全面了解，这就促使消费者注意与康乐消费有关的信息，并对从广告中获得的信息进行核实。康乐消费信息来源主要包括以下四个方面：（1）个人来源，如亲朋好友、家庭成员、同事等；（2）社会来源，如报纸、杂志、广播、电视、互联网等大众传播媒介和消费者组织；（3）商业来源，如广告、人员推销等；（4）经验来源，如对已消费过的康乐产品及服务的体验等。为此，酒店应向消费者提供康乐产品的特点，即质量、价格、服务等方面的信息，并及时向消费者介绍康乐项目的功能、设施及使用方法等，以激发消费者的消费热情。

3. 认真比较衡量

消费者会对所得到的康乐信息进行以下几个方面的比较和选择：

（1）酒店的功能及服务质量。

（2）酒店的形象，尤其是在消费者心目中的印象。

（3）对康乐活动的预期使用。

(4)康乐项目的可选择性(丰富程度、新颖性等)。

(5)康乐项目消费价格。

酒店应根据消费者以上心理特点采取对策:一是努力改进现有康乐项目内容,在质量性能上尽量接近顾客需求;二是设法转变消费者对康乐活动效用的不切实际的观念和期望;三是向消费者宣传本酒店产品的相对竞争优势。

(四)促成消费者购买决策

当消费者完全了解所推销的康乐产品,并对此有较高的购买欲望时,营销也就达到了促成其消费的目的。

相关链接

康乐项目常用营销手段

随着我国经济的不断发展和人民生活水平的不断提高,休闲、运动及旅游服饰用品越来越成为新的消费热点,消费者文化需求提高,康乐类和休闲、运动、文体用品类产品零售量不断上升。消费者个性化、品牌化、时尚化、流行化等趋势日益明显,酒店必须为消费者提供定位准确的特色经营和专业服务。未来康乐业的发展方向将是市场定位鲜明、经营主题突出,以独特的经营销售模式、经营内容和经营管理方式来吸引消费者,这样才能立于不败之地,才能拥有强大的市场竞争力和生命力。总之,酒店只有根据自己生产、管理和经营的实际情况,针对目标市场和目标顾客的特点,有选择地恰当运用各种营销手段,才能取得预期的效果。

一、服务营销

服务营销也叫有形商品的无形营销。在科学技术日益发达、生产手段极其先进、信息化和网络化社会已经到来的现代社会,不同企业生产的同类或近似康乐产品或服务,其设计、制造、质量、科技含量等不相上下,产品有形部分的属性,如品质、功能、特性等方面的差异越来越小,这就使得消费者购买时对商品的判断与选择,不再只依据商品的有形属性,而在很大程度上取决于商品的无形属性,即酒店如何提供商品、如何服务顾客。服务竞争把酒店之间低层次的有形竞争引向更高层次的无形竞争领域。现代市场竞争就是高科技含量的优质产品加优质服务的竞争。对于我国酒店来说,服务营销的意义越来越重要。服务相对于商品、资金、经营设施等硬件要素来讲,可塑性、可控性更强,企业不仅可以通过加强质量保证体系,改善售前、售中、售后服务的方式和质量,努力提高企业的服务水准,更重要的是,各个企业一定要根据自己的实际情况,因地、因企、因时制宜,采取不同的形式、方法和手段,以便更好地服务于顾客。

二、形象营销

企业形象就是经营理念(MI)、行为识别(BI)、视觉识别(VI)三者的综合统一,也是康乐消费者及所有社会公众对企业的整体感觉、印象和认知。随着商品的丰富、生活质量的提高和竞争的日益白热化,消费者购买商品时的选择余地很大,认牌选购的观念明显增强,企业形象在消费者心中的作用日渐突出。企业要获得综合利润的最大化,必须树立整体观念和长远观念,在众多消费者心中树立良好的企业形象。形象营销就是把企业通常的商品营销组合与经营理念、行为识别、视觉识别有机组合起来。其特点在于,对内具有导向、凝聚和激励功能,使企业内部的整体行为、价值观念和目标取向更加一致,充分发挥员工的积极性与创造性;对外具有识别促销功能,使竞争对手难以模仿,使消费者和社会公众易于辨认。目前,形象营销多应用于服务行业,如零售、餐饮、美容美发、医疗保健等,它越来越成为酒店未来营销的重要手段。

三、绿色营销

绿色营销是指酒店在整个营销过程中要充分体现环保意识和社会意识,向消费者提供科学的、无污染的、有利于节约资源使用的和符合良好社会道德准则的商品和服务,并采用无污染或少污染的生产和销售方式,引导并满足消费者有利于环境保护及身心健康的需求。其主要目标是通过营销实现生态环境和社会环境的保护及改善,节约自然资源,实行养护式经营,确保消费者使用安全、卫生的产品,以提高人们的生活质量,优化人类的生存空间。

实施绿色营销战略,需要贯彻"5R"管理原则:研究(Research):重视研究酒店对环境污染的对策;减少(Reduce):减少或消除有害废弃物的排放;循环(Recycle):对废旧物进行回收处理和再利用;再开发(Rediscover):变一般普通产品为绿色产品;保护(Reserve):积极参与社区的环保活动来树立环保意识。实施绿色营销是国际营销战略的大趋势,我国酒店在这方面应该有一个清醒的认识,并积极付诸行动。据有关方面统计,我国每年有数百个品种、价值50多亿美元的出口产品因臭氧层的有关国际公约而被禁止生产和销售,有40多亿美元的出口产品因主要贸易对象国实施环境标志而面临市场准入问题。针对这种情况,酒店要以绿色营销组合的观念和方式去组织生产和销售活动,采用ISO4000系列标准组织生产,并及时了解目标市场的有关绿色信息、发展动向、新技术和新方法,不断调整企业活动加以适应。

四、整体营销

整体营销观念是美国西北大学菲利普·科特勒教授首先提出的。他认为,企业的市场营销活动应包括构成其内部、外部环境的所有重要行为者,即包括供应商、分销商、最终顾客、职员、财务公司、政府、同盟者、竞争者、新闻传媒和一般大众,核心思想是"合作"。整体营销把市场营销与公关活动有机地结合起来,将传统的、针对最终消费者的营销扩展到了针对环境因素中所有重要行为者的营销。整体营销依赖于企业各部门及全体员工的共同努力和密切配合,因此也可称之为"全员营销"。

整体营销由9个具体的子营销活动构成:(1)供应商营销。在供应商的选择上,企业要制定严格的、详细的具体标准,包括生产技术水平、管理水平、商品质量、财务状况、时间观念等。(2)分销商营销。它包括正面营销,即与分销商开展直接的交流合作,在经营方法、营业设施、资金、人员培训、招贴广告等方面给予分销商大力支持;负面营销,即绕开分销商个人主观喜好,用强烈的广告宣传攻势,在最终顾客中建立并完成良好的品牌形象,使该品牌商品成为顾客购物时的首选。(3)最终顾客营销。它主要包括两个方面,一是传统的、针对目标顾客的销售,二是主动引导顾客。(4)企业职员营销。一方面,通过对全体职员(包括科研人员、生产工人、管理人员、销售人员等)的专门营销培训,树立他们的市场观念和顾客观念；另一方面，强化与全体职员的沟通、理解，并满足他们在工作和生活中的需求。(5)同盟者营销。现代企业在经营中要与原辅材料和零部件商、经销商、广告商、运输商、工商部门、税务部门、外贸部门、银行金融机构、法院以及水、电、气等众多企业或政府职能部门打交道，企业必须建立并维持与他们的良好的合作关系，生产经营才能健康顺利进行。(6)财务公司营销。对上市公司而言，它们一般要聘请独立的会计事务所对公司的财务进行审计，并出具有法律效力的审计报告。(7)大众营销。它是典型的产品导向方式，是使用同样的营销组合含糊不清地针对每一个顾客。(8)政府营销。政府及其职能部门的各种法律、法规、制度、条例等，往往对企业的生产或经营产生很大影响。(9)媒体营销。媒体就是报纸、电视台、广播、杂志等新闻媒介部门。

依据整体营销手段，酒店在具体营销过程中应充分考虑各种公众的利益和需求，以实现经营利润的最大化。

五、关系营销

关系营销以管理企业的市场关系为出发点。它的核心思想是建立发展良好的顾客关系，使消费者保持对某个企业或某一品牌商品的高度忠诚。关系营销观念认为，建立和谐有利的商业关系，需要企业与顾客及其他利益相关人之间建立相互信任的关系。关系营销观念强调不仅要争取顾客和创造市场，更重要的是维护和巩固已有的关系。关系营销适合于商业、餐饮、旅游、宾馆、康乐等第三产业。它的主要内容是对顾客进行科学的细分与管理，方法比较灵活多样。如企业可以建立消费者数据库，使企业能够准确掌握消费者的有关信息，使商品能够准确定位，同时，使企业的促销工作更具针对性，从而提高营销效率；企业还可以通过建立顾客俱乐部、顾客信用卡和会员卡制度，对重要顾客设立专门的关系经理等方法，对顾客进行主动管理。

六、教育营销

康乐行业营销其实一直都和教育培训息息相关。从20世纪90年代初期康乐美容美发技术培训的兴起，到20世纪90年代末期养颜美容概念培训的流行，到如今康乐文化教育的膨胀，这种以培训和讲座为主要形式的营销模式所涉及的对象和内容也发生了较大的转变和提升。从最初对美容师的技能培训到如今对代理商、终端酒店的素质以及营销管理能力的培训，形式越来越灵活，内容也越来越多。众多酒店更是不遗余力地试图站在教育原点上对消费者进行营销服务，一方面借助这种形式可以大力推介企业文化、产品知识；另一方面是通过满足消费者的学习需求，从而激发他们的购买热情，拉动销售量。

教育营销通过不断向受众传播产品知识、经营管理知识，增强了企业营销的冲击力和销售力，也提升了从业人员的素质。所以从出发点和受众心理上来看，它具有得天独厚的优势。但要真正将教育营销模式运用到位，需要花费较长时间，酒店必须具有长久发展的规划和决心，以及实施企业良性循环长线发展战略的魄力，同时，还必须保证这种教育名副其实，体现引导的科学性、权威性，不能浮于表面，否则得不偿失。

七、差异化营销

康乐行业的同质化趋势早已不容忽视，无论是产品概念、名称、包装还是促销手段、营销模式，无不显现出雷同、跟随的发展态势。然而，当整个康乐市场从卖方市场转变为买方市场后，那种以生产者为中心的企业营销体制、营销理念已经发生了根本性的变革。企业需要凭借自身的技术优势和管理优势,生产出在性能、质量上优于市场现有水平的产品,或是在销售方面运用有特色的宣传活动、灵活的推销方式,这样才能取得真正的成功。

真正的差异化营销是在了解自己产品特性、流通渠道、功效技术、推广资源等信息的基础上,集中优势资源,避开主流方式,以独辟蹊径的方式制造产品概念或者销售渠道,以达到出奇制胜的效果。其成功运作最大的优势是能迅速获得市场认知度、占有率,而且容易形成资源优势。但值得注意的是,差异化营销容易被竞争者仿效从而沦为平庸,甚至成为培育市场的牺牲品。

八、网络营销

网络营销(On-line Marketing 或 E-Marketing),就是以国际互联网为基础,利用数字化的信息和网络媒体的交互性来辅助企业营销目标实现的一种新型的市场营销方式。简单地说,网络营销就是以互联网为主要手段进行的、为达到一定营销目的的营销活动。

网络营销师也叫网络营销工程师,特指经中国电子商会网络营销认证专家委员会评审、工业和信息化部下属执行单位"网络营销学院"项目组考核通过的复合型人才,他们能以互联网为平台,搜集、查询产品营销所需的各种相关信息,加以筛选、分析和研究,进而优化设计、架构出自身企业产品的网络营销体系,并能依据市场因素变化对网络营销体系的内容作出相应调整。随着互联网技术的不断发展,网络营销必将成为酒店营销的重要方式。

九、直销

从保健品、日化用品到康乐美容专用品,公众无不给予直销以极大的关注。像安利、玫琳凯是国内直销典型的成功案例,它们通过面对面的沟通加上专业服务和利润倍增的模式,取得了惊人的成绩。如今不少酒店也在尝试效仿这种模式,但真正做得成功的并不多,甚至有人对直销是否适合中国康乐专业市场提出了质疑。

直销是一种分销模式,它有明确的目标客户群体,没有中间销售环节或尽量减少了中间环节,可以度量销售效果,企业利用销售人员可以把产品直接销售出去。可以说,目前还没有哪一种模式能像直销那样,把员工的创业激情与产品消费结合得那么紧密,也没有哪一种营销模式能像直销一样,把传播效率做到极致。但是从目前的市场现状来看,直销还没有形成气候,很多消费者容易将其和非法传销混淆,产生抵触情绪。随着我国《直销法》的出台,在未来十年内,直销将有可能真正成为催生新财富的点金术。

资料来源:http://moto-beyonce.blog.163.com/blog/static/8677624720108522726662/,有改动。

第二节 康乐营销计划

一、康乐市场调研

（一）康乐市场调研概述

市场调研就是指企业运用科学的方法，系统而有目的地搜集、记录、整理市场营销信息和资料，分析市场情况，了解市场的现状及发展趋势，为企业市场预测和营销决策提供客观、正确的资料。

1. 传统市场调研

由于影响康乐业项目的市场营销因素很多，市场调查和预测的范围也非常广泛，凡是直接或间接影响康乐项目营销状况的因素都可能被列入调查和预测的范围。市场调查和预测的内容主要包括以下几方面：

（1）宏观市场环境调查，它主要指政治、法律、经济、人口、社会文化和技术环境等方面的内容。

（2）市场需求调查，它主要包括以下内容：

第一，市场商品需求量，它主要包括6个因素，即产品、顾客、地理区域、时限、营销环境、营销组合方案。

第二，需求结构，指对吃、穿、用、住、行商品的需求结构。

第三，需求时间，即了解消费者需求的季节、月份以及需求时间内的品种和数量结构。

（3）消费者调查，为了准确把握消费者的需求情况，通常需要对消费者的人口构成、家庭、职业与教育、收入、购买心理、购买行为等方面进行调查，然后得出结论。

（4）康乐项目自身经营全过程调查，它具体包括以下几个方面：

第一，产品调查，它主要包括生产者生产能力调查、产品本身调查、产品包装调查、产品生命周期调查。

第二，销售渠道调查，商品流通渠道的具体形式决定销售渠道调查的具体内容，它一般包括批发商、零售商、生产者自销市场三个方面的内容。

第三，促销调查，其具体内容包括促销形式、促销活动有无创新特点等。

第四，销售服务调查，即酒店康乐部目前提供服务的网点数量、消费者的反映等。

（5）竞争对手调查，对竞争对手的调查主要是要了解以下内容：

第一，竞争对手的数量、主要的竞争对手、是否还具有潜在的竞争对手。

第二，竞争对手的经营规模、人员组成及营销组织机构情况。

第三，竞争对手经营商品的品种、数量、价格、费用水平和营利能力。

第四，竞争对手的供货渠道情况和对销售渠道的控制程度。

第五，竞争对手所采用的促销方式。

第六，竞争对手的价格政策。

第七,竞争对手的名称、生产能力,产品的市场占有率、销售量及销售地区。

2. 网络市场调研

(1) 与传统市场调研的相同点。与传统的市场调研一样,网络市场调研主要探索以下几个方面的问题:

第一,市场可行性研究。

第二,分析不同地区的销售机会和潜力以及影响酒店康乐项目销售的各种因素。

第三,竞争分析、产品研究、包装测试、价格研究等。

第四,广告监测和效果研究,酒店康乐部企业形象研究。

第五,消费者行为研究。

第六,市场性质动态变化分析。

(2) 网络市场调研的特点。网络市场调研可以充分利用互联网的开放性、自由性、平等性、广泛性和直接性等特点,开展调研工作。与传统的市场调研相比,网络市场调研具有如下特点:

第一,网络信息的及时性和共享性。网络信息能迅速传递给网络用户,任何网民都可以参加投票和查看结果,这保证了网络信息的及时性和共享性。

第二,网络调研的便捷性和低费用。网络调研可以大大节省传统调研所耗费的大量人力和物力,经济实用。

第三,网络调研的交互性和充分性。在调研时,被调查对象可以及时就问卷相关的内容提出自己的看法和建议,可减少因问卷设计的不合理而导致的调查结论偏差等问题。

第四,网络调研结果的可靠性和客观性。被调研者是在完全自愿的原则下参与调查的,调查的针对性更强。问卷的填写是自愿的,回答者一般都对调查内容有一定的兴趣,回答问题相对认真,这可以避免传统调查中主观意识所导致的调查结论的偏差。

第五,网络调研没有时空和地域限制。网络调研可以全天候进行,这与区域制约和时间制约的传统调研方式有很大的不同,这也是网络调研最大的优势之一。

第六,网络调研具有较强的可检验性和可控性。网上调查问卷可以附加全面规范的指标解释,有利于消除因对指标理解不清或调查员解释口径不一而造成的调查偏差。问卷的复核检验由计算机依据设定的检验条件和控制措施自动实现,它可以有效地保证对调查问卷进行全面的复核检验。通过对被调查者的身份验证技术可以有效地防止信息采集过程中的舞弊行为。

第七,互联网调研的局限性。通过网络调研收集信息也有明显的局限性,即信息的不可述性(信息未加码、不能用语言表达)与人的有限理性(生理上的局限和语言的局限)等,因而通过网络获取的信息也需进一步筛选。

(3) 网络市场调查的步骤。网络市场调查的步骤如图 8-1 所示。

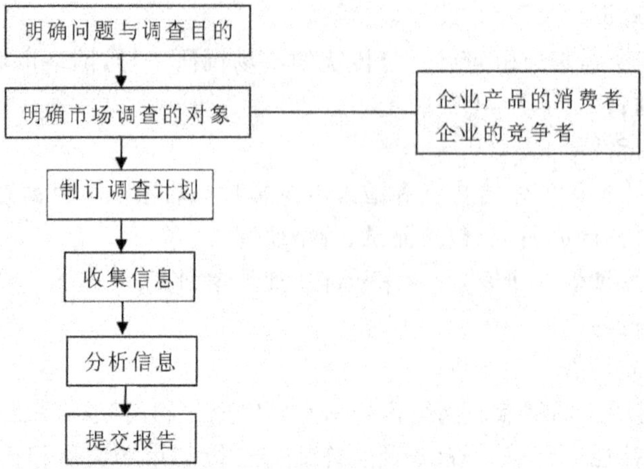

```
明确问题与调查目的
        ↓
明确市场调查的对象 → 企业产品的消费者
        ↓            企业的竞争者
制订调查计划
        ↓
收集信息
        ↓
分析信息
        ↓
提交报告
```

图 8-1　网络市场调查的步骤

(4) 网络市场调查的主要手段包括以下几个方面：

第一，诱导访问者浏览。

第二，利用电子邮件或来客登记簿询问访问者。

第三，在企业站点上设计问卷调查表。

第四，网络德尔菲调查法。

第五，利用企业站点收集市场信息。

第六，选择搜索引擎。

第七，利用数据库。

第八，选择互联网上适合的市场信息调查内容。

网络市场调研没有空间和地域的限制，一切都是随机的，调查人员无法预期谁将是企业站点的访问者，也无法确定调查对象的样本。即使那些在网上购买企业产品的消费者，要想准确了解其身份、职业、性别、年龄等，也是一个很复杂的问题。因此，网络市场调查的关键之一是如何识别并吸引更多的访问者，使他们有兴趣在企业站点上进行双向的网上交流。要解决这些问题，可采取一些特别的手段和策略。

3. 市场调研常用的方法

(1) 观察法，即研究者根据一定的研究目的、研究提纲或观察提纲，用自己的感官和辅助工具去直接观察被研究对象，从而获得第一手资料的方法。科学的观察具有目的性、计划性、系统性和可重复性。常见的观察方法有核对清单法、级别量表法、记叙性描述等。观察者一般利用眼睛、耳朵等感觉器官去感知观察对象。由于人的感觉器官具有一定的局限性，观察者往往还需要借助各种现代化的仪器和手段，如照相机、录音机、显微录像机等。例如，康乐市场调查人员到被访问者的销售场所去观察商品的品牌及包装情况等。

(2) 实验法，即研究者有目的地控制一定的条件或创设一定的情境，以引起被研究对象的某些心理活动或行为的一种方法，它可分为实验室实验法和自然实验法两种。实验室实验法是指在实验室内利用一定的设施，控制一定的条件，并借助专门的实验仪器进行研究，以探索自变量和因变量之间关系的一种方法。实验室实验法便于严格控制各种因素,并通过专门仪器进行测试和记录实验数据,一般具有较高的可信度。它通常多用于研究消费心理过程和某些消费心理活动的生理机制等方面的问题。但对研究个性消费心理和其他较复杂的心理现象,这种方法仍有一定的局限性。自然实验法是指在日常生活等自然条件下,有目的、有计划地创设和控制一定的条件来进行研究的一种方法。自然实验法比较接近人的实际生活,易于实施,又兼有实验法和观察法的优点,所以这种方法被广泛用于研究教育心理学、儿童心理学和消费心理学等大量课题中。

由调查人员根据调查要求,用实验的方式,将被调查的对象控制在特定的环境条件下,对其进行观察可以获得相应的数据信息。控制对象可以是酒店产品的价格、品质、包装等,在可控制的条件下观察市场现象,揭示在自然条件下不易发生的市场规律,这种方法主要用于市场销售实验和消费者使用实验等。

(3) 访问法,它可以分为结构式访问、无结构式访问和集体访问等。结构式访问是事先设计好的、有一定结构的访问问卷的访问。调查人员要按照事先设计好的调查表或访问提纲进行访问,以相同的提问方式和记录方式进行访问,提问的语气和态度也要尽可能地保持一致。无结构式访问通常没有统一问卷,是调查人员与被访问者自由交谈的访问,它可以根据调查的内容进行广泛的交流。如对商品的价格进行讨论,了解被调查者对价格的看法。集体访问是通过集体座谈的方式听取被访问者的想法、收集信息资料的访问。集体访问可进一步分为专家集体访问和消费者集体访问等。

(4) 问卷法,即通过设计调查问卷,让被调查者填写调查表的方式获得所调查对象信息的一种方法。在调查中将调查的资料设计成问卷后,让接受调查的对象将自己的意见或答案,填入问卷中。在一般进行的实地调查中,以问卷调查法的采用最为广泛。

(二) 康乐市场调研的基本过程

市场调查是企业制订营销计划的基础。酒店开展市场调查可以采用两种方式:一是委托专业市场调查公司;二是企业自己设立市场研究部门,专门负责这项工作。市场调研工作的基本过程包括明确调查目标、设计调查方案、制订调查工作计划、组织实地调查、整理和分析调查资料、撰写调查报告等。

1. 明确调查目标

企业要进行市场调查首先要明确调查目标,依据不同的需要,其市场调查的目标也有所不同,企业实施经营战略时,必须调查宏观市场环境的发展变化趋势,尤其要调查所处行业未来的发展状况。企业制定市场营销策略时,要调查市场需求状况、市场竞争状况、消费者购买行为和营销要素情况,当企业在经营中遇到问题时,应针对存在的问题和产生的原因进行专项市场调查,以查明原因、解决问题。

2. 设计调查方案

一个完善的市场调查方案一般包括以下几方面内容:

(1) 调查的目的和要求,即根据市场调查目标,在调查方案中列出本次市场调查的具体目的和要求。如本次市场调查的目的是了解某产品的消费者购买行为和消费偏好情况等。

(2) 调查对象,它一般指零售商、批发商、消费者,零售商和批发商为经销调查产品的商家,消费者一般为使用该产品的消费群体。在以消费者为调查对象时,要注意有时某一产品的购买者和使用者是不一致的,如对婴儿食品进行调查,其调查对象应为孩子的母亲。此外,还应注意到一些产品的消费对象主要针对或侧重于某一消费群体,这时调查对象应注意选择产品的主要消费群体,如康乐水疗 SPA 项目的调查对象应主要选择女性,酒类产品的调查对象主要应为男性。

(3)调查内容,它是收集资料的依据,是为实现调查目标服务的,可根据市场调查的目的确定具体的调查内容。如调查消费者行为时,可按消费者购买、使用前、使用后评价三个方面列出调查的具体内容项目。调查内容的确定要全面、具体,条理清晰、简练,避免面面俱到、内容过多或过于繁琐,避免把与调查目的无关的内容列入其中。

(4)调查表,它是市场调查的基本工具,调查表的设计质量直接影响市场调查的质量。设计调查表应注意以下四点:

第一,调查表的设计要与调查主题密切相关,重点突出,避免可有可无的问题。

第二,调查表中的问题要容易让被调查者接受,避免出现被调查者不愿回答或令被调查者难堪的问题。

第三,调查表中的问题要条理清楚、顺理成章、符合逻辑顺序,一般可遵循容易回答的问题放在前面、较难回答的问题放在中间、敏感性问题放在最后的原则,或封闭式问题在前、开放式问题在后的原则。

第四,调查表的内容要简明,尽量使用简单、直接、无偏见的词汇,保证被调查者能在较短的时间内完成调查表。

(5)调查地区范围,它应与企业产品销售范围相一致,当在某一城市做市场调查时,调查范围应为整个城市。但由于调查样本数量有限,调查范围不可能遍及城市的每一个地方,一般可根据城市的人口分布情况,主要考虑人口特征中收入、文化程度等因素,在城市中划定若干个小范围调查区域,划分原则是使各区域内的综合情况与城市的总体情况分布一致,将总样本按比例分配到各个区域,在各个区域内实施访问调查。这样可相对缩小调查范围,减少实地访问工作量,提高调查工作效率,减少费用。

(6)样本的抽取,它要在调查对象中进行,由于调查对象分布范围较广,应制定一个抽样方案,以保证抽取的样本能反映总体情况。样本的抽取数量可根据市场调查的准确程度确定,市场调查结果准确度要求越高,抽取样本数量应越多,但调查费用也越高。此外,还可根据市场调查结果的用途情况确定适宜的样本数量。实际市场调查中,在一个中等以上规模城市进行市场调查的样本数量,按调查项目的要求不同,可选择 200~1000 个样本,样本的抽取可采用统计学中的抽样方法。具体抽样时,要注意对抽取样本的人口特征因素的控制,以保证抽取样本的人口特征分布与调查对象总体的人口特征分布相一致。

3. 制订调查工作计划

(1)组织领导及人员配备。建立市场调查项目的组织领导机构,可由企业的市场部或企划部来负责调查项目的组织领导工作,针对调查项目成立市场调查小组,负责项目的具体组织实施工作。

(2)访员的招聘及培训。访问人员可从高校经济管理类专业的大学生中招聘,根据调查项目中完成全部问卷实地访问的时间来确定每个访问员一天可完成的问卷数量,核定需招聘访问员的人数。对访问员需进行必要的培训,培训内容包括访问调查的基本方法和技巧、调查产品的基本情况、实地调查的工作计划、调查的要求及需要注意的事项。

(3) 工作进度。针对市场调查项目整个进行过程安排一个时间表,确定各阶段的工作内容及所需时间。市场调查包括以下几个阶段:调查工作的准备阶段,包括调查表的设计、抽取样本、访问员的招聘及培训等;实地调查阶段;问卷的统计处理、分析阶段;撰写调查报告阶段。

(4) 费用预算。市场调查的费用预算主要有调查表设计印刷费、访员培训费、访员劳务费和礼品费、调查表统计处理费等。企业应核定市场调查过程中将要发生的各项费用支出,合理确定市场调查总的费用预算。

有很多酒店常常担心市场调查的花费太多,斤斤计较,越是小企业和经营情况差的企业,越不愿意支付这方面的费用。其实越是困难的企业越有必要开展市场调查,从成功企业的统计资料上来看,企业的销售额越少,市场调查费所占的比例就越高,要对销售的增长情况、产品的竞争情况及市场的变动情况制订一个周密的市场调查计划,确定市场调查经费的概算,这样既可以保证经费的合理使用,又可以促进市场调查的正常进行。

4. 组织实地调查

市场调查的各项准备工作完成后,就可以开始进行问卷的实地调查工作,组织实地调研要做好以下两方面工作:

一是做好实地调查的组织领导工作。实地调查是一项较为复杂繁琐的工作,要按照事先划定的调查区域确定每个区域调查样本的数量、访问员的人数、每位访问员应访问样本的数量及访问路线,每个调查区域配备一名督导人员,明确调查人员及访问人员的工作任务和工作职责,做到工作任务落实到位,工作目标、责任明确。

二是做好实地调查的协调和控制工作。调查组织人员要及时掌握实地调查的工作进度及完成情况,协调好各个访问员的工作进度,要及时了解访问员在访问中遇到的问题。对于调查中遇到的共性问题,应提出统一的解决办法。要做到每天访问调查结束后,访问员首先对填写的问卷进行自查,然后由督导员对问卷进行检查,找出存在的问题,以便在后面的调查工作中及时改进。

5. 整理和分析调查资料

实地调查结束后,即进入调查资料的整理和分析阶段,收集好已填写的调查表后,由调查人员对调查表进行逐份检查,剔除不合格的调查表,然后将合格调查表统一编号,以便统计调查数据。调查数据的统计可利用 Excel 等电子表格软件完成,将调查数据输入计算机,经 Excel 软件运行后,即可获得已列成表格的大量统计数据,利用上述的统计结果,就可以按照调查目的要求,针对调查内容进行全面的分析。

6. 撰写调查报告

撰写调查报告是市场调查的最后一项工作内容,市场调查工作的成果将体现在最后的调查报告中,调查报告将提交给企业决策者,作为企业制定市场营销策略的依据。

(三) 康乐市场调查报告的撰写

1. 康乐市场调查报告的基本格式

市场调查报告一般由标题、目录、概述、正文、结论与建议、附件等几部分组成。

(1) 标题,它和报告日期、委托方、调查方一起打印在市场调查报告的扉页上。它一般要在标题这一页,把被调查单位、调查内容等明确而具体地表示出来,如《关于××市康乐行业康乐项目的调查报告》。有的调查报告还采用正、副标题形式,一般正标题表达调查的主题,副标题则具体表明调查的单位和问题。

(2) 目录。如果调查报告的内容、页数较多,为了方便读者阅读,应当使用目录或索引形式列出报告所分的主要章节和附录,并注明标题、有关章节号码及页码,一般来说,目录的篇幅不超过一页。

(3) 概述。它主要阐述课题的基本情况,按照市场调查课题的顺序将问题展开,并对调查的原始资料进行选择、评价,对作出结论、提出建议的原则等进行阐述。它主要包括以下三个方面的内容:

第一,简要说明调查目的,即简要地说明调查的由来和委托调查的原因。

第二,简要介绍调查对象和调查内容,包括调查时间、地点、对象、范围、调查要点及所要解答的问题等。

第三,简要介绍调查研究的方法,它有助于使人确信调查结果的可靠性,因此对所用方法要进行简短的叙述,并说明选用方法的原因。例如,是用抽样调查法还是典型调查法,是用实地调查法还是文案调查法,这些一般都是在调查过程中比较常用的方法。另外,对在调研分析中使用的方法,如指数平滑分析、回归分析、聚类分析等方法也应作简要说明。如果部分内容较多,应有详细的工作技术报告加以说明补充,附在市场调查报告最后部分的附件中。

(4) 正文。它是市场调查分析报告的主体部分。这部分必须准确阐明全部有关论据,包括问题的提出、引出的结论、论证的全部过程、分析研究问题的有关方法,还应当有可供市场活动的决策者进行独立思考的全部调查结果和必要的市场信息,以及对这些情况和内容的分析评论等。

(5) 结论与建议。它是撰写综合分析报告的主要目的。这部分包括对引言和正文所提出的主要内容的总结,提出如何利用已证明为有效的措施和解决某一具体问题可供选择的方案与建议。结论和建议与正文部分的论述要紧密对应,不可以提出无证据的结论,也不要作没有结论性意见的论证。

(6) 附件。它是指调查报告正文包含不了或没有提及,但与正文有关,必须附加说明的部分。它是对正文报告的补充或更详尽的说明,主要包括数据汇总表及原始资料背景材料和必要的工作技术报告,如为调查选定样本的有关细节资料及调查期间所使用的文件副本等。

2. 康乐市场调查报告的具体内容

(1) 说明调查目的及所要解决的问题。

(2) 介绍康乐市场背景资料。

(3) 分析的方法,如样本的抽取,资料的收集、整理、分析技术等。

(4) 调研数据及其分析。

(5) 提出论点,即提出自己的观点和看法。

(6) 论证所提观点的基本理由。

(7) 提出解决问题或可供选择的建议、方案和步骤。

(8) 预测可能遇到的风险与对策。

二、康乐营销计划

康乐营销计划是根据康乐项目的特点,明确采取何种营销方法,达到什么营销目的,需要投入多少的时间、精力及费用,对康乐项目的过去、现在及将来的情况作深思熟虑的分析与推敲。只有这样,制订出来的营销计划才具有真正指导实际营销活动的价值。康乐营销计划的内容具体包括以下几点。

（一）分析康乐营销现状

在制订和实施营销计划之前,首先要分析酒店营销现状。其内容包括：(1) 本企业现有市场的说明,消费者的需要及其影响因素,现有产品和服务的销售量、价格和盈利；(2) 主要竞争对手产品和服务的质量、销售量、价格、营销活动、市场份额以及本行业营销发展趋势；(3) 消费者康乐消费需求的调查以及康乐消费者对本企业产品和服务的评价；(4) 行业宏观环境分析；(5) 市场预测。

（二）明确营销内容

康乐营销计划首先需要明确主要营销内容,如是针对某一具体康乐项目展开营销,还是为了提高整个酒店的社会知名度等。

（三）对营销机会与威胁的分析

任何企业的经营都面临着机会与威胁,康乐营销活动也是在这种机会与威胁的环境中进行的。根据营销现状分析的结果,企业有必要采取科学合理的方法对营销的机会和威胁进行分析。

1. 营销机会分析

营销机会是指有利于本企业开展营销活动的外部因素。它主要包括以下几方面的内容：(1) 人们在特定环境下和特定时间内产生的特殊需要,如顾客在良好的消费环境下会产生特殊的康乐需要；(2) 消费者在特定时间段形成的消费高潮,如夏天人们喜欢避暑、节假日人们乐于消费等；(3) 影响较大的社会、政治、经济、体育、文化等方面的事件,如体育赛事、明星演唱会、政府鼓励消费等；(4) 竞争对手的产品和服务质量出现问题；(5) 康乐设备供应商提供优惠；(6) 康乐相关企业开展各类活动,特别是促销活动等。

2. 营销威胁分析

营销威胁是指不利于本企业开展营销活动的外部因素。它主要包括竞争对手进行的各类有效营销活动、政府出台限制康乐行业发展的有关法规和条例、康乐相关行业不支持康乐营销、本企业康乐产品和服务出现某些问题而引起消费者的减少和不满、本企业康乐营销活动因某些原因效果不好或受挫等。

（四）确定营销目标

营销目标是康乐营销的指导性内容,它是在充分分析康乐经营现状及预测未来可能存在的机会和威胁的基础上制定出来的。营销目标能让企业经营者了解其奋斗的总方向,又有助于营销组合的分工,便于营销计划执行结果的检验,它是评价整个营销活动是否能达到预期效果的标准。因此,如果没有营销目标,计划制订过程中的后续工作就无从谈起。

（五）营销策略的构思

为实现营销目标，酒店的经营管理人员应根据企业的资金、时间、人力、产品、价格、促销等营销组合因素来构思各种设想。这一步工作实际上就是对各种假定的营销形势进行讨论。因此，参与营销计划制订的各高层管理者都有责任对各种假定的形势提出各自的看法，做到集思广益。

（六）营销策略的筛选与评定

对各种可行的营销策略进行评估是为了选出最佳或最适合的策略，以便列入营销计划。营销计划制订人员应该事先列出几个较为客观的衡量指标，然后对各种可能的策略逐一加以比较和衡量。

（七）拟订营销行动方案

拟订营销行动方案的主要任务是把营销策略转化为具体的可操作的营销活动程序。制定营销行动方案时，应将行动方案的每项具体内容详细列出，以便执行和检查。

（八）编制营销预算

制订康乐营销计划时还应编制各项收支预算。预算支出一方要说明开展各项营销活动应投入的成本费用，成本中除包括管理费、印刷费、邮费及活动费等，还应包括营销措施费用，如奖品、折旧及优惠打折等。收入一方应说明通过营销活动预计达到的销售量。收支的差额为预计的利润或亏损，企业决策者负责对营销预算的审批，预算一经批准，便成为企业营销活动的重要依据，不得随意变更。

（九）营销计划执行中的反馈、调整和控制

在康乐营销过程中，酒店内外部环境在不断变化，营销行动方案的实施也会遇到这样或那样的问题。所以，方案的实施还需要不断地反馈、调整和控制。

第三节　康乐促销活动

康乐促销的目的在于促进广大公众之间的相互了解，并激发他们的消费热情和购买欲望，从而在激烈的市场竞争中占据一席之地。

一、康乐广告促销

康乐广告促销的范围相当广泛，一般来讲，康乐广告就是指对酒店及其产品和服务进行的、有明确经办人的非人员宣传和促销。

（一）康乐广告的类型

康乐广告的类型很多，大体可按康乐广告的载体、内容和相关人员三方面来划分。

1. 按载体分类

（1）实物康乐广告。实物康乐广告是最直观的一种康乐广告，它用实物的形式为消费者介绍企业及其产品和服务，消费者可以直观地了解酒店的设备设施、服务环境、康乐产品的形状、数量、品质、康乐服务的具体过程等。

(2) 文字康乐广告,一切文字宣传品,只要是对产品和服务作介绍的,如传单、宣传卡片、宣传册、报刊等均可归类为书面文字康乐广告。

(3) 音像康乐广告,它主要包括广播、电视网络等现代化的电子传媒,运用这些载体传递酒店及其产品和服务的信息具有速度快、覆盖面广、适应各种层次消费者的特点,目前,它已成为最大的康乐广告载体。

(4) 户外康乐广告,它主要指装置在室外、路旁、建筑物上的康乐广告牌、霓虹灯、店铺招牌、灯箱、广告亭等大型文字图案以及康乐设施模型和康乐服务流程图片,用以引起消费者的注意。

2. 按内容分类

(1) 产品康乐广告,它以介绍酒店产品的商标、性质、特点、功能、价格为主,以引起消费者的好奇心和购买欲望,达到促使其购买的直接目的。产品康乐广告主要介绍有形的产品。

(2) 服务康乐广告,它旨在介绍服务的内容、性质、流程、特色、方式与方法,以引起消费者的注意和兴趣。

(3) 观念康乐广告,它不是促销有形和无形的产品,而是向顾客灌输一种观念。运用观念康乐广告可以树立企业的良好形象,促进企业和广大消费者的联系,形成良好的社会风气和生活习惯等,使消费者具有前瞻性的消费意识。酒店在推广一种新颖的康乐产品或服务时,要运用观念康乐广告来向人们宣传产品或服务,使消费者更加容易、更加快速地接受该项产品和服务。

3. 按相关的人员分类

(1) 按发布者的类型分,它主要是指酒店、康乐设备供应商、康乐中间商等康乐相关企业对社会所进行的宣传服务内容,以吸引消费者。其康乐广告主要从服务项目、服务特色、服务质量、服务方式、企业信誉等方面来做。

(2) 按接受者的类型可分为直接康乐广告和间接康乐广告两种。直接康乐广告的内容针对消费大众的心理,使观众对某一类产品和服务很快产生消费需求。这类康乐广告言辞颇为煽情、娓娓动听,容易打动消费者。间接康乐广告采用理性的说服方式宣传产品和服务的优点长处,但不夸张、不炫耀,让消费者对康乐广告所宣传的产品产生深刻的印象,为日后吸引这类消费者购买打下坚实的基础。

(二) 康乐广告媒介选择策略

1. 根据酒店促销目标选择的策略

酒店的促销目标主要有扩大销售量、提高市场占有率、增加企业产品和服务信誉。根据有关统计,从缩短消费者的购买决策,促使他们尽快下决心购买,从而扩大销售量来考虑,康乐广告媒体的选择次序是电视、电台、销售现场康乐广告、邮寄印刷品、报刊;从既能巩固现有消费者,又能从竞争对手那里争取来消费者,扩大本企业在市场的消费份额,增强市场的竞争优势来考虑,康乐广告媒介的选择次序为报刊、电视、电台等;从提高企业产品和服务的知名度来考虑,则首选发行量大、覆盖社会层次多、新闻性强的报纸,其次选户外陈列康乐广告、流动康乐广告,出发点是在社会中造成一种气氛,形成知名度。

2. 根据酒店的目标市场选择的策略

酒店应根据自身的产品和服务及各方面条件,确定本企业的目标市场。企业的一切经营活动均要瞄准目标市场进行,作为企业促销的组成部分,康乐广告的主要任务是将各方面的信息传向目标市场。企业目标市场的确定是建立在细分市场的基础上,康乐广告媒体的确定也自然按目标市场的范围来考虑。

3. 根据酒店产品和服务特点选择的策略

各种康乐广告媒体都具有自身的优势,也具有各自的局限。康乐软包装产品和服务是用音像俱全的电视为媒介,把文字所描绘的温馨、和谐、周到、礼貌等抽象的概念在电视画面中转换成服务人员灿烂的笑容和轻松的问候,伴随着酒店洁净、适度的照明和轻音乐,形象地展现在消费者面前,促使他们消费。这些比用报刊、宣传册一类印刷品媒介更为合适。酒店应注意根据自身产品和服务的特点选择有利于发挥优势、克服不足的康乐广告媒介,扩大销售额。

二、人员推销

人员推销是一种历史悠久的传统促销方式,它是指企业派出推销人员直接与潜在顾客进行面对面的洽谈,劝说潜在顾客购买某种产品或服务的过程。

(一)人员推销的优势

人员推销较之其他推销形式,具有下列优势:

(1) 推销人员礼貌的举止和高尚的素养有利于提升企业形象。

(2) 推销人员与顾客面对面进行的交谈与沟通更富有人情味,能够更多、更直接地了解顾客需要和分析市场。

(3) 推销人员灵活地对客人进行诱导,能够激发其潜在的消费欲望,促使客人产生购买行为。

(4) 推销人员可以详细地解答顾客的疑问,纠正顾客对本企业项目和服务的偏见。

(5) 推销人员与顾客之间良好的个人接触,能够提供更多个人化的服务,有利于发现并培养新的顾客,提高现有顾客对企业的忠诚度。

(6) 推销人员可以从顾客那里得到明确的反馈。

但人员推销的成本费用较高,会给企业造成很大的压力。有些推销人员不考虑顾客的利益,强行兜售,这也会引起顾客的反感,影响企业形象。

(二)人员推销的应用策略

在酒店进行全员推销,是一种非常有效的营销方式。全员推销是酒店全体员工都将自己看做推销员,以企业为家,有主人翁的责任感,每位员工都把推销企业产品、树立企业形象作为自己的职责,尤其是酒店服务人员,他(她)们与客人直接接触的时间较多,其现场推销的效果更为明显。

全员推销对服务人员的个人素质有着较高的要求。推销人员要熟悉与产品有关的专业知识,了解顾客心理,具有一定的文化素质和职业道德。因此,企业必须强化对员工的培训,建立一支高素质的人员推销队伍。同时,还要对员工进行科学的督导和激励,建立合理有效的奖励机制,对业绩突出的员工进行适当的奖励;对销售业绩一般但顾客反应较好的员工也不能冷落,要进行激励。

三、营业推广

营业推广也称销售促进,是酒店在某一特定时间与空间范围内采用特殊的方法和手段对消费者进行强烈的刺激,以促使消费者尽快购买或大量购买企业产品的一种促销策略。酒店营业推广的目的主要是刺激购买,包括促进新顾客消费、吸引老顾客继续光顾、鼓励顾客在淡季光顾康乐场所等。

面向消费者的营业推广一般采取优惠促销和活动促销两种形式。酒店可根据市场类型、营业推广目标、竞争环境及每种手段的成本等来选择不同的营业推广方式。

(一)优惠促销

在酒店经营活动中,优惠促销能够刺激顾客作出更迅速、更强烈的消费反应,达到促进销售的目的。一般酒店常用的优惠促销方式主要有下列几种。

1. 赠送

赠送是一种短期的降价手法,一般酒店的具体做法是在顾客进行消费时,免费赠送饮料、水果、点心或礼物以刺激顾客消费,或者为鼓励顾客增加消费,对酒水饮料购买量大的客人免费赠送一些酒水,这些免费赠送的酒水或礼品价格都不是很高,但可以达到刺激其他客人消费的目的。如一些KTV包厢规定,客人使用包厢费用达500元以上的,可以赠送一定数量的酒水、饮料或小食品、果盘等,这一做法就是典型的赠送方式。赠送能让客人直接得到实惠,是一种很受顾客欢迎的促销方式。

2. 折扣

折扣是酒店经常使用的优惠促销方式,它是在特定时间内在原价的基础上进行折扣销售。这种优惠方法主要是用于鼓励客人在营业的淡季来消费或鼓励达到一定消费额度或消费次数的客人继续消费,如康乐场所对团体客人通常给予团体优惠折扣价。折扣优惠能使消费者在购买时得到直接利益,因而具有很大吸引力。折扣促销关键是要通过一定的媒体将信息传递给客人,让客人准确地了解不同时间的优惠幅度。

3. 赠券

酒店在举行特定活动或新品促销时,会事先通过一定的方式将赠券发到顾客手中,顾客持券消费可以得到一定的优惠。但每种方式都应把顾客限制在特定范围之内,如歌舞厅有时会面向青年学生发放一些抵用券,在消费时可以直接用券付费,让他们感觉到经济实惠;对经常光顾的常客,可赠送优惠券或贵宾卡,客人凭卡就可享受到卡中所给予的折扣优惠,以吸引客人多次光顾。

4. 现场演示

现场演示的促销方法也是为了使顾客迅速了解产品的特点和性能,以便激励顾客产生购买的意愿,增加消费。现场演示给顾客一种动态的真实感,能更强烈地激发消费者进行体验和消费的欲望,促销效果比较显著。现在很多酒店都将赠送、折扣、抽奖及表演等多种促销形式结合起来使用,加大了促销力度,达到了更好的效果。

5. 配套销售

酒店为增加酒水消费,往往在娱、玩、餐饮等一系列活动中采取一条龙的配套服务,如有些康乐场所门票的价格中包含有一些酒水、饮料或零食的价格,即顾客在购买了该场所的门票以后,就可以免费享用企业所指定的一定数量和品种的酒水、饮料和零食。配套销售有利于提高康乐经营设施设备的使用率,增加康乐部门的整体效益。

6. 产品展销

康乐场所的一些可供客人享用或购买后带走的商品可采用展销的方法,如饮品、纪念品、球拍、球服等。这些产品一般是在固定的产品推销台上展销,通过展示吸引购买者。

7. 时段促销

绝大多数康乐场所在营业上会受到时间的限制,康乐场所为增加设备利用率,提高经营收益,往往会在酒水价格、场地费用及最低消费等方面采取折扣价。如很多KTV、歌舞厅、保龄球馆等康乐场所晚上人满为患,而白天则是门庭冷落,为刺激顾客在白天消费,康乐经营者在日场往往会给予顾客较高的优惠。

(二) 活动促销

康乐场所的活动促销也是康乐营销的重要组成部分,这在节假日以及特殊纪念日往往能吸引大批的客源。如果能积极地把握机会,举办一些大家喜闻乐见的活动,便能给企业带来巨大的经济效益和社会效益。康乐活动促销的形式一般有以下几种。

1. 节日活动

节日是酒店推销的好机会,现代青年人赶时髦、追新潮,喜欢节日的热闹气氛,康乐场所就可以利用过节的机会举办一些节日活动,来吸引他们进行消费,如在圣诞节举行圣诞晚会、情人节举办歌舞会等,以此来吸引众多求新、求奇、赶潮流的顾客。

2. 参与活动

酒店可在周末和其他时间举办特殊的歌舞比赛、歌舞表演、抽奖等活动,以此来吸引参与活动的顾客。

3. 演出活动

酒店应利用自身优势经常邀请一些著名的歌星、影星、歌舞团、时装表演队、乐队来举办演出,以吸引这些明星和名人的崇拜者。

4. 让利活动

酒店还可利用顾客追求实惠的心理进行免费赠送礼品、折价酒水消费活动,以此来吸引顾客。

这些活动很多时候是穿插、组合在一起进行的。如在节日活动时,除了一般的节目以外,还可以邀请一些歌星、乐队进行演出,并赠送礼品,对酒水饮料进行打折等。

利用活动促销时,要注意活动形式或主题的新奇性和趣味性,要用最具现代感的活动来吸引和感染顾客。活动过程中多设置一些参与性的环节,提高顾客的兴致。

四、康乐会员制促销

会员制是给予定期缴纳一定数量会费的会员提供某些餐饮、住宿、健身、娱乐等服务项目优惠和优先待遇的经营形式,其目的是鼓励顾客提前购买消费权。酒店实行会员制,既可以只为会员服务,也可以扩大至为会员以外的客人提供服务,但只为会员提供优先和优惠的服务。

会员制是现代社会经济高度发达的产物,是发展本行业文化、扩大影响的有效方式之一。酒店或酒店康乐中心实行会员制,不但能够招徕一批稳定的客源,保证企业的稳定收入,而且还能带动其他服务项目的消费。会员制是酒店常用的主要促销手段之一。

(一) 会员制的特点

(1) 会员为本企业服务项目的经常使用者和大量使用者。

(2) 企业能给予会员更多明显的利益。不仅会员本人享有会员优惠消费,而且对其他同伴也有适当的折扣。

(3) 企业为会员提供特殊服务。

(4) 康乐业的某些服务项目只为会员提供。

(5) 拥有会员标记(如成员证、徽章等)。

(6) 会员消费和享受服务的手续相对简化。

会员制不仅能让客人产生归属感,增强其对企业的信赖感,而且能给会员以优越感,一些特殊项目只供会员使用而不对其他人开放,这样会员就成为了一种身份和地位的象征。

(二) 会员制促销具备的优势

(1) 有利于稳定顾客群,可以给企业营销创造拓展机会。会员客人在所属酒店的消费能享受较大的优惠,因此容易成为其稳定消费群体,而且企业建立会员顾问委员会,会员从顾问委员会中获得信息,也可显示出企业对他们的重视,还可通过顾问委员会向会员推出现相关产品和服务。

(2) 可以建立与顾客双向沟通的渠道,随时掌握顾客需求和消费市场动向。康乐俱乐部一般都建有会员档案,对会员的消费情况进行记录,这有利于企业及时掌握顾客的需求动向。

(3) 俱乐部会员制能使会员产生归属感。俱乐部会员制能让客人有一种归宿感,让会员享受会员制的各种综合服务项目和会员专用项目。俱乐部会员制给会员提供了高层次的文化消费和活动氛围。俱乐部在西方是同一阶层或志同道合者的休闲场所,它具有排他性,也是一种身份的象征。非会员必须在会员的陪同下才能到俱乐部消费。它营造了一种团结、合作、熟悉、舒适的氛围。

此外,俱乐部还为会员提供了综合消费场所,它将自己的功能同社会需求联系在一起,变得更具综合性。会员可以在俱乐部饮酒、宴请、跳舞、游泳、K歌、玩牌、健身、射击、保健,也可以谈生意。边玩边谈是现代人追求的一种生活方式。

(4) 营销模式较为隐蔽。由于一切都是由企业与消费者之间直接接触,企业的一举一动,包括新的优惠促销政策、新的信息等不容易被竞争对手察觉,这样就可以免受竞争对手有针对性的反击。

(5) 会员制俱乐部营销对酒店的服务和管理水平要求较高,需要公司内部完全协调和群策群力,以此来激发企业不断提高服务质量和管理水平。

(6) 容易被顾客接受,使顾客有被尊重的感觉,更能满足顾客的心理需求。

(7) 可以延伸服务产品线,增加附加收益。

(8) 会员制营销如果操作良好,会产生较大的品牌效益,增加口碑传播力度,有利于企业的长远发展。

俱乐部会员制必须有严密合理的制度。它作为一种机制，必须要有相应的企业与会员认可的书面制度，具体包括入会条件、手续、会员资格、会员义务和会员权利等。俱乐部会员制主要特点是把客源限定在某一特定的阶层或范围内。加入俱乐部的会员，在职业、社会地位等方面都比较接近，会员之间容易交流沟通。会员有名额限制，一般不得超过定额发展会员。会员也分金卡会员和银卡会员等。

（三）会员制的入会要求

实行会员制的酒店对申请入会人员的条件、资格、权利、义务、入会手续等方面一般都有较为严格的规定。

1. 会员条件

会员应填写入会会员年龄、身份、地位、健身状况等，一旦被批准为会员，还应支付一定的入会费和年会费。会员应遵守各项规章制度，如使用相关设施需出示会员证等规定。会员入会应遵循以下程序：

（1）申请人填写申请表，说明要加入的会员种类。

（2）酒店调查，确认申请人的入会条件及支付能力。申请者如被批准将得到承诺书。

（3）申请者收到承诺书后在一定期限内，按要求将入会款项汇到指定银行。

（4）酒店收到汇款后，发放会员资格证书。

2. 会员权利

会员权利包括会员拥有的资格、享有的各项权利，如有权参与酒店组织策划的各种活动、有权带规定数量的非会员进行消费等。

（1）资格权。会员有权使用酒店提供的所有设施。

（2）优惠权。会员具有使用各种设施的优先权，不但可以免费享受某些服务项目，还可以优惠的价格享受某些服务项目。

（3）签单权。会员有权消费后签单，按月或季度等与酒店结算。

（4）监督权。会员有权随时对酒店的工作进行监督和投诉。

（5）转让权。会员取得资格一定期限后，经酒店同意，有权转让。

（6）同等权。会员有权到酒店的联网单位或分支单位享受打折优惠。

（7）信息权。酒店应定期为会员提供特殊服务项目，如定期向会员发送刊物及有关资料等。

会员不具有对酒店的所有权，但可享用章程规定的其他各项权利，如持白金卡、金卡、银卡的个人可享受被继承权，持白金卡者享受分红权等。

3. 应履行的手续

（1）年会费必须在每年的某个期限内支付（每年的1月1日至1月31日，也有按月支付使用费的），无论是否使用酒店设施均需付年会费。

（2）过期不支付年会费者被视为自动退会，酒店将暂停其会员资格，自被取消会员资格之日起，该会员必须付清所有会费。

（3）个人会员在取得会员资格一定期限后方可转让会员资格。但要求在付清欠账和转让费后方可转让，转让时必须在本酒店办理转让手续，并交纳会员入会费一定比例的转让费,法人会员证不得转让。

会员制的有关规章应在会员入会时以书面形式交给会员阅览。待同意遵守后签字认可,才具有法律效力。

五、康乐公共关系促销

公共关系是指某一组织为改善与社会公众的关系,促进公众对组织的认识、理解和支持,达到树立良好组织形象,促进产品或服务销售的一系列促销活动。

公共关系运用合理的原则和方法,通过有计划而持久的努力,协调和改善组织机构的内外关系,使本组织机构的各项政策和活动符合公众的需求,在公众中树立起良好的形象,以谋求公众对本组织机构的了解、信任、好感和合作,并获得共同利益。

(一)康乐公共关系促销工作内容

1. 塑造企业美丽的公众形象,提高知名度和美誉度

企业形象是指社会公众对企业的总的看法和整体评价,知名度是指公众对企业的认知程度,美誉度是指公众对企业赞赏和信任的程度。知名度、美誉度的高低直接影响企业形象的好坏,塑造企业形象的一个行之有效的手段就是进行公关活动。

2. 改善企业的社会关系环境

企业和与之联系的各类公众之间的关系,对企业的经营乃至生存有着重要的影响。如果这种关系十分协调、融洽,即各类公众都喜欢某一企业,都乐于与之打交道,则说明该企业处于良好的社会关系之中,它能促进企业的发展。

公共关系的工作内容就是通过适当的途径和手段协调本企业的社会关系。尽管社会上存在许多不可控因素,酒店仍能通过与相关公众的双向沟通活动,施加积极的影响,以形成对本企业有利的市场经营社会环境。如努力与消费者、新闻界、社团、内部公众建立彼此了解与信赖的关系,以形成对企业有利的社会舆论;努力与有关政府部门和立法机构对话,以形成对本企业有利的政策法规环境。同时,通过对各类公众的意见征询及沟通,可以及时反馈市场经营环境的变动,以利于酒店营销者迅速作出准确的反应。

(二)康乐公共关系促销类型

1. 宣传型公共关系

宣传型公共关系即利用各种传播媒体和手段,向社会公众宣传展示自己的发展成就与公益形象,以形成有利于本组织发展的社会印象与舆论环境的活动模式。这类公关活动能够及时通过媒体进行正面宣传,主导性、时效性强,影响面宽,能够较快地树立企业的形象。

2. 交际型公共关系

交际型公共关系是通过人与人之间的直接交往接触,进行联络感情、协调关系和化解矛盾的活动,以达到为本企业建立良好人际关系的目的。这类活动有助于加强各类公众对本企业的了解和信赖,增强顾客的购买决心。

3. 服务型公共关系

服务型公共关系是以为公众提供热情、周到和方便的服务来赢得公众的好感,从而提高本组织形象的一种公关活动模式。在为顾客服务时充分为顾客着想,既能刺激顾客消

费,又能在先期顾客的口碑效应中达到吸引其他顾客、扩大销售的目的。

4. 社会型公共关系

社会型公共关系是利用举办各种具有社会性、文化性的赞助或公益活动来开展公共关系的一种模式,其目的是塑造本企业的文化形象与社区形象,提高本企业的社会知名度和美誉度。

【小结】

康乐营销是康乐业经营管理的核心内容之一。康乐产品是一种精神消费品,营销对康乐经营管理来说特别重要,其营销手段也必须具有针对性。在具体实施过程中,酒店要遵循诚实守信、利益兼顾、互惠互利、理性和谐等基本原则。根据自身生产、管理和经营的实际情况,针对目标市场和目标顾客的特点,有选择地运用相关营销手段,才能取得预期的效果。

康乐营销计划是在对企业市场营销环境进行调研分析的基础上,制定企业及各业务单位对营销目标以及实现这一目标所应采取的策略、措施和步骤的明确规定以及详细说明。制订营销计划应注意遵循统筹原则、重点原则、连锁原则、发展原则、创新原则、弹性原则,酒店应结合自身营销实际确定合适的营销策略,选择最适合的营销手段。

酒店康乐活动方案具体应包含计划概要、营销状况分析、机会与风险分析、拟定营销活动目标、拟定营销活动策略、确定行动方案、编制营销活动预算、营销活动控制、意外防范、效果预估等内容,按照市场调研、制定方案、沟通认识、人员保障、信息传播、组织实施、过程监督、效果评估等步骤实施,确保实现预期效果。

【思考与练习】

1. 简述康乐消费的特点。
2. 列举顾客康乐消费的需求形态,并选取一种顾客分析其康乐消费需求形态。
3. 试述顾客康乐消费的行为特征以及促成顾客康乐消费的技巧。
4. 简述康乐市场调研的内容。
5. 简述康乐营销计划制订的原则和策略。
6. 简述康乐营销活动的实施步骤。
7. 结合本章相关内容,策划一次康乐营销活动,制订一份简单的营销计划书。

【案例分析】

某 KTV 情人节营销策划方案

一、市场调查

在现代生活中,KTV已经成为当代人们生活的一部分,特别是都市男女,他们注重高品质的音响效果,喜欢在唱歌中尽情放松自己,这已经成为他们减压的一种方式。

本 KTV 的情人节目标消费群初步定为大学学生和都市白领。这两类群体比较注重生活质量，他们身上存在浪漫和个性的元素，这是KTV在情人节的诉求点，因此，既要突出强调本店在情人节那天给他们所营造的浪漫气氛，又要突出他们的个性。此外，这两类群体选择KTV的重要条件之一就是音响质量。总的来说，本店要在情人节那天塑造一个浪漫、个性、富有都市气息的形象，从而吸引都市青年。

一、创意

本店在情人节上做文章，可以把目标消费群分成以下几类来分别进行诉求。

(1) 情侣的情人节，可以通过赠送情侣折价券，并规定该折价券在情人节当天可享受打折优惠。情侣折价券可设计成男女券，并有珍藏价值，如书签等。在情人节当天专门设置情人间，可以是几队情侣进入一个大包间，也可以是一对情侣进入双人间。此外，还可在情人节当天替男友为女朋友送上一支玫瑰，替女友为男朋友送上巧克力（黑巧克力表示对方有个性、很神秘、深不可测，果仁巧克力表示与对方一起很温馨、很浪漫，心形巧克力表示"我心属于你"），并送出本店送给情侣们的情侣饮料和情侣水果拼盘等。

(2) 单身贵族的情人节，也可以通过折价券进行宣传，将KTV作为一个牵线人，让他们来寻找自己生命中的情人，并为找到的人送上礼物（可为女孩送上小型的熊宝宝和玫瑰花等）。单身贵族们可以进入专门为情人节设置的单身俱乐部，即为大KTV间（如轮桌唱等，被促成的情侣，自己愿意也可进入情侣间）。

(3) 另外，还要适当准备一些一般包间，供一群彼此作为普通朋友的客人来唱歌，此类包间可以不做装饰，跟平时一样。

三、宣传方式

建议在报纸、杂志等都市气息浓厚的媒体上进行宣传，应将消费者利益写清楚，可分为单身与情侣两版，并写明获赠券地址，规定从报纸刊登广告开始到情人节期间都可凭借报纸上的赠券前来试唱，试唱者都可以获得赠送的单身折价券或情侣折价券销售八折优惠，没有来试唱的也可在情人节当天凭报纸上的赠券获得优惠卡，此优惠条件可在情人节当天做成宣传单发给来唱歌的消费者，而不在报纸上写明。

四、店面装饰

店面装饰应尽量体现浪漫情调。建议主要用红蜡烛等来装饰，在每个情侣包间用一只玫瑰型真蜡烛来装饰，周围用蜡烛灯包围着情侣们，营造出浪漫气氛。在大厅周围的蜡烛灯中可间隔夹杂着五色玫瑰装饰，在走廊两边也用蜡烛灯，让人感觉正走在通往爱情的道路。在单身俱乐部中，可在周围放置灯，在每桌放上真蜡烛帆船。

五、广告语

(1) 单身，你厌烦了爱情吗？还是你希望得到爱情却找不对你生命中的那个人？情人节中的KTV或许能让你遇上你生命中的他（她）呢！

(2) 情侣，为她送上一束玫瑰，或唱一支情歌表达爱意，情人节的KTV将让你的爱得到充分的展现。

资料来源：http://www.em-cn.com/article/2007/140107.shtml，有改动。

案例思考：
1. 简述康乐营销的基本含义及特征。
2. 康乐部营销应注意什么问题？
3. 结合案例讨论应如何制订康乐营销计划。

第九章 康乐设备管理

【教学要点】

知识要点	掌握程度	相关知识
康乐设备管理的必要性	掌握	康乐部门的设备类型、康乐部门设备管理的特点
康乐设备管理的程序	了解	设备更新、设备改造、设备报废
康乐设备管理的方法和内容	掌握	建立设备技术档案,设备操作、设备维护、三级保养法、设备维修

【导入案例】

出现故障的保龄球设备

某五星级酒店的保龄球馆位于大堂西侧的地下一层,共有16个球道,在当地算得上是档次最高、设备配置最好的保龄球馆,开业4年多来生意一直很红火。盛夏某天,保龄球爱好者刘先生带着两位朋友来到此球馆打球。此时正是下午3点多钟,球馆内的顾客不多。在一切都安排妥当后,刘先生和他的朋友兴致勃勃地开始玩了起来。大约5分钟后,该球道机器不知什么原因无法把球瓶置好,被打倒的保龄球无法传送到置瓶区。当班服务员临时处理了几分钟后无法排除故障,此时刘先生有点不高兴了。于是服务员赶紧到后台机房找值班的工程人员,可是找了好一会儿都没找到,原来天气太热,工程人员到休息室喝水去了。于是服务员立即给客人换了另外一个球道,可第二个球道运行没多久也出了故障,扫瓶杆放下去后升不上来了。这时,刘先生非常生气了,要求服务员立刻退还押金,不打了。服务员也没办法,只好给刘先生退了押金,并解释说:"对不起,最近是淡季,我们以为没什么客人来,所有设备最近没有检修。"刘先生听后摇摇头,一言不发地跟他的朋友离开了球馆。

康乐设备是指属于康乐部门固定资产的机器和用具,包括酒店的一些基础设备,如计算机系统、消防系统、电梯、空调、电话等,还包括各种项目设备,如健身器、卡拉OK设备、桑拿设备、灯光设备等。康乐设备管理是指围绕康乐设备物质运行形态和效用发挥而进行的选择、购置、安装、维修保养和更新改造等一系列的管理工作。康乐设备管理是酒店管理的一个重要组成部分,对酒店康乐部来讲,设备是基础,它决定了酒店的星级和康乐项目的档次。康乐设备管理直接影响酒店经营的成本和质量,设备管理对于酒店的经营发展有着非常重要的意义。

第一节 康乐设备管理概述

一、康乐设备管理的重要性

康乐设备的好坏对酒店经营的好坏有直接的作用,具体表现在以下几个方面。

(一)保证康乐项目正常运转的首要条件

酒店是以设备为依托,向客人提供各种康乐服务而取得各种收入的经济组织。康乐设备频繁发生故障或发生故障后得不到及时修理,就会影响酒店的声誉以及酒店的正常营业,使康乐服务成为无源之水、无本之木。因此,要加强康乐设备的管理,努力完善酒店康乐设备,及时维修,确保设备始终处于良好的状态。

(二)提高康乐服务质量的重要保证

酒店拥有大量的专业设备,康乐设备是员工为顾客提供服务的物质条件,是康乐服务质量赖以建立的物质基础。没有完好的设备,康乐服务就无法正常提供,康乐服务的质量也会大打折扣。

(三)提高酒店星级的重要条件

2010 年,我国重新修订了《旅游酒店星级的划分与评定》标准,对设施设备有明确的规定。根据评定标准,各星级应得的最低分数为:三星级 220 分,四星级 320 分,五星级 420 分,一星级、二星级不作要求。设施设备的总得分为 600 分,标准对此作了详细的要求(详见附录一)。因此,做好康乐部设施设备管理对于提高酒店的星级具有非常重要的意义。

(四)树立良好的企业形象

为顾客提供舒适的消费环境以及安全、完好的康乐设备是顾客进行正常康乐消费的必要条件。随着社会经济的发展,人们收入水平的提高,一些家用康乐设备,如健身器材、卡拉 OK 设备也进入了家庭。人们之所以来到康乐场所进行消费,就是因为其具有专业性,这里不仅有良好的氛围,更有一流的专业化设备。如果设备管理不好,将会影响酒店在顾客心中的声誉和形象。因此,做好设备管理工作,为顾客提供舒适、安全的康乐消费条件,是增加客源、树立企业形象的重要手段。

(五)促进企业经济效益的增长

康乐设备的配置以及维修保养是酒店的一项重要支出。做好设备管理工作,使设备始终处于良好的运行状态,可以节约设备维修费用支出,降低营业成本,增加利润。同时,酒店的收费水平是建立在相应的设备条件和劳务条件之上的,只有提供完好的设备和令人满意的服务,才能保持较高的收费水平,从而增加收入、促进企业经济效益的增长。

二、康乐设备管理的特点

康乐设备的管理概括来讲,主要有以下几个特点。

（一）商品性强,管理要求高

首先,对于康乐设备来讲,使用的人员复杂,既有工作人员,又有普通顾客。其次,康乐设备的维修方面,由于康乐设备使用频率高、损耗快,对于有些易损设备,如保龄球的公用球和公用球鞋、台球的球杆和台呢、游戏机的按钮等,要做到及时维修或保持较高的更换效率;有些设备虽然不是易损设备,但由于长期运行,随着累计使用时间的延长,其损坏的概率也越来越大,如保龄球的球瓶复位系统、电子游戏机的电脑板、桑拿室的水处理系统等。故障一旦出现应尽快排除,保持管理的高效率。

（二）损耗大,更新周期短

酒店的设备损耗主要包括两种情况：一是有形磨损,即在使用过程中造成的机械磨损;二是无形磨损,即经过一定时间的经营,有些设备已经陈旧过时,其使用价值已经降低。上述两种损耗达到一定程度时,设备就应当更新。康乐设备使用频率高,再加上流行因素的影响,今天流行的娱乐项目,可能过几个月就不再流行,因此,其更新周期较短。以电子游戏机为例,国外的游戏厅每年更换 1/3 的设备,这就要求管理者随时关注设备使用情况和市场变化,及时更新那些磨损严重、投入产出率低的设备。

（三）构成复杂,管理难度大

一方面,康乐项目种类繁多,每种项目都涉及大量的、专业的设施设备,使用方法和维修保养要求不一,这一特点决定了康乐部和工程部工种多、技术门类齐全,且专业性强。另一方面,康乐设备管理是对康乐设备实行全过程的综合管理,其内容包括设备的选择、购置安装、维修保养、更新改造及报废的整个过程。中间任何一个环节出了问题,都会给康乐设备管理带来负面的影响。综上所述,康乐设备的管理难度可想而知。

三、康乐设备的管理任务

康乐设备管理是对康乐设备实行全过程的综合管理。其具体的管理任务主要包括以下几点。

（一）合理配置康乐设备

康乐设备的选择应尽量遵循技术先进、经济合理、安全节能、便于维修、配套成龙的原则。当然,在配置的过程中还要结合企业的自身情况,包括企业的等级规模、目标市场的需求、实际支付能力及企业业务经营的需要,在分析了解所需设施设备的数量、性能、豪华程度等因素的基础上,再进行合理的选择和配置。

（二）保证设备的正常运行

康乐部正常运转的首要条件是康乐设施设备始终处于良好的运行状态,以便充分发挥它们的效能。工作人员要按照设施设备的相关要求,合理使用,正确操作,认真保养,并及时排除故障。在管理上一般采用分级管理、分工协作、专人负责的方法。为了保证设备能够在营业时间内始终处于良好的运行状态,酒店要建立科学合理的管理体系,制定完善的管理制度,培养优秀的服务和维修管理人员。

（三）加强设备的更新改造

在酒店的经营过程中,为了适应市场的变化需求,需要不断对原有项目和设备进行更新改造,及时淘汰过时的康乐设备,保持企业的良好形象,增强顾客的新奇感,以便提高企业的竞争力。

第二节 康乐设备管理的基本程序和内容

康乐设备管理对酒店的经营有着非常重要的意义和作用。要管好康乐设备,除了要有较强的专业技术人员外,还需要一套科学合理的程序和方法。

一、康乐设备管理的程序

康乐企业的设备管理与其他企业一样,根据管理中的不同阶段可以分为以下四个基本程序。

（一）设备的更新规划

设备的更新规划是指从设备更新的计划、决策、选型、订购到日常管理的运行程序。其具体包括：

(1) 制订设备更新计划。

(2) 申报,审批。

(3) 收集资料,确定型号。

(4) 联系商家,订购设备。

(5) 设备到货,入库保管。

(6) 安装调试。

(7) 办理设备的移交、入账和建档手续。

(8) 进行使用方法的培训。

(9) 转入日常管理。

（二）设备的定期检修

(1) 设备的一级保养。

(2) 设备的二级保养。

(3) 设备的大修。

（三）设备的技术改造程序

设备在运行一段时间后,会出现某些系统和设备配套不合理的问题,需要在设备原有性能的基础上进行技术、效率、安全、环保和节能等改造工作。设备技术改造的程序一般为：

(1) 收集在设备使用中所发现的结构、配套、安装等方面不适应经营需要的问题。

(2) 召集由管理人员、使用人员、工程技术人员参与的设备改造研讨会,制定改造方案。

(3) 设备改造施工。
(4) 康乐部验收并转入日常管理。
(四) 设备报废程序
1. 制定报废的原则
(1) 国家指定的淘汰产品。
(2) 超过使用期限，损坏严重、修理费用昂贵的设备。
(3) 受自然灾害或事故损坏，而且修理费接近或超过原设备价值的设备。
(4) 虽能运转，但有严重隐患，而且修理费用昂贵的设备。
(5) 无法修复的设备。
2. 设备报废手续的办理程序
(1) 使用部门提出报废申请。
(2) 由工程部会同有关部门进行技术鉴定和确认。
(3) 价值较大的设备，报请总经理审批。
(4) 将设备移出经营场地，到固定资产管理组办理销账手续。

二、康乐设备管理的方法和内容

康乐设备种类繁多、型号多样、专业性强、使用频率高，每种项目的设备投资都是一笔不小的开支，因此，科学有效的管理方法对于提高设备的利用率、减少设备寿命周期内的消耗费用、赢得顾客满意有着非常重要的意义。

康乐设备基本的管理方法和内容主要包括以下几个方面。

(一) 建立设备技术档案

康乐设备的种类和数量都很多，使用范围广，使用频率高，维修量大，而且各类设备更新周期不一。为了加强管理，便于维修，降低损耗，延长使用寿命，必须建立设备档案。这项工作需要由工程技术部、康乐部和财务部的相关人员共同负责。

建立设备档案的工作分两步。第一步是对设备进行分类编号，一般按设备类型分类，单项同类设备分级，同时区别不同的使用部门，采用三节编码法：第一节表示设备种类，第二节表示使用部门，第三节表示设备序号。例如，电子游戏厅的某台游戏机编号为D3-5-21，其中，D表示电器类，3表示游戏机，5表示电子游戏厅，21表示设备序号。这样的编号便于检索和查对。第二步是将相关的技术资料整理归类，即将设备的品种、名称、规格、价格、数量、生产厂家、购买日期、使用部门、技术数据及使用说明书等有关资料按编号整理保存。

(二) 合理操作使用设备

对于康乐设备的合理使用主要做到以下几个方面。

1. 遵循设备使用的基本原则

设备使用的基本原则主要包括三点：一是设备不应闲置。无论何种原因造成的设备闲置，都是对康乐资源的浪费。二是设备使用要充分，但不能超负荷。康乐设备的使用应尽可能达到设计时的能力范围，特别是客用设备。设备使用率低时要重视市场营销工作，但是,设备使用也不能超负荷、超工时、超维修保养期,这样会导致设备使用寿命缩短,并出现安全隐患。三是谁使用谁负责。康乐部每一台设备都要有明确的责任人,对公用设备,要专门指定责任人,而且每一班都有相应的责任人,对独立操作或使用的设备,操作者或使用者就是该设备的责任人。

2. 操作人员要求

对于设备操作的专门人员,如电工、锅炉工等,一定要取得准许其独立使用设备的相关证书,方能上岗。当设备发生变化或新员工入职前,工作人员应接受相关的培训,经理论和实践考核合格后方能独立操作设备。对于供客人使用的公用设备,如卡拉 OK 点歌系统、健身器材等,一定要有专业人员负责,避免客人违规操作。对于初次使用的顾客,由专门的工作人员对其进行演示和培训,指导其按设备要求操作使用。所有使用设备的人员都要严格遵守康乐设备操作规程,正确使用设备,不超负荷运转,不带故障运转。

康乐设备运行操作要遵循"五项纪律":(1)凭操作证操作康乐设备;(2)经常保持康乐设备清洁;(3)严格履行交接班制度和操作规程;(4)管理好相关工具、附件,不能遗失、损坏;(5)时刻关注康乐设备运行情况,不准在设备运行时离岗,发现异常和故障应及时检查和维修,有问题及时报告。另外需要注意的是,大型康乐设备一定要定人操作运行、定人检查修理、定操作规程、定维护保养细则。

(三) 认真维护、保养设备

康乐设备的维护和保养是设备管理的重要组成部分,直接决定着设备的完好率和使用寿命,也影响到企业的经营成本和整体经济效益。其具体工作主要包括以下内容。

1. 制订和实施设备保养计划

首先,以文字形式提出具体设备的保养要求。要求每启用一台设备,就要在设备登记卡上的维护保养栏内写明该设备的保养要求。如果是进口设备,应及时将其维修保养要求翻译成中文,为日后进行保养维修提供方便。其次,制订详细的维修保养计划。按时间长短可分为每日、每周、每月、每季、每半年、每一年为周期。一般短期的日常保养和每周保养由使用人员和服务人员承担,周期较长的每月、每季、每半年、每一年的保养由专业维修人员承担。再次,保养计划落实到人。要将保养计划落实到人,可利用工作单来实现。由主管或领班填写工作单,工作单上应写明保养设备的名称和保养内容。保养工作完成后,及时填写保养记录,具体内容包括保养设备的名称、保养时间、保养人、保养内容、所用材料、保养情况等。

2. 设备三级保养法

设备三级保养是根据设备保养工作量的大小及难易程度,把设备保养划分为日常保养、一级保养、二级保养三个级别。

(1) 日常保养。日常保养包括清洁、润滑和紧固易松动的螺栓,检查零部件的完整等内容。其工作主要由设备操作人员来完成,保养部位大多数在设备或设施的外部。

(2) 一级保养。通常情况下,在设备累计运行 500~600 小时后就要进行一次一级保养。具体内容包括:根据设备使用情况,对部分零件进行拆卸、清洗、修复,适当调整零件的配合间隙,清洗康乐设备表面的油污,检查、调整润滑油路,清洗油毡、油线、滤油器等,适当加润滑油或润滑脂,清扫电器箱、电动机,做到电器装置固定整齐,安全防护装置牢靠。

（3）二级保养。康乐设备累计运行 2400~2500 小时后，就要进行二级保养。具体内容包括：根据康乐设备的使用情况对设备进行部分解体检查、清洗、修复或更换易损件；对设备的主轴箱、变速传动箱、液压箱、冷却箱进行清洗并换油；检修设备的电器箱，修正线路，清洁电动机；检查、调整、修复设备精度，校正机座水平。二级保养以检修人员为主，操作人员协作配合。

（四）对设备进行点检

设备的点检是指对预先规定的设备关键部位或薄弱环节的检测。通过人的五官或运用检测手段进行调查，及时准确地获取设备部位的技术状况或劣化的信息，以便及时预防和维修。康乐设备的点检是一种现代先进的设备维护管理方法，是对康乐设备正常运行的一些关键部位进行经常性检查和重点控制的方法。做好点检工作，对今后设备的修理工作将会起到重要的作用。

由于设备各自性能不同，运行规律不同，设备的点检可分为日常点检、定期点检和专项点检。设备点检的方法有运行中检查和停机检查，其中停机检查又包括停机解体检查和停机不解体检查、凭感官和经验检查、使用仪表仪器检查等。设备点检的步骤主要包括以下几个。

1. 确定设备的检查点

设备的检查点往往是设备的关键部位或薄弱环节，检查点一经确定，轻易不要变动，并要长期积累历次检查数据和资料。

2. 确定点检线路

检查点确定后，要根据设备的分布和类型等具体情况组成一条点检线路，并明确点检前后顺序。点检线路确定后，也不要轻易变动。

3. 确定点检标准

设备的点检标准要根据设备的各种资料并结合实际经验来制定，并尽可能量化，以便于检查。

4. 确定点检周期

设备的各自性能、特点、寿命不同，点检周期也不同，因此要根据实际情况，分别制定各设备的点检周期，以保证设备能按时接受检查。

相关链接

日常设备巡视检查的方法

对设备巡视检查是管理工作中很重要的一项内容。处于运行状况的设备，其性能和状态的变化，除依靠设备的保护、监视装置、表记等显示外，对于设备故障和异常初期的外部现象，则主要依靠值班人员定期的和特殊的巡视检查来发现。因此，设备巡视检查的质量，与值班人员的运行经验、工作责任心和巡视方法直接有关。巡视检查的一般方法包括以下几点：

一是眼看。用双目来测视设备看得见的部位，依靠观察其外表变化来发现异常现象，这是巡视检查最基本的方法,如标色设备漆色的变化、裸金属色泽、充油设备油色等的变化、渗漏,设备绝缘的破损裂纹、污秽等。

二是耳听。带电运行的设备,不论是静止的还是旋转的,多数都能发出表明其运行状况的声音。如变压器正常运行时,一般发出平稳、均匀、低沉的"嗡嗡"声,这是交变磁场反复作用振动的结果。值班人员随着经验和知识的积累,只要熟练地掌握了这些设备正常运行时的声音情况,遇有异常时,用耳朵或借助听音器械(如听音棒),就能通过它们的高低、节奏、声色的变化以及杂音的强弱来判断电气设备的运行状况。

三是鼻嗅。鼻子是人的一个向导,对于某些气味(如绝缘烧损的焦糊味)的反映,比用某些自动仪器还灵敏得多。嗅觉功能因人而异,但对于电气设备有机绝缘材料过热所产生的气味,正常人都是可以辨别的。值班人员在巡视过程中,一旦嗅到绝缘烧损的焦糊味,应立即寻找发热元件的具体部位,判别其严重程度,如是否冒烟、变色及有无异音异状,从而对症查处。

四是手触。用手触试设备来判断缺陷和故障虽然是一种必不可少的方法,但必须强调的是,必须分清可触摸的界限和部位,以及禁止用手触试的部位。

(1) 对于一次设备,用手触试检查之前,应当首先考虑安全方面的问题。例如,对带电运行设备的外壳和其他装置,需要触试检查温度时,先要检查其接地是否良好,同时,还应站好位置,注意保持与设备带电部位的安全距离。

(2) 对于二次设备的检查,如感应继电器等元件是否发热,非金属外壳的可以直接用手摸,对于金属外壳的接地确实良好的,也可以用手触试检查。

五是使用仪器检查。巡视检查设备使用的便携式检测仪器,主要是测温仪、测振仪等,可以及时发现过热等异常情况。

(五) 做好康乐设备的维修管理

康乐设备修理是指修复由于正常的或不正常的原因而损坏的设备。通过修理设备,更换已磨损的零部件,使设备的工作性能得以恢复。康乐设备的维修可分为计划性维修和非计划性维修。

1. 计划性维修

计划性维修包括预防性修理和改善性修理。预防性修理是通过日常点检、定期检查、精度检查,准确地掌握设备实际技术状况,在设备发生故障前有计划地进行修理。改善性修理是为了解决设备反复出现的故障和提高一部分设备的原有技术性能而进行的改进性修理。改善性修理可单独进行,但大多数是在预防性修理项目中列入改善内容。

2. 非计划性维修

非计划性维修又叫事后维修,主要是指由于预防维修措施不善而发生设备故障后,采取排除故障所进行的事后修理。设备故障一般分为突发性故障和渐发性故障。突发性故障主要指的是通过事先的测试或监控无法预测的或无明显征兆且无发展过程的随机故障,其发生概率与时间没有关系,如冷却液、润滑油突然中断,超负荷运转引起的零件破损等;渐发性故障指的是通过事先的测试或监控能够预测到的故障,其发生概率与时间有关,且时间越长,发生的概率也越大,如零件的磨损、疲劳、腐蚀和老化等。

（六）及时更新康乐设备

康乐设备的更新是指用新的、效率高的、技术更先进的设备代替已经陈旧、不能使用、维修频繁或不能满足客人需求的设备。设备更新的客观依据一般是设备的寿命周期，即设备的自然寿命、技术寿命和经济寿命。

自然寿命是指设备从投入使用到自然报废所经历的整个时期。它的形成主要是由设备在使用中的物质磨损所致。因此，其更新时间的长短主要依据设备的性能、结构、使用的频繁程度而变化。一般生产设备的更新往往以此为依据。

技术寿命是指设备从投入使用到因无形磨损而被淘汰所经历的时间。它的产生主要是由于科学技术的进步和客人需求的提高所致。一方面，随着科学技术的进步，出现了技术更先进、经济更合理、外观更好看、使用更舒适方便的设备，从而造成原有设备的贬值；另一方面，随着顾客自身需求的提高，原有的设备虽然性能没有多大改变，但顾客已经感觉到设备落后或使用操作不便，从而影响了顾客的感知价值。技术寿命的长短往往是康乐设备更新改造的重要依据。在康乐设备更新改造项目中，由于技术寿命而引起的更新改造占了较大比重，比较突出的如电子游戏机设备、卡拉OK设备的改造等。

经济寿命是指设备从投入使用后，由于设备老化、维修费用的增加，继续使用在经济上不合算而需要更新改造所经历的时间。经济寿命是以维修费用为标准所确定的设备寿命。设备到自然寿命周期的后期，其维修费用必然大幅度上升，设备进入高成本使用阶段，这从经济观点和经营的角度来看，都是得不偿失的。

康乐设备的更新管理主要是要做好提出设备更新计划、制定设备更新方案、做好更新设备的采购、完善设备更新安装调试等几个方面的工作。

【小结】

康乐设备是酒店为顾客提供康乐服务并进行康乐经营活动的基础，是酒店员工为客人提供有形和无形服务的物质载体。对于酒店来讲，随着康乐业的快速发展，康乐项目众多，设备种类繁杂，管理好设备是酒店经营管理的重要内容之一。对于康乐设备的管理，需要了解康乐设备管理的作用，熟悉康乐设备管理的特点，掌握康乐设备管理的程序和内容，熟悉康乐设备保养、维修及更新的知识，只有这样才能保证康乐设备的正常运转，从而为顾客提供高质量的服务。

【思考与练习】

1. 康乐设备管理的重要性体现在哪里？
2. 康乐设备管理的特点是什么？
3. 康乐设备管理的基本程序是什么？
4. 康乐设备管理的内容有哪些？
5. 简述康乐设备三级保养的主要内容。
6. 康乐设备更新的主要依据是什么？

【案例分析】

球杆损伤的责任

　　一天,刘先生约一个客户在他入住的酒店洽谈生意,两人相谈甚欢。工作结束后,刘先生提议去酒店的迷你高尔夫球场打球。客户面露难色说,他没有带球杆,可能打不了。刘先生说没关系,酒店提供球杆出租服务,去租一套好了。于是两人在球杆出租处各挑选了一套球具。当两人打完球去退还球具的时候,酒店服务人员发现球杆杆头有明显的损伤痕迹。按照酒店的规定,刘先生需支付一定的赔偿金。然而,刘先生认为他在打球的时候很注意,没有损伤到球杆,损伤应该是在租用前就有的,不是他造成的,所以他没有责任赔偿。酒店服务人员说,如果球杆有损伤,刘先生在租借的时候为什么没有提出来呢?所以该损伤应该是在刘先生使用期间造成的。刘先生回答说,他在租借时比较匆忙,根本没有仔细检查球杆。双方各执一词,均认为是对方的责任。

　　案例思考:
1. 本案例中,纠纷产生的原因是什么?
2. 该酒店康乐部是否存在管理漏洞?如果有,应该如何解决?
3. 如何加强对球具等设备的保管和交接工作?

附　　录

附录一

2010版《旅游酒店星级的划分及评定》规范性评价(摘选康乐部分)

序号	设施设备评分表	各大项总分	各分项总分	各次分项总分	各小项总分	计分	记分栏
1	地理位置、周围环境、建筑结构及功能布局	30					
1.3.4	康乐及会议部位功能设施位置恰当、分隔合理,方便宾客使用(酌情给1~3分)			3			
2	共用系统	52					
3	前厅	62					
4	客房	191					
5	餐饮	59					
6	安全设施	16					
7	员工设施	7					
8	特色类别	183					
8.2	休闲度假型旅游酒店设施		65				
8.2.1	温泉浴场			5			
	自用温泉浴场(酒店同一业主投资经营)				5		
	邻近温泉浴场(1km以内)				2		
8.2.2	海滨浴场			5			
	自用海滨浴场或有租用5年以上合同(酒店同一业主投资经营)				5		
	邻近海滨浴场(1km以内)				2		

续 表

编号	项目			分值		
8.2.3	滑雪场			5		
	自用滑雪场（酒店同一业主投资经营）				5	
	邻近滑雪场（5km 以内）				2	
8.2.4	高尔夫球场			5		
	18 洞以上的自用高尔夫球场（酒店同一业主投资经营）					5
	邻近 18 洞以上的高尔夫球场（5km 以内）					2
8.2.5	客房阳台			2		
	不少于 50%的客房有阳台				2	
	不少于 30%的客房有阳台				1	
8.2.6	除必备要求外，有多种风味餐厅			5		
	风味餐厅数量不少于 3 个				5	
	风味餐厅数量不少于 2 个				3	
8.2.7	游泳池			10		
8.2.7.1	室内游泳池面积			3		
	不小于 250m²				3	
	不小于 150m²				2	
	不小于 80m²				1	
8.2.7.2	室外游泳池面积			2		
	不小于 300m²				2	
	不小于 150m²				1	
8.2.7.3	有池水循环过滤系统				1	
8.2.7.4	有消毒池				1	
8.2.7.5	有戏水池				1	
8.2.7.6	有水深、水温和水质的明显指示标志（立式或墙上）				1	
8.2.7.7	有扶手杆，在明显位置悬挂救生设备，有安全说明，并有专人负责现场安全与指导，有应急照明设施				1	
8.2.8	桑拿浴			2		
8.2.8.1	男女分设				1	
8.2.8.2	有呼叫按钮和安全提示				1	
8.2.9	蒸汽浴			2		
8.2.9.1	男女分设				1	
8.2.10	专业保健理疗				1	

续 表

8.2.11	水疗		7		
8.2.11.1	装修装饰			3	
	专业灯光、音响设计,装修材质高档,工艺精致,氛围浓郁				3
	装修材料普通,装修工艺一般				1
8.2.11.2	配有专业水疗技师			2	
8.2.11.3	专业水疗用品商店			1	
8.2.11.4	有室外水疗设施			1	
8.2.12	壁球室(每个1分,最多2分)		2		
8.2.13	室内网球场(每个2分,最多4分)		4		
8.2.14	室外网球场(每个1分,最多2分)		2		
8.2.15	室外高尔夫练习场		2		
8.2.16	室内电子模拟高尔夫		1		
8.2.17	有儿童活动场所和设施,并有专人看护		1		
8.2.18	其他运动娱乐休闲项目(每类1分,最多4分)		4		
8.3	其他	48			
8.3.1	健身房		18		
8.3.1.1	布局合理,通风良好,照明良好(与客房区域相对隔离)			2	
8.3.1.2	自然采光,光线充足			2	
8.3.1.3	装修装饰			3	
	专业设计,装修材质高档、工艺精致,氛围营造突出				3
	装修材质较好,工艺较好				2
	装修材料普通,工艺一般				1
8.3.1.4	面积			4	
	不小于200m²				4
	不小于100m²				2
	不小于50m²				1
8.3.1.5	器械			2	
	专业健身器械,不少于10种				2
	不少于5种				1
8.3.1.6	有音像设施和器械使用说明			1	
8.3.1.7	有专用形体房,并开设一定形体课程			2	
8.3.1.8	配备专业健身教练,提供专业指导			2	

续 表

8.3.2	更衣室			7		
8.3.2.1	面积和数量			2		
	面积宽敞,更衣箱数量不少于客房总数的15%,门锁可靠				2	
	面积宽敞,更衣箱数量不少于客房总数的10%,门锁可靠				1	
8.3.2.2	配备数量适当的座椅			1		
8.3.2.3	有淋浴设施,并有洗浴、洗发用品			2		
8.3.2.4	有化妆台,并备有吹风机和护肤、美发用品			1		
8.3.2.5	有太阳浴设备			1		
8.3.3	专用团队宾客接待台			1		
8.3.4	团队宾客专用出入口			1		
8.3.5	美容美发室			1		
8.3.6	歌舞厅或演艺厅或KTV			2		
8.3.7	影剧场,舞台设施和舞台照明系统能满足一般演出需要			2		
8.3.8	定期歌舞表演			1		
8.3.9	专卖店或商场(对于度假型酒店,应提供当地特色产品或食品)			2		
8.3.10	旅游信息电子查询系统			1		
8.3.11	品牌化、集团化程度			2		
	委托专业酒店管理公司管理				2	
	品牌特许经营方式,国内同一品牌加盟店20家以上				1	
8.3.12	酒店总经理资质			2		
8.3.12.1	总经理连续5年以上担任同星级酒店高级管理职位				1	
8.3.12.2	总经理接受过全国或省级旅游岗位培训指导机构开展的酒店管理专业教育或培训,取得《全国旅游行业岗位职务培训证书》				1	
8.3.13	员工中通过"酒店职业英语等级测试"的人数比率			2		
	通过率20%以上				2	
	通过率15%以上				1	
8.3.14	酒店在前期设计或改造工程的决策中			3		
	采纳相应星级评定机构的意见				3	
	征询相应星级评定机构的意见				1	
8.3.15	在商务会议、度假特色类别中集中选项,得分率超过70%			3		
	总分			600		

附录二

娱乐场所管理条例
（中华人民共和国国务院令 第 458 号）

第一章 总则

第一条 为了加强对娱乐场所的管理，保障娱乐场所的健康发展，制定本条例。

第二条 本条例所称娱乐场所，是指以营利为目的，并向公众开放、消费者自娱自乐的歌舞、游艺等场所。

第三条 县级以上人民政府文化主管部门负责对娱乐场所日常经营活动的监督管理，县级以上公安部门负责对娱乐场所消防、治安状况的监督管理。

第四条 国家机关及其工作人员不得开办娱乐场所，不得参与或者变相参与娱乐场所的经营活动。

与文化主管部门、公安部门的工作人员有夫妻关系、直系血亲关系、三代以内旁系血亲关系以及近姻亲关系的亲属，不得开办娱乐场所，不得参与或者变相参与娱乐场所的经营活动。

第二章 设立

第五条 有下列情形之一的人员，不得开办娱乐场所或者在娱乐场所内从业：

（一）曾犯有组织、强迫、引诱、容留、介绍卖淫罪，制作、贩卖、传播淫秽物品罪，走私、贩卖、运输、制造毒品罪，强奸罪，强制猥亵、侮辱妇女罪，赌博罪，洗钱罪，组织、领导、参加黑社会性质组织罪的；

（二）因犯罪曾被剥夺政治权利的；

（三）因吸食、注射毒品曾被强制戒毒的；

（四）因卖淫、嫖娼曾被处以行政拘留的。

第六条 外国投资者可以与中国投资者依法设立中外合资经营、中外合作经营的娱乐场所，不得设立外商独资经营的娱乐场所。

第七条 娱乐场所不得设在下列地点：

（一）居民楼、博物馆、图书馆和被核定为文物保护单位的建筑物内；

（二）居民住宅区和学校、医院、机关周围；

（三）车站、机场等人群密集的场所；

（四）建筑物地下一层以下；

（五）与危险化学品仓库毗连的区域。

娱乐场所的边界噪声，应当符合国家规定的环境噪声标准。

第八条 娱乐场所的使用面积，不得低于国务院文化主管部门规定的最低标准；设立含有电子游戏机的游艺娱乐场所，应当符合国务院文化主管部门关于总量和布局的要求。

第九条 设立娱乐场所，应当向所在地县级人民政府文化主管部门提出申请；设立中外合资经营、中外合作经营的娱乐场所，应当向所在地省、自治区、直辖市人民政府文化主管部门提出申请。

申请设立娱乐场所,应当提交投资人员、拟任的法定代表人和其他负责人没有本条例第五条规定情形的书面声明。申请人应当对书面声明内容的真实性负责。

受理申请的文化主管部门应当就书面声明向公安部门或者其他有关单位核查,公安部门或者其他有关单位应当予以配合;经核查属实的,文化主管部门应当依据本条例第七条、第八条的规定进行实地检查,作出决定。予以批准的,颁发娱乐经营许可证,并根据国务院文化主管部门的规定核定娱乐场所容纳的消费者数量;不予批准的,应当书面通知申请人并说明理由。

有关法律、行政法规规定需要办理消防、卫生、环境保护等审批手续的,从其规定。

第十条 文化主管部门审批娱乐场所应当举行听证。有关听证的程序,依照《中华人民共和国行政许可法》的规定执行。

第十一条 申请人取得娱乐经营许可证和有关消防、卫生、环境保护的批准文件后,方可到工商行政管理部门依法办理登记手续,领取营业执照。

娱乐场所取得营业执照后,应当在15日内向所在地县级公安部门备案。

第十二条 娱乐场所改建、扩建营业场所或者变更场地、主要设施设备、投资人员,或者变更娱乐经营许可证载明的事项的,应当向原发证机关申请重新核发娱乐经营许可证,并向公安部门备案;需要办理变更登记的,应当依法向工商行政管理部门办理变更登记。

第三章 经 营

第十三条 国家倡导弘扬民族优秀文化,禁止娱乐场所内的娱乐活动含有下列内容:
(一)违反宪法确定的基本原则的;
(二)危害国家统一、主权或者领土完整的;
(三)危害国家安全,或者损害国家荣誉、利益的;
(四)煽动民族仇恨、民族歧视,伤害民族感情或者侵害民族风俗、习惯,破坏民族团结的;
(五)违反国家宗教政策,宣扬邪教、迷信的;
(六)宣扬淫秽、赌博、暴力以及与毒品有关的违法犯罪活动,或者教唆犯罪的;
(七)违背社会公德或者民族优秀文化传统的;
(八)侮辱、诽谤他人,侵害他人合法权益的;
(九)法律、行政法规禁止的其他内容。

第十四条 娱乐场所及其从业人员不得实施下列行为,不得为进入娱乐场所的人员实施下列行为提供条件:
(一)贩卖、提供毒品,或者组织、强迫、教唆、引诱、欺骗、容留他人吸食、注射毒品;
(二)组织、强迫、引诱、容留、介绍他人卖淫、嫖娼;
(三)制作、贩卖、传播淫秽物品;
(四)提供或者从事以营利为目的的陪侍;
(五)赌博;
(六)从事邪教、迷信活动;
(七)其他违法犯罪行为。

娱乐场所的从业人员不得吸食、注射毒品,不得卖淫、嫖娼;娱乐场所及其从业人员不得为进入娱乐场所的人员实施上述行为提供条件。

第十五条　歌舞娱乐场所应当按照国务院公安部门的规定在营业场所的出入口、主要通道安装闭路电视监控设备,并应当保证闭路电视监控设备在营业期间正常运行,不得中断。

歌舞娱乐场所应当将闭路电视监控录像资料留存30日备查,不得删改或者挪作他用。

第十六条　歌舞娱乐场所的包厢、包间内不得设置隔断,并应当安装展现室内整体环境的透明门窗。包厢、包间的门不得有内锁装置。

第十七条　营业期间,歌舞娱乐场所内亮度不得低于国家规定的标准。

第十八条　娱乐场所使用的音像制品或者电子游戏应当是依法出版、生产或者进口的产品。

歌舞娱乐场所播放的曲目和屏幕画面以及游艺娱乐场所的电子游戏机内的游戏项目,不得含有本条例第十三条禁止的内容;歌舞娱乐场所使用的歌曲点播系统不得与境外的曲库连接。

第十九条　游艺娱乐场所不得设置具有赌博功能的电子游戏机机型、机种、电路板等游戏设施设备,不得以现金或者有价证券作为奖品,不得回购奖品。

第二十条　娱乐场所的法定代表人或者主要负责人应当对娱乐场所的消防安全和其他安全负责。

娱乐场所应当确保其建筑、设施符合国家安全标准和消防技术规范,定期检查消防设施状况,并及时维护、更新。

娱乐场所应当制定安全工作方案和应急疏散预案。

第二十一条　营业期间,娱乐场所应当保证疏散通道和安全出口畅通,不得封堵、锁闭疏散通道和安全出口,不得在疏散通道和安全出口设置栅栏等影响疏散的障碍物。

娱乐场所应当在疏散通道和安全出口设置明显指示标志,不得遮挡、覆盖指示标志。

第二十二条　任何人不得非法携带枪支、弹药、管制器具或者携带爆炸性、易燃性、毒害性、放射性、腐蚀性等危险物品和传染病病原体进入娱乐场所。

迪斯科舞厅应当配备安全检查设备,对进入营业场所的人员进行安全检查。

第二十三条　歌舞娱乐场所不得接纳未成年人。除国家法定节假日外,游艺娱乐场所设置的电子游戏机不得向未成年人提供。

第二十四条　娱乐场所不得招用未成年人;招用外国人的,应当按照国家有关规定为其办理外国人就业许可证。

第二十五条　娱乐场所应当与从业人员签订文明服务责任书,并建立从业人员名簿;从业人员名簿应当包括从业人员的真实姓名、居民身份证复印件、外国人就业许可证复印件等内容。

娱乐场所应当建立营业日志,记载营业期间从业人员的工作职责、工作时间、工作地点;营业日志不得删改,并应当留存60日备查。

第二十六条　娱乐场所应当与保安服务企业签订保安服务合同,配备专业保安人员;不得聘用其他人员从事保安工作。

第二十七条 营业期间,娱乐场所的从业人员应当统一着工作服,佩带工作标志并携带居民身份证或者外国人就业许可证。

从业人员应当遵守职业道德和卫生规范,诚实守信,礼貌待人,不得侵害消费者的人身和财产权利。

第二十八条 每日凌晨2时至上午8时,娱乐场所不得营业。

第二十九条 娱乐场所提供娱乐服务项目和出售商品,应当明码标价,并向消费者出示价目表;不得强迫、欺骗消费者接受服务、购买商品。

第三十条 娱乐场所应当在营业场所的大厅、包厢、包间内的显著位置悬挂含有禁毒、禁赌、禁止卖淫嫖娼等内容的警示标志、未成年人禁入或者限入标志。标志应当注明公安部门、文化主管部门的举报电话。

第三十一条 娱乐场所应当建立巡查制度,发现娱乐场所内有违法犯罪活动的,应当立即向所在地县级公安部门、县级人民政府文化主管部门报告。

第四章 监督管理

第三十二条 文化主管部门、公安部门和其他有关部门的工作人员依法履行监督检查职责时,有权进入娱乐场所。娱乐场所应当予以配合,不得拒绝、阻挠。

文化主管部门、公安部门和其他有关部门的工作人员依法履行监督检查职责时,需要查阅闭路电视监控录像资料、从业人员名簿、营业日志等资料的,娱乐场所应当及时提供。

第三十三条 文化主管部门、公安部门和其他有关部门应当记录监督检查的情况和处理结果。监督检查记录由监督检查人员签字归档。公众有权查阅监督检查记录。

第三十四条 文化主管部门、公安部门和其他有关部门应当建立娱乐场所违法行为警示记录系统;对列入警示记录的娱乐场所,应当及时向社会公布,并加大监督检查力度。

第三十五条 文化主管部门、公安部门和其他有关部门应当建立相互间的信息通报制度,及时通报监督检查情况和处理结果。

第三十六条 任何单位或者个人发现娱乐场所内有违反本条例行为的,有权向文化主管部门、公安部门等有关部门举报。

文化主管部门、公安部门等有关部门接到举报,应当记录,并及时依法调查、处理;对不属于本部门职责范围的,应当及时移送有关部门。

第三十七条 上级人民政府文化主管部门、公安部门在必要时,可以依照本条例的规定调查、处理由下级人民政府文化主管部门、公安部门调查、处理的案件。

下级人民政府文化主管部门、公安部门认为案件重大、复杂的,可以请求移送上级人民政府文化主管部门、公安部门调查、处理。

第三十八条 文化主管部门、公安部门和其他有关部门及其工作人员违反本条例规定的,任何单位或者个人可以向依法有权处理的本级或者上一级机关举报。接到举报的机关应当依法及时调查、处理。

第三十九条 娱乐场所行业协会应当依照章程的规定,制定行业自律规范,加强对会员经营活动的指导、监督。

第五章 法律责任

第四十条 违反本条例规定,擅自从事娱乐场所经营活动的,由工商行政管理部门、文化主管部门依法予以取缔;公安部门在查处治安、刑事案件时,发现擅自从事娱乐场所经营活动的,应当依法予以取缔。

第四十一条 违反本条例规定,以欺骗等不正当手段取得娱乐经营许可证的,由原发证机关撤销娱乐经营许可证。

第四十二条 娱乐场所实施本条例第十四条禁止行为的,由县级公安部门没收违法所得和非法财物,责令停业整顿3个月至6个月;情节严重的,由原发证机关吊销娱乐经营许可证,对直接负责的主管人员和其他直接责任人员处1万元以上2万元以下的罚款。

第四十三条 娱乐场所违反本条例规定,有下列情形之一的,由县级公安部门责令改正,给予警告;情节严重的,责令停业整顿1个月至3个月。

(一)照明设施、包厢、包间的设置以及门窗的使用不符合本条例规定的;

(二)未按照本条例规定安装闭路电视监控设备或者中断使用的;

(三)未按照本条例规定留存监控录像资料或者删改监控录像资料的;

(四)未按照本条例规定配备安全检查设备或者未对进入营业场所的人员进行安全检查的;

(五)未按照本条例规定配备保安人员的。

第四十四条 娱乐场所违反本条例规定,有下列情形之一的,由县级公安部门没收违法所得和非法财物,并处违法所得2倍以上5倍以下的罚款;没有违法所得或者违法所得不足1万元的,并处2万元以上5万元以下的罚款;情节严重的,责令停业整顿1个月至3个月。

(一)设置具有赌博功能的电子游戏机机型、机种、电路板等游戏设施设备的;

(二)以现金、有价证券作为奖品,或者回购奖品的。

第四十五条 娱乐场所指使、纵容从业人员侵害消费者人身权利的,应当依法承担民事责任,并由县级公安部门责令停业整顿1个月至3个月;造成严重后果的,由原发证机关吊销娱乐经营许可证。

第四十六条 娱乐场所取得营业执照后,未按照本条例规定向公安部门备案的,由县级公安部门责令改正,给予警告。

第四十七条 违反本条例规定,有下列情形之一的,由县级人民政府文化主管部门没收违法所得和非法财物,并处违法所得1倍以上3倍以下的罚款;没有违法所得或者违法所得不足1万元的,并处1万元以上3万元以下的罚款;情节严重的,责令停业整顿1个月至6个月。

(一)歌舞娱乐场所的歌曲点播系统与境外的曲库连接的;

(二)歌舞娱乐场所播放的曲目、屏幕画面或者游艺娱乐场所电子游戏机内的游戏项目含有本条例第十三条禁止内容的;

(三)歌舞娱乐场所接纳未成年人的;

(四)游艺娱乐场所设置的电子游戏机在国家法定节假日外向未成年人提供的;

(五)娱乐场所容纳的消费者超过核定人数的。

第四十八条 娱乐场所违反本条例规定,有下列情形之一的,由县级人民政府文化主管部门责令改正,给予警告;情节严重的,责令停业整顿1个月至3个月。

（一）变更有关事项,未按照本条例规定申请重新核发娱乐经营许可证的;

（二）在本条例规定的禁止营业时间内营业的;

（三）从业人员在营业期间未统一着装并佩带工作标志的。

第四十九条 娱乐场所未按照本条例规定建立从业人员名簿、营业日志,或者发现违法犯罪行为未按照本条例规定报告的,由县级人民政府文化主管部门、县级公安部门依据法定职权责令改正,给予警告;情节严重的,责令停业整顿1个月至3个月。

第五十条 娱乐场所未按照本条例规定悬挂警示标志、未成年人禁入或者限入标志的,由县级人民政府文化主管部门、县级公安部门依据法定职权责令改正,给予警告。

第五十一条 娱乐场所招用未成年人的,由劳动保障行政部门责令改正,并按照每招用一名未成年人每月处5000元罚款的标准给予处罚。

第五十二条 因擅自从事娱乐场所经营活动被依法取缔的,其投资人员和负责人终身不得投资开办娱乐场所或者担任娱乐场所的法定代表人、负责人。

娱乐场所因违反本条例规定,被吊销或者撤销娱乐经营许可证的,自被吊销或者撤销之日起,其法定代表人、负责人5年内不得担任娱乐场所的法定代表人、负责人。

娱乐场所因违反本条例规定,2年内被处以3次警告或者罚款又有违反本条例的行为应受行政处罚的,由县级人民政府文化主管部门、县级公安部门依据法定职权责令停业整顿3个月至6个月;2年内被2次责令停业整顿又有违反本条例的行为应受行政处罚的,由原发证机关吊销娱乐经营许可证。

第五十三条 娱乐场所违反有关治安管理或者消防管理法律、行政法规规定的,由公安部门依法予以处罚;构成犯罪的,依法追究刑事责任。

娱乐场所违反有关卫生、环境保护、价格、劳动等法律、行政法规规定的,由有关部门依法予以处罚;构成犯罪的,依法追究刑事责任。

娱乐场所及其从业人员与消费者发生争议的,应当依照消费者权益保护的法律规定解决;造成消费者人身、财产损害的,由娱乐场所依法予以赔偿。

第五十四条 娱乐场所违反本条例规定被吊销或者撤销娱乐经营许可证的,应当依法到工商行政管理部门办理变更登记或者注销登记;逾期不办理的,吊销营业执照。

第五十五条 国家机关及其工作人员开办娱乐场所,参与或者变相参与娱乐场所经营活动的,对直接负责的主管人员和其他直接责任人员依法给予撤职或者开除的行政处分。

文化主管部门、公安部门的工作人员明知其亲属开办娱乐场所或者发现其亲属参与、变相参与娱乐场所的经营活动,不予制止或者制止不力的,依法给予行政处分;情节严重的,依法给予撤职或者开除的行政处分。

第五十六条 文化主管部门、公安部门、工商行政管理部门和其他有关部门的工作人员有下列行为之一的,对直接负责的主管人员和其他直接责任人员依法给予行政处分;构成犯罪的,依法追究刑事责任:

（一）向不符合法定设立条件的单位颁发许可证、批准文件、营业执照的;

（二）不履行监督管理职责，或者发现擅自从事娱乐场所经营活动不依法取缔，或者发现违法行为不依法查处的；

（三）接到对违法行为的举报、通报后不依法查处的；

（四）利用职务之便，索取、收受他人财物或者谋取其他利益的；

（五）利用职务之便，参与、包庇违法行为，或者向有关单位、个人通风报信的；

（六）有其他滥用职权、玩忽职守、徇私舞弊行为的。

第六章 附 则

第五十七条 本条例所称从业人员，包括娱乐场所的管理人员、服务人员、保安人员和在娱乐场所工作的其他人员。

第五十八条 本条例自2006年3月1日起施行。1999年3月26日国务院发布的《娱乐场所管理条例》同时废止。

参 考 文 献

[1] 李玫.康乐服务与管理.上海:上海交通大学出版社,2011
[2] 孔新华.康乐服务.上海:上海格致出版社,2008
[3] 王大悟,刘耿大.酒店管理180个案例品析.北京:中国旅游出版社,2007
[4] 李舟.酒店康乐中心服务案例解析.北京:旅游教育出版社,2007
[5] 牛志文,周廷兰.康乐服务与管理.北京:中国物资出版社,2010
[6] 杨海清.康乐服务与管理.北京:对外经济贸易大学出版社,2010
[7] 吴玲.康乐服务与管理.北京:高等教育出版社,2004
[8] 刘哲.康乐服务与管理.北京:旅游教育出版社,2003
[9] 左剑.康乐服务与管理.北京:科学出版社,2008
[10] 中国酒店员工素质研究组.星级酒店康乐部经理案头手册.北京:中国经济出版社,2008
[11] 吴业山,刘哲.康乐服务学习手册.北京:旅游教育出版社,2007
[12] 阙敏.康乐服务.北京:中国人民大学出版社,2007
[13] 陈秀忠.康乐服务与管理.北京:旅游教育出版社,2006
[14] 房士林,曹文彬.康乐服务与管理.北京:中国商业出版社,2004
[15] 杨敏.康乐经营与管理.重庆:重庆大学出版社,2003
[16] 雷石标.康乐服务与管理.北京:北京师范大学出版社,2011
[17] 张智慧,闫晓燕.康乐服务与管理.北京:北京理工大学出版社,2011
[18] 刘哲.康乐服务与管理.北京:旅游教育出版社,2009
[19] 吴克祥,周昕.酒店康乐经营管理.北京:中国旅游出版社,2004
[20] 陈明星.星级酒店康乐部经理案头手册.北京:中国经济出版社,2008
[21] 周彬.现代酒店康乐管理.上海:上海人民出版社,2001
[22] 刘俊敏.酒店康乐部精细化管理与服务规范.北京:人民邮电出版社,2009
[23] 陈志学.酒店服务质量管理与案例解析.北京:中国旅游出版社,2006
[24] 刘敢生.旅游服务纠纷精选案例分析.北京:中国旅游出版社,2004
[25] 国家旅游局旅游质量监督管理所.旅游服务案例分析.北京:中国旅游出版社,2007
[26] 李玫.康乐服务实训教程.北京:上机械工业出版社,2008
[27] 杨晓琳.康乐服务与管理.北京:中国铁道出版社,2009
[28] 部分相关链接和小知识根据百度百科网站资料整理而成

打造学术精品　服务教育事业
河南大学出版社
读者信息反馈表

尊敬的读者：

　　感谢您购买、阅读和使用河南大学出版社的＿＿＿＿＿＿＿＿＿＿＿＿一书,我们希望通过这张小小的反馈表来获得您更多的建议和意见,以改进我们的工作,加强我们双方的沟通和联系。我们期待着能为您和更多的读者提供更多的好书。

　　请您填妥下表后,寄回或发 E-mail 给我们,对您的支持我们不胜感激！

1.您是从何种途径得知本书的：
　　□书店　□网上　□报刊　□图书馆　□朋友推荐

2.您为什么决定购买本书：
　　□工作需要　□学习参考　□对本书感兴趣　□随便翻翻

3.您对本书内容的评价是：
　　□很好　□好　□一般　□差　□很差

4.您在阅读本书的过程中有没有发现明显的专业及编校错误,如果有,它们是：
_____
_____
_____

5.您对哪一类的图书信息比较感兴趣：_____
_____

6.如果方便,请提供您的个人信息,以便于我们和您联系(您的个人资料我们将严格保密)：
　　您供职的单位：_____
　　您教授的课程(老师填写)：_____
　　您的通信地址：_____
　　您的电子邮箱：_____

请联系我们：
电话:0371-86059712　0371-86059713　0371-86059715
传真:0371-86059713
E-mail:hdgdjyfs@163.com
通信地址:河南省郑州市郑东新区 CBD 商务外环路商务西七街中华大厦2304室
河南大学出版社高等教育出版分社